U0058120

生命教育 ——
全人課程理論與實務
The Holistic Curriculum

John P. Miller ◉ 著

張淑美 ◉ 總校閱

張淑美　楊秀宮　劉冠麟
張利中　王慧蘭　陳錫琦 ◉ 譯
丘愛鈴　李玉嬋　江綺雯

The Holistic Curriculum

John P. Miller

Revised and Expanded Edition

目錄

第 1 篇　全人課程的理論脈絡

第 2 篇　全人課程實務

作者簡介

本書作者約翰・米勒博士（John P. Miller）（現在慣用傑克・米勒，Jack Miller），現任加拿大多倫多大學之安大略教育研究院（Ontario Institute for Studies in Education at the University of Toronto, OISE/UT）「課程與教學學系」教授。他已經在全人教育領域耕耘超過三十五年，曾經與日韓全人教育學者積極學術交流，並且曾在日本兩所大學擔任訪問學者。

米勒博士也是位結合理論與實務的全人教育實踐者，開授的研究所層級之全人教育課程有：「默思實踐者」（The Contemplative Practitioner）、「全人課程」（Holistic Curriculum）、「教育中的靈性」（Spirituality in Education）等；開授給準備擔任教師者修習的課程則有：「全人的教與學」（Holistic Teaching and Learning）。

米勒博士著作甚豐，撰述許多和全人教育有關的期刊論文與書籍，其中多本專書已經被翻譯為中、日、韓等七國語言。例如：《生命教育——全人課程理論與實務》（The Holistic Curriculum，亦即本書原文名稱，並已被翻譯為日文及韓文）、《全人學習》（Holistic Learning）、《如何成為全人教師》（The Holistic Teacher，中譯本由心理出版社出版）、《為智慧與悲憫而教育》（Educating for Wisdom and Compassion）以及《生命教育——推動學校的靈性課程》（Educating and the Soul: Toward a Spiritual Curriculum，中譯本由學富文化出版）。

他甫於 2007 年 10 月策劃辦理「國際全人教育學術研討會」，米勒博士也是「全人學習與靈性教育工作網」（Holistic Learning and Spirituality in Education Network）的主要發起人之一。近年來，他的研究關注在靜坐實踐對教師的長期效應。（本作者簡介為總校閱參考自網頁：http://www.oise.utoronto.ca 與其他資料。）

總校閱簡介

張淑美

學歷：國立高雄師範大學教育學系哲學博士

美國加州州立大學 Fresno 校區博士後研究

現職：國立高雄師範大學教育學系教授

高雄市政府教育局友善校園學生事務與輔導工作「生命教育」組指導教授

高雄市政府「殯葬設施審議委員會」委員（99～101 年度）

經歷：中學教師、大學助教、講師、副教授

教育部高中 95 暫行課程綱要生命教育類科「生死關懷」科研擬

教育部高中 98「生命教育」科課程綱要生命教育類科審查委員

教育部「推動生命教育諮詢委員會（小組）」第四、五、六屆委員

台灣生命教育學會終身會員與第一、二屆理事

高雄市政府「殯葬設施審議委員會」委員

佛教蓮花臨終關懷基金會「生死教育委員會」委員

世界宗教博物館生命領航員聯誼會諮詢委員

著作：專著《死亡學與死亡教育》（高雄：復文）

《生命教育研究、論述與實踐：生死教育取向》（高雄：復文）

編著《中學生命教育手冊》（台北：心理）

審訂《生與死的教育》（台北：心理）

合譯《生死一線牽：超越失落的關係重建》

（台北：心理）

《學校為何存在？美國文化中的全人教育思潮》

（台北：心理）

《如何成為全人教師》（台北：心理）

《生命教育：全人課程理論與實務》（台北：心理）

主譯《生命教育：推動學校的靈性課程》（台北：學富）

合著《生命教育》（台北：心理）（何福田主編）

《實用生死學》（台中：華格那）（林綺雲主編）

合編（高中職）《生命教育概論》（台北：泰宇）（與紀潔芳合編）

發表生死學、生命教育等相關研究與論述著作數十篇

譯者簡介

張 淑 美 （總校閱、原著序、謝誌、第一章）

（見總校閱簡介）

楊 秀 宮 （第二章）

學歷：東海大學哲學系博士

經歷：東海大學共同科暨通識教育中心兼任副教授
國立高雄第一科技大學通識教育中心兼任副教授
國立高雄師範大學通識教育中心兼任副教授

現職：樹德科技大學通識教育學院副教授

劉 冠 麟 （第二章、第五章）

學歷：國立高雄師範大學英語學系博士班

經歷：樹德科技大學通識教育學院英文組講師

現職：樹德科技大學應用外語系講師

張 利 中 （謝誌、第三章、第六章、第十一章）

學歷：美國喬治亞大學社會心理學博士

經歷：台北醫學大學醫學研究所醫學人文組副教授
大葉大學共同教學中心副教授
東海大學宗教研究所副教授

現職：亞洲大學心理學系副教授兼系主任

王 慧 蘭 （第四章、第十二章）

學歷：英國威爾斯卡地夫大學哲學博士

經歷：國中小教師

現職：國立屏東教育大學教育學系副教授

陳 錫 琦 （第七章）

學歷：國立台灣師範大學健康促進與衛生教育學系博士

經歷：華梵大學副教授

現職：國立台北教育大學生命教育研究所教授兼所長

丘 愛 鈴 （第八章）

學歷：國立台灣師範大學教育學系博士

經歷：國中英語教師、教育部專員

世新大學助理教授

現職：國立高雄師範大學教育學系副教授

李 玉 嬋 （第九章）

學歷：國立台灣師範大學教育心理與輔導研究所博士

經歷：國立台北護理健康大學學生輔導中心主任／合格諮商心理師

現職：國立台北護理健康大學生死教育與輔導研究所副教授兼學
務長

江 綺 雯 （第十章）

學歷：美國愛荷華州德瑞克大學高等教育行政管理博士

經歷：高雄市政府研究發展考核委員會主任委員、社會局局長
正修科技大學諮議教授暨應用外語系副教授

現職：台北市政府社會局局長
天主教梵諦岡教廷爵士

原著序

　　在我 1987 年休假研究當中完成了兩本專著，其中一本就是本書《生命教育 —— 全人課程理論與實務》（*The Holistic Curriculum*）的第一版，另一本專書則是晤談了包括幾位著名的全人與靈性的實務推動者，如瓊恩‧卡巴特－金恩（Jon Kabat-Zinn）、彼得‧馬泰森（Peter Mathiesson）與柏尼‧賽吉爾（Bernie Siegel）等。當時我思忖後者應有機會成為暢銷書，諷刺的是，那本書甚至沒有出版，而本書《生命教育 —— 全人課程理論與實務》卻出乎意料地大受歡迎。我在安大略省時，一位教育部官員告訴我，當他們在進行全省 1990 年代初期的課程回顧整理工作時，發現這本書是最常被教育人員引用的書之一，因此我書中的某些全人教育原則被收錄在教育部的課程方針 ——《課程綱要》中。1994 年，本書被翻譯成日文，並促成我造訪日本。同年，本書被選錄於《千禧全球目錄》（*Millennium Whole Earth Catalog*）之學習篇中。我在此簡述這段歷史，因為這是一個很好的例子來說明在這個「以成果為基礎的教育」（outcomes based education）目標下，卻可能完全無法預期結果會是如何。愛默生（Emerson）曾說：「生命的結果是不可、也無法計量的」，宇宙是自然運行而非控制與預測。

　　有關對全人教育的關心，當然不是只有本書而已。在本書初版問世的同年（1988），由榮恩‧米勒（Ron Miller）主編的〈全人教育評論〉（*The Holistic Education Review*）期刊也開始出版發行，現在該期刊是由傑弗瑞‧肯恩（Jeffery Kane）主編，發行至今已經收錄了無數全人教育的創新理念與主題。在 1990 年，「全

球改造教育聯盟」（Global Alliance for Transforming Education, GATE）成立，並且發展了一個名為「2000 年教育：全人教育觀點」（*Education 2000: A Holistic Perspective*）的文告。

世人對全人教育的關心事實上是全球性的，例如，前面提及的日本最近出版了許多全人教育相關的書籍，我個人也曾接觸過許多澳洲、中國大陸、馬來西亞、俄羅斯與泰國的全人教育學者。這些教育思潮明顯是很扎根性的，大部分政府或政策擬訂機關不會去贊助或支持全人教育的論點，因為他們害怕會觸犯某些例如宗教團體的權力。因此，大部分的改變都是從某些小團體或組織的勇氣與努力開始而扎下基礎、逐漸擴展的。

我們身處在每個社會階層都充滿兩極對立的時代，某方面來說，我們大部分的人，包括大多數媒體都強化了暴力、仇恨、貪婪與恐懼。恐懼和貪婪滲入社會的每個角落，以至於連學校系統都變成一個不是為了可以學得智慧與悲憫，以及學習如何活得喜樂的地方，而是一個讓學生學到如何冷酷地競爭，以便將來可以在全球化經濟社會下競逐的地方。

相反地，雖然似乎為數不多，但已經愈來愈多人拒絕貪婪與恐懼成為生活的主要驅策力。這些人的支持已經將湯瑪斯・摩爾（Thomas Moore）的《隨心所欲》（*Care of the Soul*）一書推升到暢銷書排行榜中；他們也把改變帶到政治上，例如，由哈維爾（Václav Havel）、曼德拉（Nelson Mandela）的倡導。在商場上，已有學習型組織及關注社會責任的理念了。

我希望我們可以克服這些兩極對立，當然，生活中仍不免在競爭的邊緣中游走；然而，我們何須讓競爭如此強烈地宰制我們？很簡單的辦法就是我們的生活與教育需要更多的平衡。全人教育提供一個總括的框架使得平衡得以崛起（見第一章）。

我的全人教育觀點一直保持革新，所以才有本修訂版的發行。我已經發展出更總括的觀念，將在第一章中說明。我的部分新觀

念也包括「與地球的關聯」，因此本修訂版也增列這麼一章（第十章），我還增加了批判思考、統整課程、全語言，以及轉變的全人取向等材料。

　　許多增訂靈感來自於我所服務的安大略教育研究院（OISE）和學生之間的互動，其中我最受啟發的是這些學生對全人教育的興趣，這些學生都是正在攻讀教育方面研究所學位在職教育工作者。自從本書初版問世以來，我已經教過超過五百名研習全人教育的研究生了，他們的熱力、投入與想像力，對我的全人教育工作帶來許多啟發與挑戰。

約翰‧米勒（John P. Miller）

於 1996 年元月

謝　誌

　　本書《生命教育——全人課程理論與實務》（*The Holistic Curriculum*, 2nd edition）[1]的主旨在於探討與省思「關聯、締結」（connections）的主題，而這本書也有它自己的締結脈絡。本修訂二版的修訂付梓過程中，幾位人士有特別重要的協助。在如何針對第一版進行修訂的工作上，榮恩・米勒博士（Ron Miller）[2]給了我許多寶貴建議，我盡可能地參酌他的意見修改，因此在本版的修訂工作上，榮恩・米勒博士的支持與見解對我極為重要。

　　感謝吉田敦彥（Atsuhiko Yoshida）[3]教授，他曾策劃本書初版譯為日文的工作，同時也對本版的修訂有具體的貢獻。他詳盡地閱讀了本書初版版本，並且提出建言。吉田教授對於全人教育的興趣，也促成我前往日本的學術交流並參訪新潟縣小千古學校（Ojiya School），在本書中我也約略提及。手塚郁江（Ikue Tezuka）先生[4]除了協助吉田教授翻譯本書初版之外，也寫了一本關於小千古學校的專書，對於本書也有影響。

---

[1] 譯註：本書初版於 1988 年印行，本中譯本為修訂二版，原文版於 1996 年出版，於 2001 年二版再刷。

[2] 譯註：榮恩・米勒博士為美國全人教育的先驅推動者，於 1988 年創辦〈全人教育評論〉學術期刊，他的全人教育經典著作——《學校為何存在？美國文化中的全人教育思潮》（*What are Schools for? Holistic Education in American Culture*）原文三版出版於 1997 年，中譯本由張淑美、蔡淑敏譯，心理出版社於 2007 年出版。

[3] 譯註：吉田敦彥教授為日本大阪婦女大學教授，日本全人教育學會推動者，曾將本書作者約翰・米勒博士兩本全人教育專書翻譯為日文。

　　對於曾經參與修習我開授之「全人課程」的眾多學生們，我也要向他們表達謝意。在過去七年中，我在課堂裡與他們的討論，對於本修訂版也頗有貢獻。我的太太，蘇珊‧德瑞克（Susan Drake）[5]對於全人課程提供了寶貴的建議，其中有一些已經被納入本修訂版之中。

　　在本書的編印過程中，要感謝我的祕書芭芭拉‧狄維特（Barbara Drewette）女士細心謹慎地校閱整個稿件、OISE 圖書公司的喬伊‧巴爾（Joe Barr）先生執行本書的出版，以及安‧尼可爾森（Ann Nicholson）女士督導整個計畫的完成。OISE 對於我個人在全人教育工作上的支持，讓我永銘五內。

　　以下要感謝授權同意本修訂版引用的出處來源：

　　在第一章中有些材料之前出現在《課程與督導》（*Journal of Curriculum and Supervision*）期刊，在此得到引用的許可。

第 38 頁的圖引自 William Barrett（1986）的 *The Death of the Soul* 一書。在此得到 Bantam/Doubleday 的許可引用。

第 58 頁來自於 Swami Prabhavananda 與 Christopher Isherwood 的 *Bhagavad Gita: The Song of God*，引自 *Vedanta*，作者為 C. Johnson。1971 年 Vedanta Press 版權所有。

4　譯註：日本新潟縣小千古學校在日本以推動全人與靈性學校著稱，關於該校以及手塚郁江針對小千古學校的辦學理念而撰寫的《森林小學》（*School with Forest and Meadow*）乙書之相關訊息，請參考：張淑美主譯。John. P. Miller 著（2007）。**生命教育——推動學校的靈性課程**。台北：學富文化。

5　譯註：蘇珊‧德瑞克是加拿大 Brock 大學教授，為著名的統整課程學者，其著作 *Creating integrated curriculum: Proven ways to increase student learning*（1998），已由黃光雄教授召集主譯為中文版：《統整課程的設計——證實能增進學生學習的方法》，高雄麗文文化於 2001 年出版。

第 64 頁有關榮格真我的概念圖，引自 *Seeing with the Mind's Eye* 一書，Susan Ida Smith 所繪，書的作者為 Mike Samuels 與 Nancy Samuels。1975 年 Random House 版權所有。

第 65 頁，「我們的心靈」（Our Psyche）圖是源於 Piero Ferrucci 的著作 *What We May Be*，1982 年 Piero Ferrucci 版權所有，經 Putman Publishing Group/Jeremy P. Tarcher 公司同意翻印。

第 68 頁之意識光譜，引自 *The Journal of Transpersonal Psychology*，第七卷，第二期（1975），第 107 頁。1975 年 Transpersonal Institute 版權所有，經同意翻印。

第 66-68 頁的資料出自 J. Miller 的 *The Compassionate Teacher* 一書（Englewood Cliffs, NJ: Prentice-Hall, Inc., 1981），經出版商同意翻印。

第 71-74 頁的資料出自於 J. Miller 的 *Curriculum: Perspective and Practice* 一書（New York: Longman, 1985），經出版商同意翻印。

第 75-76 頁超我與超個人的真我之間的區別是引用自 *The Inward Arc* 一書二版。1995 年 Frances Vaughan 版權所有，經作者同意翻印。

第 85 頁的圖表來自於 Fritjof Capra 的 *The Turning Point* 一書中的內文。1981 年 Fritjof Capra 版權所有，經 Simon & Schuster 出版商同意翻印。

第 90-91 頁為 R. Critchfield 所著 *Villages* 的引文，1983 經 Anchor Press/Bantam/Doubleday 出版公司同意翻印。

第 134-135 頁出自於 *The Natural Mind* 一書的引文，作者為 Andrew

Weil。1972 年 Andrew Weil 版權所有，經 Houghton Mifflin Company 同意翻印。

第 143-146 頁中的圖 6-3 以及取自 L. V. Williams *Teaching for the Two-Sided Mind*（1983 年 LindaVerlee Williams 版權所有）一書中的引文，經 Simon & Schuster 出版商同意翻印。

第 169-171 頁中 Rudolf Steiner 的引文，來自於 *Practical Advice to Teachers* 一書，經 Rudolf Steiner Press 同意翻印。

第 194 頁的圖形取自 1976 年 G. Brown 等人所著 *Getting It All Together* 一書，經 Phi Delta Kappa 教育基金會同意翻印。

第 204-208 頁，來自於 *Inviting School Success* 一書第二版中的資料，作者為 William Watson Purkey 與 John M. Novak。1984 年 Wadsworth 版權擁有，經出版商同意翻印。

第 208-212 頁的資料首次出現於 J. Miller 的 *The Educational Spectrum* 一書（New York: Longman, 1983），經出版商同意翻印。

第 232 頁之 Ojibway 祈禱文引自 *Earth Prayers from Around the World* 一書。1991 年 Elizabeth Roberts 與 Elias Amidon 版權所有，由 HarperCollins 出版。本資料來自於公共領域。

總校閱序 ──
找回生命與教育的關聯與締結

本書是筆者策劃翻譯有關全人教育、靈性教育的第四本專書[1]，很湊巧的，四本書的作者分別由兩位米勒（Miller）博士所著，也分別是美國與加拿大推動全人教育的先驅。美國的榮恩·米勒博士（Ron Miller）是以歷史與制度文化的角度檢視美國全人教育的發展脈絡，揭示出教育應回歸有機的、整全的、全人的（holistic）、靈性的……等自然的本質，重新找回生命與教育的靈魂。本書作者約翰·米勒博士（John Miller，另名 Jack Miller）則以其課程教學專長切入全人教育的理念與做法，尤其本書著重在闡釋全人教育的理論基礎與各種開展的實務面向，深深觸及「生命與教育」的核心本質，我們可以從字裡行間深切感受到全人教育學者的慈悲與真誠關懷，從而找回自身生命與教育工作的「關聯」，為教育工作注入源源不絕的能量。

全人教育約興起於 1980 年代中葉，慨切評析工業革命之後全球性的科技掛帥、物質與消費主義至上所導致的價值觀混淆與扭曲，造成各式各樣的「支離破碎」現象，即連教育文化志業也淪為國家利益與經濟發展目標之下的運作機制，而不是一個「為了

---

[1] 其他三本為：

　　張淑美、蔡淑敏（譯）（2007）。R. Miller 著。**學校為何存在？美國文化中的全人教育思潮**。台北：心理出版社。

　　李昱平、張淑美（譯）（2008）。John. P. Miller 著。**如何成為全人教師**。台北：心理出版社。

　　張淑美（主譯）（2007）。John. P. Miller 著。**生命教育 ── 推動學校的靈性課程**。台北：學富文化。

可以學得智慧與悲憫，以及學習如何活得喜樂的地方」（原著序，x）。全人教育認為教育應是「整全的、全人的」教育，我們應該找回與自己內在真我的關聯、與他人及社群的緊密締結，乃至與地球宇宙的息息相連！而這些關聯與締結都可以也應該從課程與教學中來體現，從教師自身、學校環境與組織氣氛的修練與營造來共修與布置。全人教育的核心理念正如本書第一章所開宗明義指出的：是與有機的、動態的、整全的、和諧的與相互關聯的自然運作法則有關；而且也可說是靈性的教育，誠如作者所界定：「靈性是一種對生命敬畏和崇拜的感覺，源自於我們和某些美好與神祕的事物之相互聯繫」（頁5），教育應該引領個體靈性本質的充分開展、營造喜樂的人生。全人教育的理念與實務面向著實和國內生命教育高度關聯，可以相互為用。

　　本書清晰地闡釋「全人課程」的理論與實務，在第一篇「全人課程的理論脈絡」中：第一章「**全人課程：為什麼與是什麼？**」，深刻地點出「整全」的意義、全人課程的理念與內涵，尤其是作者所提出的全人教育的三個核心面向：「平衡的」、「總括性的」與「關聯性的」，揭示與貫串全書的中心意旨與架構，建議讀者應先從第一章仔細研閱，以進入全人教育的堂奧。第二章至第四章分別剖析全人教育的各種理論基礎與脈絡：「**哲學脈絡：永恆哲學思維**」、「**心理學的脈絡：超個人心理學**」以及「**社會脈絡：生態／互賴的觀點**」，可以了解全人教育其實有其頗長遠的哲史淵源，也有新近的心理學與社會學的脈絡。第二篇的實務面向包括五至十二章。第五章「**全人課程：歷史背景**」：回顧全人教育理念在學校課程實踐中的發展歷史。第六章「**直觀的關聯**」：闡釋重新發覺與修練師生的直覺或直觀能力，才能找回「關聯與締結」，直覺能力的復甦也是後續第七到十一章各種面向關聯的要素，例如在課堂中可透過視覺心像與比喻來訓練學生的直觀能力，本章也討論直觀和批判思考與多元智能的關係。

　　第七章「**身體與心智的關聯**」：清晰點出現代教育多麼隔離了「身體與心智」，我們忽略了身體感官的「覺察」（awareness），忙碌地一心多用，其實是失去了「專注」，但似乎愈忙愈空虛！本章教導我們重新連結身心，讓我們找回身心的安適或幸福感（well-being），您會被作者提出的「活在當下的覺察」（moment-to-moment awareness），或者是「心念專注」（mindfulness，念住）[2] 所吸引，透過律動或舞蹈、戲劇，我們可以找回身心的連結；作者在本章與其他章節中多處介紹「華德福教育」（Waldorf Education），推崇史丹納（Steiner）提倡身心靈整合的全人理念，尤其在兒童期最應重視的就是身體的律動教育，靈敏的感官律動啟發，是將來情緒與心智開發的基礎。第八章「**科目的關聯性**」，強調「課程和學習者生命的關聯」，介紹「統整課程的理念與實際」、「全語言」、「科目與科目之間的關聯性」、「全人思考」，「科目和自我與社群的關聯」，以及全人發展的「轉化」（transformation）學習等課程理念與設計。

　　第九章「**社群的關聯**」：正是當今科技掛帥社會下亟需重建的關聯，從建立自我與班級的關係、營造深刻締結的學校社群之理念與作法、學生如何與所居住的社區環境關聯，透過合作、關懷與服務學習等，找回自我和社群的緊密連繫。第十章「**與地球的關聯**」：是作者近年推廣全人教育苦口婆心悲憫提醒的面向，相信關心環境污染、全球暖化等問題的讀者會對地球因人為過度開發而承受的負荷與傷害深有所感，我們必須極力喚醒吾人對地

2　國內有翻譯成內觀、靜觀、明心、正念、覺照等，南華大學生死學系李燕蕙教授師承「正念減壓」（mindfulness-based stress reduction, MBSR）創始人 J. Kabat-Zinn，以及將 MBSR 修改為「正念認知療法」（mindfulness-based cognitive therapy, MBCT）應用於西方正統認知療法的三位創始人之一的 Mark Williams（另二位為 Z. Segal 與 J. Teasdale），則將"mindfulness"稱之為「正念」，強調是一種日常生活中可以自我修練與教育成長的生活態度與方法。

球、大自然宇宙的虔敬與愛惜，透過環境教育與環境文學等課程介入，可以讓學生找回和地球母親（mother earth）的關聯。第十一章「與真我的關聯」：要找回自我（self）與真我（the Self）的關聯，作者介紹了史丹納的兒童發展理論、觀照冥想（contemplation）與靜坐沉思（meditation）的理念與修為法門。最後一章「全人教師與整全的變革」，作者認為全人課程落實的關鍵為全人的老師與學校，教師應具備並修練「誠真性」（authenticity）（或「內外一致性」）與關懷，分別提出哲學、心理學所論述的一致性，以及道德與全人層面的真誠一致性，還有諾丁斯（Noddings）所提倡的關懷理念；而全人的學校更應該關注全人的原則與變革，充分營造與實踐前述各章中所提倡的各種面向的關聯與締結。

本中譯版能夠順利出版，也有本書自己的「關聯與締結脈絡」，我們譯者群也堪稱是一個「整全」的社群結合。分別借重楊秀宮教授的深厚哲學背景；劉冠麟講師的英文造詣與豐富的翻譯教育專書的經驗；張利中教授兼具心理學、生命教育、宗教哲學與倫理學的背景；王慧蘭教授具教育社會學、教育哲學與課程教學的背景；陳錫琦所長的生命教育、健康促進的專長以及長年扎實的禪修實修經驗；丘愛鈴教授具課程教學與生命教育的背景；李玉嬋所長的生死諮商與輔導的專長；江綺雯教授的關懷與推動生命教育相關政策的豐富經驗，堪稱「平衡地」分就各自與生命教育的「關聯」來負責最適合其專長內容之翻譯，適切地「轉化」（總括性）為讀者容易理解的中文文字。在邀約諸位前輩、好友伙伴加入翻譯奉獻工作時，大家二話不說地答應，然後均依諾準時交稿與完校一校稿，並且耐心地等待、關心與包容我烏龜式地整合全書文稿之後續總校閱。這種信任與緊密締結的情誼，令人感動，也滋養了我的「全人生命」，所有的辛勞與壓力都轉化提升為推動國內全人教育、生命教育的喜悅與感動。

要特別感謝特邀的第十章「與地球的關聯」之譯者——曾經

擔任立法委員、高雄市政府社會局局長以及國大代表的江綺雯教授，她在六年立委任內推動二十六項民生法案之立法[3]以及社會局局長任內推動海葬的潔葬環保觀念，對國內生命教育相關公共政策之制定，功不可沒，可說是從公領域的角度為國家社會的生存環境、人文教育制度建立生命的有機關聯。她目前擔任正修科技大學的禮聘諮議教授，也兼任本校（高雄師範大學）教育系生命教育碩士專班之「公共政策與生命教育研究」的授課教授。筆者有幸因推動生命教育而與江教授結為志同道合的好友，感謝她百忙中爽快地答應並且很快地完成初稿，然後喜悅地與我分享翻譯過程中的發現與省思，一起關懷與討論國內如何更積極推動環保與地球教育。每位譯者也都是和江教授一樣非常積極熱心，我們都很慎重地就翻譯的文字和原文仔細研閱討論，希望精準流暢地轉化出流利的中文。

我們每一位譯者都是懷著學習的心情，也嘗試用本書原作者約翰・米勒博士所倡導的全人教師的慈悲與真誠的態度來翻譯研讀各自負責的篇章，甚至於相互校閱與提供修改意見。雖然翻譯工作真的是只有疲勞卻沒什麼功勞（學術上的聲譽，credit），對我們個人的學術成就實質貢獻有限，但是我們都基於相同的信念與熱忱，喜悅地譯介這本全人教育理念與實際的重要專書。國內尚不多見如此兼具課程理論與實務的全人教育、生命教育的專著，因此本書具有學術與實務上的價值。不僅可作為大專校院全人教育、生命教育、課程與教學、靈性教育等課程的教材用書，也適合在職教師們一起研閱或自修，找回對教育的熱忱、喚起希望教育工作與內在生命深深關聯與締結的原初渴望。

此外，要感謝心理出版社不計成本取得中文翻譯版權，翻譯

---

3 參江綺雯（2006）。生死學是善生善終的生命學。載於林綺雲等著，**實用生死學**（序）。台中：華格那出版社。

過程充分耐心等待，感謝林敬堯總編輯對全人教育、生命教育專書出版的支持。本中文翻譯版編輯林汝穎女士更是非常仔細、力求精確，甚至於連我們沒有校對出來的錯別字與標點符號等細節都一一標示出來與我（我們）討論，展現高度的專業與敬業精神。本書如有不周之處，應該都是我身為總校閱者的才疏學淺與時間心力之限，尚請方家前輩與讀者能不吝賜正。最後，竭誠邀請讀者加入本書的「締結與關聯」的脈絡，一起來推動生命教育與全人教育，祝福國內的各級學校也能充滿靈性與生機，整全地、有機地成為「可以學得智慧與悲憫，以及學習如何活得喜樂的地方」！

張淑美

2008 年 11 月　謹識於高雄師大

第**1**篇 全人課程的理論脈絡

1
CHAPTER

全人課程：
為什麼與是什麼？

「全人教育」（holistic education）[1] 嘗試將教育帶入與自然的本質相聯繫，自然本身的核心特質即是相互關聯與動態的，我們可以在原子、有機系統、生物鏈與宇宙本身看到這種動力與相互關聯性。不幸地，人類世界自從工業革命以來就一直強調區隔與標準化，結果導致生命的支離破碎。

這樣的支離破碎也滲透到每件事情上。首先，我們已經把經濟生活從周遭環境中抽離出來，結果導致生態的破壞。我們所呼吸的空氣、所喝的水，經常是污濁的，似乎我們已經污染了每一件事物，甚至包括大海，因為我們認為自己和周遭的有機系統是區隔開的。

---

1 譯註：雖然本書作者強調 holistic 有完整、神聖性、整合性、關聯性、多元性、全部的等全人的理念，用「整全的」似較貼切；唯鑑於國內一般仍較熟悉「全人的」用法，本書之 "holistic education" 也統一用「全人教育」，而不用「整全教育」。

　　還有社會的破碎，大部分在工業化社會中的人們，居住在令他們覺得恐懼並且與他人隔絕的大都市中。暴力已經成為大都會中最令人擔憂的事情，尤其是在美國。人們害怕在夜間獨行，甚至是在過去被認為「安全」的市郊。這樣的破碎也見諸於各式各樣的濫用與虐待中，我們用諸如菸毒、酒精與藥物來虐待自己；我們也虐待別人，例如對長輩、配偶與孩子。我相信這些虐待和人們覺得彼此互不相干以及與正常的社區形式隔絕有關。

　　另一種破碎的形式是我們自己的內在，愛默生[2]曾寫過：「這世界為何缺乏和諧，反而是破碎與堆砌呢？實在是因為人們和自己也不是一個整體。」我們發現自己的身體和心靈沒有關聯，而教育明顯地做了許多切割身體和心靈的事情，任何不是學業的言論，就被標示為「言不及義的多愁善感」。值此之故，在工業化的社會裡，我們就只用頭腦生活，媒體上所描繪的「大頭小身」的樣子就是如此。這就是我相信的，我們看自己的方式，以及只用頭腦過活的模樣，是完全否認更深刻的體悟與直覺。

　　最後，約瑟夫・坎柏（Joseph Campbell, 1986）所形容的另一種文化中的支離破碎──缺乏共享的意義感或神祕性，尤其在北美更似乎是沒有共享的價值。這種缺乏共同價值的情況，當我們試著去處理槍枝管控、墮胎、安樂死與同性戀等議題時，更為明顯。最窄化的是我們走進一種科學的、物質主義的世界觀，常見諸於大眾傳播媒體與教育體系之中。這種世界觀強調的唯一真實是物質的，而了解與控制這種真實的途徑唯有透過科學的方法。和這種物質主義密切相關的，還有鼓吹我們盡可能去蒐集物品的消費主義，擁有的物品愈多，似乎讓我們覺得更好。然而，大部分獲得物質幸福感的人並不會覺得完整，反而覺得失去了某些東西，沒有更好的字眼可以形容，那就是「靈性」（spirituality）。

---

2 譯註：R. W. Emerson，1803-1882，美國文學家與哲學家。

我在此界定「靈性是一種對生命敬畏和崇拜的感覺，源自於我們和某些美好與神祕的事物之相互聯繫」。

我所形容的這種支離分裂也見諸於教育體系之中，我們把知識區分為科目（subjects）、單元（units）與課（lessons）。然而，學生經常無法看到科目之間的、事實與科目之間的，或者是學科與生命之間的關係。貝特森斯（Batesons, 1987）曾摘述如下觀點：

> 原住民與鄉下農夫生活中所分享的真實就是統整的；相對地，今天我們之所以必須特別關注的，是因為儘管我們可以說服孩子去學習關於這個世界的一大堆知識，他們似乎沒有能力把所學放在一個整合的了解中——也就是說我們的課程沒有「關聯的形式」。（p. 196）

很明顯地，我們身處在一個轉變的時代，舊的工廠秩序正在瓦解，巨大的科層組織，從聯邦到大型的無限責任公司組織，諸如 IBM 與 GM 公司，要不是內在結構崩解，不然就是「急遽地重組」求生。工廠的模式正在垂死當中，雖然我們不能確定什麼模式正在取代工廠模式；然而，辨認出反映一個正在崛起的新神話的意象是可能的，像一張曾被約瑟夫・坎柏等人引用的從月球鳥瞰地球的照片就是其一。當我們凝視這張相片所呈現的沒有疆界的世界樣貌時，就已經充分增進一種全球相聯繫的感覺。美國太空人羅素・史基維卡特（Russell Schwiekart）曾說：「當你從太空中往下看，你無法想像穿越過多少的疆域與界線，甚至於根本看不到……在太空中看到的是：一切都是一個整體，而宇宙是如此的美好。」（Senge, 1990, p. 370）

看看這樣的畫面可以修復深藏在我們內心的一種敬畏與驚奇的感覺，愛默生在十九世紀時就認為人們已經失去了「與宇宙最

原初的關係」。如果他說的話在當時已經是事實的話，較之現今，媒體已經成為我們的宇宙了，情況自是更加劇烈！需要去關切原住民族的靈性，原因之一是，他們對自然的看法能幫助我們內在的覺醒，以及與自然的原初關係。

另一個很重要的意象是柏林圍牆的破除，倒下的牆代表冷戰的結束，也隱喻地意涵其他存在的隔閡之牆也倒了！例如，幾世紀以來的種族歧視、性傾向，或者已經被排除掉的、機構化的、硬是被區隔開的能力等等。現今，人們要求被視為同等的人類來看待，雖然在處理這些議題上，我們還有很長的路要走；然而，至少現在已經成為吾人意識的一部分，而法律也在邁向建立一個更包容的社會過程中著力甚多。在教育方面的圍牆也有些逐漸被打破了，例如，學科之間也愈來愈強調科際整合與各教育階段的課程統整了。

這些地球的徵象與柏林圍牆的破除，支持一個奠基在相互依存與關聯意識的新神話。扎根於自然本身的真實，以及由各種靈性傳統的支持與灌溉，這種相互依存的願景已經逐漸成為商場上、健康照護與教育事業上改變的核心了。這種改變背後的動力，我相信將是讓我們的生活與機構更加以本然和諧的方式來運作。如果自然是動力的與相互關聯的，而教育體系卻是靜止的與破碎的，那我們所增進的只是疏離與痛苦；然而，假如我們可以用相互關聯與動力性來聯繫這些機構，則人類圓滿和諧的可能性將大大增加。

許多人經常問起「整全」（holistic）的根本意義為何？holistic 的字源是希臘字"holon"，可衍伸為宇宙是由統整的全部所形成的，不可以被簡單地化約為部分的總和。holistic 有時可以被稱為「完整的」（wholistic），我沒有交互使用這兩個字，我認為holistic 更意涵靈性（spirituality）或者是神聖的感覺；然而 wholistic 是較物質的或生物的，較強調物質的與社會的相互關聯。我相信

杜威（Dewey）強調「整體論」（wholism），而甘地（Gandhi）與史丹納（Steiner）較強調「整全」（holistic）。

全人教育：平衡、總括與關聯

　　全人教育可以用不同的架構與比喻來理解，在此我將用三個層面來形容全人教育：平衡（balance）、總括（inclusion）與關聯（connection）。

　　首先我將探討平衡的主題。從平衡觀點來講，兒童的智力發展是和情緒的、身體的、美感的與靈性的發展能夠保持適切關係的。雖然在兒童發展中的某個階段，可能某一個層面會超越其他層面，但是仍然不會失去完整感。例如，魯道夫‧史丹納（Rudolf Steiner）對兒童發展的觀點（Harwood, 1981），雖然認為兒童發展在整體上是全人的，但是也承認兒童在不同的生命發展階段中，會有不同的核心層面（例如，身體為主的年齡是 0 到 7 歲、情緒是 7 到 11 歲、智能是在 11 到 16 歲）。

　　以下是課程中應該相互保持一些平衡的因素：

個別	群體
內容	過程
知識	想像
理性	直覺
量的評量	質的評鑑
測量／評量	教導／學習
科技	課群
技術／策略	視野

個別／群體　北美的教育一直傾向於強調個別的競爭而不是群體

的合作，過去十年左右已經有些改變了，比較強調小團體的合作學習。也就是已經從強調個人競爭，轉變到可以更有效合作的教育方式。

內容／過程　內容的記憶一直都是課程的核心，然而，因為知識大爆炸以及世界急速的變遷，已經愈來愈多關注在幫助學生學習以及如何處理資訊，學習「如何學習」被視為和學習特定的訊息是同等重要的。很重要的是，學習是發生在一個連貫性的架構中（例如，內容架構），內容和過程兩者經常保持一種動力的密切關係。

知識／想像　把知識視為建構的與問題性的，來連結知識與想像是有可能的。知識並非是靜止的以及「與自身無關的」，而是依靠我們的能力去理解以及產生意義，而理解以及使知識意義化是需要想像力的。藉由連結知識與想像，我們可以更活化知識，並將想像扎根在一特定的脈絡中。

理性／直覺　再者，我們的教育體系與文化應當是一個整體，然而過去卻一直強調理性與直線式解決問題的方式。一個更整全的方式則希望能結合理性與直覺，如果兩者能夠連結，則學生的思考也可以更加豐富。當兩者分隔時，思考反而變得不是太呆板與機械化（例如：理性），就是太鬆散與不扎實（例如：直覺）。能夠兼容並蓄，學生的思考會變得更完整而周全。

量的評量／質的評鑑　現今已逐漸興起許多成就評量與真實評量的關注，例如，學習檔案就是可以讓學生的學習表現能夠被持續地看到與評鑑，這種評量形式正在補充過度倚賴量化的傳統評量方式。

技術／視野　在西方，我們一直傾向著重技術，在教育上，過去

也一直被批評為過度強調教學策略，而沒有和更寬廣的學習觀念與全人兒童的視野之間相互關聯。華德福（Waldorf）教育的真實力量之一，就是所有技術都和史丹納對兒童的全人發展之見解緊密相關。

測量／學習 今天我們似乎看到測驗與報告的過度濫用，當這些濫用變成如此強烈時，我們就可能失去學習的焦點，特別是自然、有機的學習。假如我們在小孩子正在學走路與講話的階段就不斷地測驗他們，他們可能就永遠學不會這些技能。小孩子只是很單純地經由環境給予的自然回饋中就學會了，當課程變成測驗的工具，可能的危險就是學習會變成機械式的與沒有關聯的。

科技／課群 另一個濫用就是科技，有些教育家強調我們應該為教室中的每位兒童準備電腦。然而我要再次強調，一個更寬廣的課群視野是需要把科技放在一個更合適的脈絡中。一個純粹被科技所驅策的課程，絕對是狹隘與受限的課程。

就「完整—部分」關係而言，全人教育則是尋求這兩者的平衡。一般而言，我們向來關注在部分上，以至於把課程分裂成科目、單元與課。然而，卻因而缺乏啟發我們、更包容的視野，這種見解、視野可以不同，但是通常涉及一種相互依賴與個人整全的感覺。某方面來說，全人教育可以被視為正在開創一個讓教育中的各種要素帶入平衡的「正確關係」，透過更整全的視野來檢視不同課程傾向，也會促進平衡。

總括

另一檢視全人教育的方式，就是將不同的教育取向關聯起來。

在此將描述如何用全人的方式來看下列三種取向：傳遞（transmission）、交流互動（transaction）³，以及轉化（transformation）。

傳遞狀態　讓學生單向接收及蒐集知識與技術可說是傳遞式學習的代表，這種形式的學習經常是透過閱讀教科書或聽講，知識被視為是固定的而非過程，並且經常是被切割成更細的單元，好讓學生精熟教材。傳遞式的學習在我們剛開始學習一項特殊技能時是很常見的。例如，為了學習駕駛，我們必須學習基本的法律與駕駛規則，所以就要研讀駕駛手冊，使我們可以通過筆試。

　　為了學習一項技術，傳遞式的學習較屬於模仿性與重複性的，小孩子透過模仿父母親講話而學會說話；在學習一種運動技巧時，例如打高爾夫球，我們看著教練的教導，然後不斷地重複練習這個技巧。

　　從歷史上來看，傳遞式的學習占有一段很長的歷史地位，並且有兩種分流：一個是行為的；第二個則關注在傳統教學型態下（例如，講述與複誦），學生如何學習標準科目。兩種情況下課程與學生的關係，可以圖 1.1 來表示：

圖 1.1　傳遞狀態

在行為的分流中，課程和學習的關係即是大家熟知的「刺激－反應」（S-R）的連結；在傳統的科目課程中，主要是由老師或教科書傳遞訊息給學生。在兩種情況下，基本上都是一種技巧與技術

---

3 譯註："transaction"，有交流互動與執行轉換等義，在第四章中的文本較傾向於執行，其餘各章多以「交流、互動」呈現。

的單向流動或傳送，少有機會去反思或分析訊息。

交流學習　交流學習則是較具互動性，雖然這種互動主要是認知性的，學生在交流學習時，通常是解決問題或尋求某些探究的形式。知識不被視為固定不變的細小單元，而是可以改變與操弄的。科學方法一直被視為交流學習的模式，約翰・杜威（John Dewey, 1938/1969）曾提到科學的方法是：

> （科學是）在我們自由掌握下，獲得所處世界中重要的日常經驗之真實途徑……因此，不管任何層次的經驗，我們不是別無選擇，要不就是根據科學所提供的形式來操作，不然就會忽略智力在發展與掌控一個活生生的與動態的經驗過程中的地位。（p. 88）

交流狀態可以用強調師生之間的對話來表示（圖 1.2）。

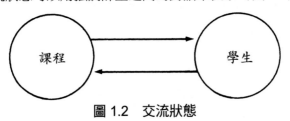

圖 1.2　交流狀態

　　然而，這種對話仍強調認知的互動，因為這種交流模式是強調分析更甚於綜合。基於這種交流狀態的教學模式，通常有一些探究與問題解決過程的系統。有時候，這些過程是植基於一種獨特的訓練，諸如物理、歷史，或者被普遍轉化運用在各種思考技巧模式中。一般而言，學習者被視為理性的與擅長於智力方面的行為，或者被視為「問題解決者」。

轉化狀態 轉化學習承認兒童的整全，課程和兒童的關係不再被視為分離的，而是相互關聯的。如圖 1.3 所示：

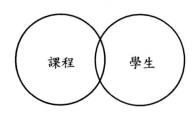

圖 1.3　轉化狀態

轉化狀態的目的是全人的發展，學生不是被化約成一組學習能力或思考技巧，而是一個完整的存在。當然，如果我們愈不把學生視為一個完整的整體，我們就愈可能降低真實學習產生的機會。教師採用這種轉化狀態，將會使用諸如創意的問題解決、合作學習，以及全語文的策略，能激勵學生做各種不同形式的關聯。這些關聯讓學生的學習充滿個別性與社會性。

在這種轉化狀態，我們也關心其他形式學習的連結，這種關係可以用圖 1.4 來表示：

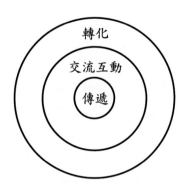

圖 1.4　整全的狀態

傳遞模式被視為最小的面向，而轉化模式則是最總括性的。再者，總括性就是全人學習的另一項重要因素。只要依循這種轉化模式，學習就不會被任何形式所區隔或消弭掉個別性，而是被包容。這個圖並不必然只是可以相關聯而已，而是顯示朝向更整全的狀態。我在其他書中曾描述這三種狀態的圖示關係（Miller, 1993）。

關聯

全人教育也涉及探究與產生關聯，嘗試將支離破碎轉移為關聯。

全人教育關注的焦點是「關係」，是線性思考與直觀思考之間的關係，是心智與身體之間的關係，是不同知識範疇之間的關係，是人與社群、與地球，以及人的自我（self）與自性真我（the Self）之間的關係。在全人教育課程之中，學生檢視這些關係，也從而獲得對於這些關係的覺知，以及必要的技能，來轉化孕育出適切的關係。這個界定著重在「關聯」，並且可以用一些不同的脈絡來探討，這些關聯／關係之間的探討，簡介如下：

線性思考與直觀思考 全人課程試圖恢復直線思考與直覺的平衡關係。各種不同的技術，諸如比喻（metaphor）與視覺心像（visualization），都可以和傳統的思考模式統整起來，那麼在分析與直覺之間就可以達到綜合了。

心智與身體之間的關係 全人課程也探討心智與身體之間的關係，以使學生能感覺到兩者的關聯，例如，可以透過律動、舞蹈與戲劇的探索。

不同知識範疇之間的關係 我們有很多方式來連結學術訓練與學校科目之間的關係，例如：華德福教育就是透過藝術來聯繫各種科目。在北美有一項很重要的課程改革中的關聯，亦即幾乎在每個教育階段中皆被倡導的統整課程（integrated curriculum）。

自我和社群的關係 全人課程認為學生和社會關係密切，社群可以是學校社會、個人居住的城鎮與國家這樣的社會，以及全球的社群，全人課程的學生可以發展人際技能、社區服務技能與社會行動技能。

人和地球的關係 自從我開始寫本書的初版時，某些部分來說，我聽進了湯瑪斯·貝瑞（Thomas Berry, 1988）所說的「地球的聲音」。西方工業化國家已經再也聽不到包括各種動物的聲音、流水潺潺，甚至是風的呼嘯等等聲音了。這種和地球的關聯，視人類為大自然生命網的一部分，而不是把我們自己與地球隔開來。

自我與真我之間的關係 終極而言，全人課程讓我們了悟自己的真正本質，幾世以來，各種不同的哲學與靈性傳統對人性本質早已對自我與真我有許多討論。自我（self）是社會化的我，包括各種扮演的角色：妻子／丈夫、父親／母親、兒子／女兒，以及我們工作角色的確認。在自我之上，更有向來被稱為「更高的我」（Higher Self）、佛性（Buddha nature），或者是愛默生說的「大真」（big person）。在我們聆聽樂音、瞥見純真孩童嬉戲、深沉投入工作，或者只是置身在大自然當中，這種原初的「真我」（the Self）當下向我們敞開。我們的自我認為自己是和他人分開的，並且時常與他人競爭，陷入一種永無止境的爭戰中。然而，「真我」是沒有爭戰的，因為「真我」會深刻感覺與他人及所有的生命與存在物之緊密關聯，能了然分隔只是一種幻影並非真實。

全人教育以寬闊的社會與靈性改變的脈絡來看待世界，而且

和商業、醫藥與政治等都有關聯。也許在政治上靈性改變的最佳例子就是哈維爾（Václav Havel）與曼德拉（Nelson Mandela），他們不僅是國家的領袖而已，更是具有啟發性的政治典範與世界上的道德領袖。

在醫藥上的靈性改變者有：柏尼・賽吉爾（Bernie Siegel, 1986）與瓊恩・卡巴特—金恩（Jon Kabat-Zinn, 1990），他們都寫過描述靈性如何帶進醫藥中的暢銷書，認為靈性醫療比單純肉體上的治療可以得到更深層次的療癒。

在商業方面的例子是史蒂芬・科維（Stephen Covey, 1990）與彼得・聖吉（Peter Senge, 1990）。彼得・聖吉的學習型組織已經廣為商業及教育界所採用。聖吉強調：「學習型組織的核心是：把人與世界分開的看法，轉變為與世界關聯；把問題看成都是別人引起的或者是事不關己的，轉變為看見我們的行動是如何引起這些遭遇到的問題。」（pp. 12-13）聖吉在該書末提到，太空人羅素・史基維卡特[4]從太空中俯瞰地球的意象：

> 在一個領導者工作坊結束之前，有人突然發問：「洛斯提（Rusty），請告訴我們從天空上看地球是長什麼樣子？」他停頓良久，當他終於開口時，只說了一句：「就像是即將出生的嬰兒。」
> 某些新事物即將發生，而且必須以其本來之全部（all）——完整（the whole）來看待。（p. 371）

是的，某些新事物正在誕生，這不需要什麼工作驅力、委員會或濫用測驗。這種改變很少被大眾傳播媒體報導，卻不斷在許多人內心中被感覺到，例如在教育界、在老師們心中。就像史基

---

4 譯註：另一別名為「洛斯提」（Rusty）。

維卡特、聖吉、哈維爾、曼德拉，以及許多在這地球上的人們，都醒覺到生命的相互締結與倚賴的關係，並且認為人是和整個地球以及宇宙的偉大神性關聯在一起的！

 參考文獻

Bateson, G. and Bateson, M.C. (1987). *Angels fear: Towards an epistemology of the sacred.* New York: Macmillan.

Berry, Thomas. (1988). *The dream of the Earth.* San Francisco: Sierra Club Books.

Campbell, Joseph. (1986). *The inner reaches of outer space: Metaphor as myth and as religion.* New York: Alfred van der Marck.

Covey, S. R. (1990). *Principle-centered leadership.* New York: Simon and Schuster.

Dewey, J. (1969, originally published in 1938). *Experience and education.* New York: Macmillan/Collier Books.

Kabat-Zinn, J. (1990). *Full catastrophe living: Using the wisdom of your body and mind to face stress, pain, and illness.* New York: Delacorte Press.

Miller, J.P. (1993). Worldviews, educational orientations and holistic education. In *The renewal of meaning in education: Responses to the cultural and ecological crisis of our times.* Brandon, VT: Holistic Education Press.

Siegel, B. (1987). *Love, medicine and miracles: Lessons learned about self-healing from a surgeon's experience with exceptional patients.* New York: Harper Row.

Senge, P.M. (1990). *The fifth discipline: The art and practice of the learning organization.* New York: Doubleday.

2
CHAPTER

哲學脈絡：
永恆哲學思維

　　修克斯禮（Huxley, 1970）提供了全人課程的哲學理論基礎，
永恆哲學（perennial philosophy）的主張是，所有的生命是關聯於
一個互相依賴的宇宙之中；亦即，我們之所以可以感知人們相互
之間的關係，是因為透過一個關於存有者（being）[1]的基本價值。
在詳細探究永恆哲學之前，我希望先回顧讓「思想傳遞」及「交
流互動」的哲學觀——原子論（atomism）及實用主義（pragma-
tism）。我相信，透過這樣的回顧與檢視，足以證明整全論（hol-
ism）是全人教育課程裡最具代表性的哲學內涵。

1　譯註：關於 being 與 Being 在哲學裡的區分是有必要註明之處，一般翻
　　譯 being 為存有者，存有者指的是一切實存的人、物，其中人又
　　稱作「此在」。而 Being 則翻譯為「存有」，「存有」所指涉
　　的是人的本真性或整體性的涵義，也就是此在對整體和諧或本
　　真的一種理解。

原子論

原子論對於實在（reality）的看法，可追溯至古代希臘時期。當時的哲學家德默克利特斯（Democritus）提出，大自然是由空間及原子所組成的。他認為，原子是細小、不可分割的單位，彼此相互堆積。不可分割的原子處於所有物質的核心，德默克利特斯是一位原子決定論的提倡者，他視原子的移動並非隨機的事件，乃是某特殊原因的後果，而且這些原子移動的原因並不會產生其他事件與結果。

如今，此源自古希臘的理論已經由一個較為複雜細密的原子論所代替。當代的原子論可由下列幾個原則來說明其特色：

- 實在界是奠基於物質主義。
- 該實在界可被分解為具邏輯性質的成分或原子。
- 我們透過感官來認知。
- 我們可以使用經驗主義的結果來發展控制物質世界的科技。
- 採取一個中性的觀點來進行探索是可能的。

實在界是奠基於物質主義 湯瑪斯・霍布斯（Thomas Hobbes）是十七世紀的哲學家，他支持唯物主義（materialism），並且認為「自然」包含了在我們心智以外的物質集合；他著重於自然哲學，該學說關切物體（bodies）的特質。今日，唯物主義已經被修正成為不同形式的實證主義（positivism），而科學被認為是理解事物，以及發現物體間互動的法則基礎。現代的唯物主義被稱為物理主義（physicalism），這個觀點力主所有的科學都可以被重新定義，並且以物理學的語言來說明。艾耶爾（Ayer, 1984）認為，物

理主義是那些「相信這個物質世界是一個封閉系統的學者所提倡，他們認為所有發生的事物都可以用物理學的名詞來解釋」（p. 13）。

實在界可被分解為具邏輯性質的成分或原子　在哲學的觀點裡，邏輯原子論（logical atomism）是這個原則的體現，貝瑞特（Barret, 1979）摘要了他的看法如下：

> 邏輯將所有的論述（statements）分析為二類：其一為複合論述（complex）或分子論述（molecular）；另一為原子論述（atomic），我們據此而能進行解析。……這個世界最終一定是由原子論的事實描述所組成，並符合原子論的論述，進而可行邏輯分析做定論。基於原子的組成而有多種多樣性的群類，如此複雜的事實成就了我們的經驗，我們因而造就了邏輯原子論的完整信條。（p. 39）

原子論的解析手法是將所有的事物化約成可以被解析的最小組成分子。不幸的是，一旦從原子論的立論出發，物質被分解成細小元素之後，就少有再回復其原初連繫為一的意向，因而這項原子論的論述偏向於化約論及分析說。

我們透過感官來認知　經驗主義（empiricism）認為，透過感官的觀察，是知識唯一可靠的來源。這充分發展於英國的哲學傳統中。十七、十八世紀由約翰‧洛克（John Locke）及大衛‧休謨（David Hume）二位重要哲學家充分開展；二十世紀則由分析哲學（analytic philosophy）發揚光大。休謨是啟蒙時期最基進（radical）的一位經驗主義者，他的作品至今仍然是經驗主義思想的重要參考。休謨指出，人類意識（consciousness）的內容就是我們的知覺（perceptions），他將知覺分為印象（impressions）及觀念

（ideas）。印象是我們即時感受到的感覺及情緒，而觀念是印象的複印或影像。休謨認為，所有觀念都是由印象衍生出來的，如果我們不能將某個觀念跟原始的印象連結，則該觀念是無意義的。雷凡（Lavine, 1984）在評論中提出：「休謨的觀點認為，我們的經驗是由原子成分所組成，這些組成的元素是獨立且可分割的印象及觀念，而每個組成分子造就了我們的經驗。」（p. 155）休謨的經驗主義採取類似維根斯坦（Wiggenstein）原子論的看法，認為在各印象之間並沒有連結，或所謂的任意關聯性。雷凡並且宣稱：

> 但是不僅形上學（metaphysics）和自然科學做不到，連我們日常生活中的一些常識也無法解釋某些事件與事件間的必要關聯性，像是「火焰」以及「感覺火焰燒到手指」之間的關聯；「吸菸」和「肺癌」之間，以及「種植種子」和「植物生長」之間的關聯。這些例子中常識性因果間的必要關聯，被解析成觀念的心理連結，卻無法說明這些觀念對於事件的解釋及預測。（p. 168）

就像是邏輯原子論以及分析哲學促使我們懷疑自己的常識及知識一樣，休謨的經驗主義也會使我們懷疑日常生活中的因果。貝瑞特（Barret, 1978）論述：

> 但是，這些我們所擁有的尋常實用的自由，在休謨以及維根斯坦著重分析的世界中，變成理論上是不可能維繫的，在那個世界中，變化是根本不具連續性的，現在的事件並不能自然地演變至未來之中。個別的原子事實事件均依序發生，但卻不具關聯性。例如，我為了要做出這些論述，必須要伸出手去拿我的筆，而這簡單且連續

的動作被想像是由我的意志所支撐完成。在休謨的觀念中，則是分解成為相互獨立的片段。（pp. 50-51）

實證主義學者像是孔德（Auguste Comte）及魯道夫・卡那普（Rudolph Carnap）駁斥了休謨的隨機原子論；相反地，他們發展出決定性原子論。一般來說，在原子論的世界中，這二個原子論的觀點形成緊張狀態。有些理論學者對休謨關於世界的概念並不認同，而認為世界是建立在絕對的決定論（absolute determinism）。對於這些實證主義學者而言，隨機並不是感官印象的連結，而是奠定在物質的世界，以及透過科學的探索而被發現的。對於孔德來說，經驗科學是知識唯一可靠的來源，並且我們應該清除那些無法透過科學探索得到證明的所有觀念。科學知識也應該被延伸到技術層面，而「不再是極力推擴於幾何學、機械學或化學，而是主要發展於政治及道德」（引自 Schon, 1983, p. 32）。

邏輯實證主義包含了二個明確的世界：其一，是我們每天生存的世界；另一個世界，是經由科學認證的世界。在這個科學認證的世界中，我們應該具備得到「真」（truth）的管道，或至少是「客觀的事實」。而前述我們每天生存的世界是可疑的世界，我們會學習不去相信我們對事物的日常觀感。取而代之的是，將科學性的驗證給予較高的位階，並視其為理解和關聯這個世界的依據，在這個觀點之下，我們被鼓勵否認我們直覺上的看法，並進入一個較為扼要的觀點，即透過機械性的科學來有效確認世界的有效性。

我們可以使用經驗主義來發展控制人類行為與周遭環境的科技

史肯納（Skinner）的行為心理學延伸了孔德的觀點，亦即人類行為受到科技控制的觀念。在 1968 年，史肯納出版了《教學的技術》（*The Technology of Teaching*）一書，書中他宣稱「最近在行

為控制的制約條件的改進，具有二類重要的原理」（p. 10），這二類原理是得自認知法則及效果律的應用。首先，我們可以使用這法則「幾乎隨心所欲地」來塑造「有機體的行為」（p. 10）；其次，我們還可以使用它「在特定強度的情況下維持行為的產生，並且持續長久的時間」（p. 10）。史肯納在這裡指的是使用增強物，這就是他所提出操作制約（operant conditioning）理論的中心概念，在史肯納的觀念中，教育就是事關選擇以及使用增強物的技巧，教學就是「在學生學習狀態之下，安排增強物以及等同的替代物」（p. 64）。透過特定方式安排增強物，老師可以增強對學生預期行為產生的頻率。史肯納的心理學理論明顯是屬於原子論的，他所安排的學習方式將行為分解成可精心調控的細小部分，這些可辨識出的細微成分，透過連續性的步驟，可用來組織並說明學生的進展情形。

要透過一個中性的觀點來進行探索是可能的 在一個原子論的宇宙中，所有的物質或多或少都是相等的，它們的價值並不是最核心的考量。在追求解答的過程中，最核心的關切並非與倫理議題相關，取而代之的是，經驗主義論者專注於提出可以被科學驗證的知識。因此，實證主義及經驗主義論者並不關切價值的問題，在教育的範疇中，以能力為基礎的教育及精熟學習鮮少與倫理議題有關。相反地，其焦點則關注於特定能力的精熟及養成。我們接下來討論原子論及經驗主義的傳統如何呈現於實際教育作為之中。

原子論及其課程

原子論在其課程理念中強調，將課程分解並解析成細小、獨

立的單元。法蘭克林・巴比特（Franklin Bobbitt）是二十世紀初一位提倡原子論觀點的學者，他於 1924 年寫道：「讓我們來探索，是什麼活動組成人類的生活，以及我們因此有了教育的目標。」（p. 24）巴比特的課程目的是要符合成人生活中的日常活動，因為這些活動在數量上幾乎是無限的，因此將教學目標及課程內容解析成兩萬或三萬件特定的技能或活動。明顯地，這是一個以原子論為核心特色的課程。除了一些概略的分類外，並沒有嘗試過要將這些為數相當多的目標概念化或將其關聯性建立起來。巴比特的分類包括：

- 語言活動；社會化的相互溝通。
- 身體健康性活動。
- 國民權責活動。
- 一般社會化活動──與他人的集會交往。
- 閒暇活動、娛樂與休閒活動。
- 維持心理上的健康，和「維持身體上的健康」一樣重要。
- 宗教活動。
- 養育、扶養下一代，維持正常家庭生活。（pp. 7-8）

史奈登（Snedden）是一位支持巴比特觀點的社會學家，他將這為數眾多的活動分類為生產及消費兩類，根據坦納與坦納（Tanner & Tanner, 1980），這個分類往後發展出職業及文化的分野，形成了一個學派，其結果指出「學習者及教師心中具備有原子化的主題觀點」（p. 336）。這所謂的巴比特－史奈登（Bobbitt-Snedden）觀點是基於科學的機械性觀點，認為宇宙中所有事物皆可化約成分隔、孤立的成分，這個教育中的原子論觀點迄今仍與我們同在。我們可清楚看到，以能力本位的教育及相關的教育觀念，像是精熟學習（mastery learning）等，皆反映了課程設計中原

子論的觀點。能力本位教育（competency based education, CBE）
包含：1. 能力指標論述的選擇；2. 說明評量指標，用以評估能力
達成情形；3. 發展適當的教學系統。根據麥可亞森（McAshan,
1979），以能力為基礎的教育是奠基於行為主義學習理論：

> 學習理論指出，學習由刺激（外在或內在）以及透過增
> 強的因素，從有機體產生反應開始。學習透過這個過程
> 而發生，且引發較為複雜的認知、技能、情意系統的發
> 展。因此，所有的學習者在感受到刺激時，即可被認為
> 是學習的開始，這些刺激可被認為是經由教學策略（或
> 啟發活動）而引發，而這些均為「能力本位教育」
> （CBE）之教學系統中的一部分。（p. 51）

因此，行為主義為原子論之研究課程及教學提供了心理學背
景。

當今，精熟學習可被視為原子論典範中的一個實例，喬伊絲
和威爾（Joyce & Weil, 1980）定義精熟學習的核心成分為：「課
程因此被區分為由較小單元所組成的一個較大組織，其中，每個
單元皆具備其教學目的。」（p. 447）在精熟學習中，課程被解析
為小單元是必要的，如此學生可依循步驟進行學習。因而，學生
可對每個單元或分段部分進行練習，直到達成設定的精熟階段。

最後，一些以結果為論的教育亦可被視為具原子論觀點。特
別是有些教育形式更是如此，因為設定了過多的教學目標，但卻
與更崇偉、更具連貫性的教育願景無法連結，此類教育形式均可
被視為近似於原子論。

實用主義

　　約翰‧杜威是批判原子論觀點的學者，他與其他實用主義學者如威廉‧詹姆士（William James）等人，駁斥斷裂於經驗的哲學觀點。相反地，實用主義著重於以下原則：

- 宇宙恆久處於歷程狀態，所有的事物一直在變化。
- 實驗性的科學是解釋及執行經驗的最佳模式。
- 經由經驗所驗證的假設，乃是組成知識的最佳形式。
- 科學方法亦可被運用在社會問題及社會經驗中。
- 價值概念經由特定的氛圍脈絡及結果而形成。

宇宙恆久處於歷程狀態，所有的事物一直在變化　　約翰‧查德斯（John Childs, 1931）是杜威的同事，他論述：「世界由歷程及變化所表徵」（p. 45），這所謂的世界，在實用主義學者來說，像是持續的流水一樣，每項事物都處於變遷的狀態，與這個觀念相關的概念認為世界是不完全且不確定的。在實證主義的觀念中，宇宙多被視為封閉的系統，似機器般運作。然而，實用主義論者並不接受這觀念，他們視宇宙為一個更加開放的空間，是流動和不確定的。威廉‧詹姆士認為宇宙是開闊的，像是沒有上限般的廣闊。

實驗性的科學是解釋及執行經驗的最佳模式　　杜威（Dewey, 1938/1963）認為科學方法是解釋高智能行為的最佳模式：

　　科學方法是唯一我們可控制、用來得到有關我們所處世

界的日常經驗及其意義的真實方法。那代表了科學方法
提供了一個工作路徑，在其中那些經驗是慣常在前和看
得見的先備條件。對不同年紀、不同心智成熟度的個體
來說，採用這個方法形成教育者的一個問題。問題中不
變的影響因素包含了意念的組成、對意念的反應作為、
對產生結果條件的觀察及為未來使用對事實及意念的組
織紀錄等。（p. 88）

杜威（Dewey, 1916/1966）發展出一個基於科學方法而進行經
驗分析的問題解決方法，此方法包含了五個步驟：

1. 困惑、混淆、疑問期，這是因為個體仍處於未確定的情況，
   完整的人格尚未完備。
2. 推論預測期，對於所接觸到的分子產生暫時性的解釋，根
   據這些解釋進而歸納出偏向某個結果的趨勢。
3. 仔細探索（檢視、檢查、探視及分析）所有可能得到的思
   慮，而可幫助定義且釐清手邊的問題。
4. 後續針對該暫時性解釋的詳細闡述，在受到更多種類的事
   實規範下，讓假設更為精準及連貫。
5. 更進一步將籌畫的假設視為行動計畫，將之運用在現行事
   物上，重複執行使預期結果產生，並藉此測試假設。（pp.
   150-151）

第一步驟指出，個體面臨問題或是一個「未確定的情況」，
杜威（Dewey, 1938/1963）說明該未確定的情況為「受干擾、受困
擾、模稜兩可、被混淆，及充滿矛盾的傾向」（p. 105）。

第二步驟，個體檢視了在此特定情況下，所有的成分及與其
相關而產生的可能結果。

第三步驟，個體嘗試透過定義問題以釐清所面臨的困擾，個體則將問題整理歸類，因此問題可以解決，不用歷經無效的過度嘗試、錯誤，及徒費勞力。

第四步驟，個體開始嘗試提出心中對問題的解決方法，因而發展出一個暫時性針對解決問題的假設。

在最後一個步驟，假設被透過經驗來驗證。如果問題未解決，則新的假設將會再發展出來。

杜威的問題解決步驟，乃是使用科學方法於可反思的經驗上。實用主義學者克服了原子論者對科學及日常經驗的區隔，科學並不凌駕於日常經驗之上，而是可運用在多數的經驗範圍裡。

假設經由經驗所驗證，因而組成了知識的最佳形式　實用主義，特別是杜威的學說，反對原子論關於事實性知識的蒐集及分類。雖然觀察的內容對於實用主義來說是重要的，然而觀察及反思的方法更為決定性。反思式經驗因而成為事實知識的整理者。

杜威及實用主義學者對於經驗主義相關的被動觀點予以決定性地位。洛克及其他的經驗主義學者看待心智為「白板」，以感官印象為接收的資料；實用主義的知識被認為是處於較主動的模式，感官印象被集合起來，但是被用來發展假設，之後再透過經驗來驗證。因此，我們的心智並非被動地接收資料，它還透過經驗激發意義。個體透過經驗投入世界當中，而這樣的過程使個體能夠主動驗證假設及觀念。

巴特勒（Butler, 1950）做出以下針對實用主義知識論（epistemology）的評論：

> 我們可以看出，用來描述實用主義知識準確的字眼並不是形容性、經驗性的（這樣也許被許多觀念主義者接受），而是描述性、實證性的。因為我們了解某項事物

總是透過特定經驗、完成令人滿意的工作後，才獲得該
事物相關的知識。我們獲知的是令人滿意的假設運作；
是試驗過程中，我們用來獲得知識的行動過程，這不是
一個知識的項目而已，更是一個透過經驗實證後，具有
價值涵義的項目。（p. 449）

科學方法的智識反思形式亦可被運用在社會經驗中　杜威是一位
強烈提倡民主的學者，允許個體成長及智能運作，在杜威的觀念
中，智能的發展是民主的根本價值，並且是教育的主要目標。因
而，學校的主要功能是要涵養反思性智能，讓學生能夠學習對社
會經驗的反思，並且根據經驗來驗證假設。

　　卡普蘭（Kaplan, 1961）將實用主義與自由主義（liberalism）
連結。他認為，實用的自由主義是「將智識運用在社會問題上」，
其基本假設是，反思的智能及科學的方法可以用來解決多數的問
題。

實用觀點的價值概念乃透過特定的範圍及結果而形成　在實用主
義裡，價值判斷評估某個特定動作是否會引發特定令人滿意或沮
喪的經驗結果。價值判斷會宣告某些事物已達成特定的目標或結
果，價值判斷亦必須評估所處的內涵範圍，對於預期出現的結果
而言是否合宜。在實用主義的意義和目標裡，方法及結果、範圍
及結果，被視為是相互影響的。因此，實用主義是屬於相對涵義
的。然而，實用主義駁斥完全的相對主義，而較同意「客觀的相
對主義」（objective relativism），其反思的方法幫助個體避免只
根據一時的看法或觀念進行道德上的選擇。又，以經驗反思為型
態的科學方法對實用主義觀點具重要而關鍵性的參考價值。

實用主義及其課程

實用主義因著重反思性智能，為許多課程研究路徑建構了理論基礎，這些研究路徑可被視為是杜威五個步驟方法的變化。舉例來說，在社會研究中，馬薩勒斯（Massialas, 1975）發展出一個具六步驟的方法：

1. 定義及分類概念且分辨不同的觀念。
2. 釐清位階的價值。
3. 蒐集及分析證據。
4. 使用證據來驗證或評估假設或位階。
5. 邏輯地探索位階的結果。
6. 歸納綜合。（p. 31）

赫柏特・德藍（Herbert Thelen）也發展出他所謂的團體探究法的方法，亦反映了杜威的研究概念，該模式（Joyce & Weil, 1980）也具有六個步驟：

1. 困擾情境之遭遇。
2. 情境反應之探索。
3. 辨識形成主要任務並組織研究任務的步驟。
4. 獨立個體及團體研究。
5. 進展及歷程之分析。
6. 從探索而衍生的問題，進入一個新的循環。（p. 237）

雖然研究的方法會因為從事的計畫而有所不同，大多數均依

循杜威所發展的實用主義研究模式。

整全論

整全論是基於「永恆哲學」，認為所有的事物是不可分割整體的一部分。簡單的說，永恆哲學和整全論的基本原則如下：

1. 在宇宙中，存在著一個相互締結的實在界以及一個根本的一致性（unity）[2]。
2. 在此整體下，個體的內在或高層次的自我與這個一致性密切地關聯。
3. 為了要體現這個一致性，我們需要透過觀照冥想（contemplation）與靜坐沉思（meditation）[3] 來涵養直覺。
4. 價值是透過察識及實現那與實在界的相互締結而產生。
5. 了解人們之中的一致性，導引出對抗不正義及人類苦難的社會行動。

這些原則在東西方不同的心靈和智識傳統上都有所闡明。在西方，永恆哲學可追溯自早期希臘時期。例如，畢達哥拉斯（Py-

---

2 譯註：unity 有整體、和諧、統一，以及一致性等涵義。在文本脈絡裡，作者有時候在 reality 的前提下提到 unity，有時候在 Being 的前提下提到 unity。連結著 reality，其譯義以「統一」、「一致性」為佳；而連結著 Being 的時候，其譯義以「和諧」、「整體」為佳。由於作者並未對 reality 及 Being 做哲學涵義上的區分，因此在本書 unity 的翻譯選取了可以通用的詞——「一致性」。

3 譯註：觀照冥想（contemplation）是對外面世界作觀照的冥想；靜坐沉思（meditation）是偏向自己內部作思索的沉思。

thagoras）是一位希臘哲學家，他提倡將人的內在與宇宙連結，還提出了「精神」（psyche）這個字來代表「內在的自我」（inner self），以符合宇宙的最高原則，而個體須是傾向此精神以實現這項連結。根據雅各·尼都曼（Jacob Needleman, 1982）的見解，畢達哥拉斯覺得「宇宙（cosmos），亦即大自然的深層秩序，是透過自我認知而得知——此即是人類為宇宙的縮影之義」（p. 59），因此，個體必須觀照冥想或靜坐沉思，才能得到理解的管道。畢達哥拉斯建議了一些技巧可幫助我們理解，像是「使用寓言及符號，使用沉思、靜默的訓練，及使用音樂及神聖舞蹈的研究等等」（p. 45），還有其他的方法可以用來追求自我認知。

蘇格拉底（Socrates）和柏拉圖（Plato）的思想亦可以被視為西方整全論的一部分，蘇格拉底談到內在的「聲音」（voice），亦即是他的意識，他說到「那些如同在我耳中呢喃的聲音，就像是深密笛聲般吹奏，那個聲音在我耳中繚繞，讓我無法聽到其他的聲音」（引自 Capaldi et al., 1981, p. 54）。這個聲音來自個體的直覺，長久以來被認為是個體意識的來源。又，甘地及馬丁路德（Martin Luther King）亦提及這樣的聲音。

柏拉圖認為感官知識是最不可靠的知識來源，知識的最高形式是一種內在思想的浮現與重新組織的知識。感官經驗事實上可以干擾知識的重新組成，因此應代之以哲學性的觀照冥想（Capaldi et al., 1981, p. 72）。

永恆哲學，或至少是哲學面向的思維，幾乎可以等同東方宗教的心靈傳統（例如印度教的甘地）、西方觀念論〔例如瑪莉·卡肯斯（Mary Calkins）〕、先驗論（例如愛默生）、某些形式的存在主義〔海德格（Heidegger）〕，以及基督教神祕主義〔湯瑪斯·摩頓（Thomas Merton）〕等思維，以下我們開始討論上述的五個基本原則。

宇宙中存在著真實界的相互關聯本質與根本的一致性 在原子論中，宇宙被視為原子的集合；在實用主義中，被視為是進行著的歷程；在整全論中，宇宙被視為是和諧且相互關聯的。整全論承認個別的部分並相信這是歷程中的現象，但是這個歷程與部分之間的相互關聯則是在根本一致性的法則下運行的。然而，這個一致性並不是一元論的；相反地，關注在整體以及部分之間的關係。美國觀念論哲學家瑪莉‧卡肯斯（Mary Whiton Calkins, 1930）認為：

> 最終極的真實關係是屬於整體以及部分之間的關係，是包含及被包含之間的關係。宇宙的存在，從這個觀點看來，所有的部分都是整體的一部分，因此各部分間接地與其他部分產生關聯。（pp. 210-211）

愛默生（Emerson, 1965）重複地強調人類個體與超越之靈（Oversoul）或「偉大神靈」（the great soul）間的關係。

> 不知如何，我已接受了偉大神靈的存在。因此，我確切相信，在太陽、星星之外還存有其他事物，而這些平凡的事件及影響都會有所改變與成為過去。漸漸地，這永存的大自然所產生的一股力量進入我心中，我在思想及行為上變得關懷眾人且人性化。所以我如此生活著，相信所作所為與不死的力量同在，因此我敬畏此神靈，並向其學習。就像是古人所說般：「神靈的美妙無比宏偉」，人類會看到在神靈的運作下，世界是永恆的奇蹟，而對於某些世俗的新奇事物也會相對地較不感驚訝。人們會得知並沒有所謂瀆神的歷史，所有歷史都是神聖的，至於宇宙則是透過原子、透過時間的片刻而呈現。他再

也不會編織如同碎布般零散的生命，他會與神聖的一致
性同在。（p. 295）

由於看到這個介於我們自己及「偉大神靈」之間的關係，我
們也蛻變成為完整。

對甘地（Gandhi, 1980）來說，這個一致性本身闡述了生活周
遭所面臨的一切，他也宣稱這個一致性凌駕所有的宗教。他說：
「（宗教）儘管型態可能眾多，但靈性卻始終如一，在這外在的
多樣性之下，蘊含兼容並蓄的、根本的一致性。因此，怎麼可能
讓不同信仰間形成高尚及低下的差別呢？因為在日常生活中的每
一環節，我們都面臨著存在的一個事實，任何宗教的最終目的就
是要實現這個根本同一。」（p. 63）甘地的看法認為，這樣的一
致性可由我們日常生活中的事物得到實證，而這個看法反映出一
個概念，亦即，凡是與實在界間的相互關聯性，不應該被區隔成
似神祕主義般的飄渺形式。

海德格（Heidegger）指出，這個根本的一致性就是「存有」
（Being），他並嘗試喚起在我們與「存有」之間的關係。他感
到，現代哲學已經將我們與原始的「存有的大地」（ground of Be-
ing）分離了；透過看待我們與存有之間的關係，我們在自身的生
命中可以實現一個基本的一致性。根據海德格之見，對存有的覺
醒會帶往「驚奇」或是敬畏感。這樣的驚奇或敬畏感對整全論來
說是不可缺少的一部分，並且如同愛因斯坦所言，可以激發科學
工藝或藝術創作。除此，愛因斯坦（引自 Wilbur, 1984）說到一個
廣大無邊的宗教，包含了對於自然界中的和諧有所覺知：

個體會覺得那高尚且非凡的次序，會自行體現在自然界
及思想的世界之中。個別的存在迫使自己如同置身在監
獄中被隔離開，然而內心也想投身在那如同一個單一的、

有意義的整體的宇宙中。（p. 102）

整全論的思想者有一爭議，即科學對根本一致性的理解會有何貢獻？愛因斯坦窮其一生在尋求一個整合性的理論，但是卻從未成功。現在有些物理學家宣稱，一個對於自然界偉大的整合性理論是隨手可得的。例如，大衛斯（Davies, 1984）宣稱：「科學史上第一次，我們可以針對世界的完整科學理論形塑一個梗概」（p. 149），這個說法是基於超重力的發現，也就是將中子及質子集結於原子的核心力量。大衛斯（1984）說明：

> 超重力的發現是在物理學界中尋求一致性理論中最偉大的成就，雖然仍處於初始形塑的階段，它毫無疑問地對於解決理論物理學中三個主要的問題帶來很大的希望。這三個問題就是，要如何整合自然界中四大基本力量[4]，變成一個單一的超級力量；如何解釋維持自然界的勻稱和諧而需有的基礎粒子之存在；以及，為什麼重力要比自然界中的其他力量還要微弱。（p. 148）

位於新的物理學的中心，具備一個「非隨機性的、整體的次序」存在於這個宇宙（Davies, 1984, p. 220），在次原子物理學當中，我們可以定義一個次原子粒子的分位（例如：一個電子），依照與其他粒子的關係以及與其他觀察者及觀察方法之間的關係。根據大衛斯所述：「要單純從組成的部分來建構對某個事件的完整理解是不可能的，唯有整體的而系統化，才能對微細的真實做具體的描述。」（p. 39）

然而一些推崇現代物理學發展者宣稱，科學並不能對存在的

---

4 譯註：電磁力、萬有引力、強作用力、弱作用力。

根本一致性顯示真正本性。歐文·薛丁格（Erwin Schroedinger, 1984）發現了「波動力學」（wave mechanics）的一個型態，此型態對量子物理是關鍵的概念，他宣稱科學是沉默的，「當討論到該偉大的『大一』（the great Unity）──也就是『太一』（the One of Parmenides）時──而我們歸屬於其中。」（p. 82）沃納·海森堡（Werner Heisenberg, 1984）提出了測不準原理（Uncertainty Principle），他宣稱：「詩詞的語言可能較科學的語言更為重要」，特別在解釋所謂的「一個整體（太一）」或是所謂的「在現象之後的統一性原理」時（p. 54）。

個體的內在或高層次的自我與這個一致性密切地關聯　愛默生（Emerson, 1903-4）曾於日記中記載：

> 一個人得知，自己所知道的會比所做出的還要多，因此他馬上就會面臨這個奇妙的問題！自己是誰？這二者之中哪一個是真正的自己？是那個知道多一些的，或是那一個知道少一些的呢？是那個小我（little fellow）還是大我（big fellow）呢？（Vol. 9, p. 190）

愛默生所謂「小我」就是我們的自我，在宇宙裡努力使願望實現；所謂「大我」，亦即我們的高層次自我，能認清無益的欲求，只追求與宇宙心靈同調。當我們與所謂「大我」接觸時，我們「沒有做什麼，而是讓大我有作為；沒有工作什麼，而是參與其中」。跟隨小我，我們須苦幹並操控事物；跟隨大我，我們卻得以聆聽與觀看。根據愛默生之見，我們會接受「一個偉大且迅速增強的力量」，愛默生指的是類似愛因斯坦所謂「廣大無邊的宗教」的創造性力量，而這些力量引發了許多藝術家及科學家的靈感。

湯瑪斯‧摩頓（Merton, 1959）是屬美國特拉比斯會（Trappist）的修道士，談論到「內在的自我」則和愛默生的「大我」類似：

> 排除了外在世界為惱人的複雜性、分離性以及多重性；也排除了物質是為了享樂或獲利的對象；也排除了將我們自己處於接受誘惑、抵抗、猜忌、貪心或是懼怕之下。內在的自我看待這個世界，是透過較深層、較精神層面的觀點，在禪（Zen）的語言中，我們看待事物「沒有確切的肯定或否定」；也就是說，從更高的境界來看，利用直覺及具體的看法，並且無須透過概念及價值的判斷來操控或扭曲現實，單純的只是「看到」那些所看到的，並不會隱藏在價值的偏見和扭曲的語言之後。（p. 17）

德國哲學家海德格對於人類有一個特別的看法，他並不看待人類只是一個包著皮肉的自我，而是一個「在場」（force field）或是他所稱的「此在」（Dasein），「此在」緊密地與所處的環境相關聯。貝瑞特（Barret, 1962）評論：

> 海德格有關人和「存有」（Being）的理論，倘若單純的比喻，可以稱為人類場域理論〔Field Theory of Man，或是事物場域理論（Field Theory of Matter）〕。海德格可能會認為，從高度抽象的物理學理論，經由哲學式的推演出哲學結論是不真實的方法，但是愛因斯坦據之而提出場域理論（例如，磁吸場域）──其與牛頓認為個體是存在於場域的表面之內的看法相反──相較於此，海德格乃是視人類為「存有」的一個場域或是範域。（pp. 217-218）

　　至於整全論則嘗試修補康德（Kant）的道德律與已經被原子論所切割的宇宙論的連結。

透過觀照冥想（contemplation）與靜坐沉思（meditation）來涵養直覺和悟性　在永恆哲學中一個一貫的軸線，認為理性或分析性的心靈是著重於辨別，並不能完全把握住整體性。取而代之，我們應該培養直覺才能夠更清晰把握到與實在界之間的相互關係。愛默生（Emerson, 1965）指稱直覺是：

> 引領我們找到源頭，是智力、道德及生活的精華，我們稱其為自發性或本能，我們將這個本有的智慧稱為直覺，之後的教導稱為講授。那是在深層的力量之中，在分析無法達到的境地，所有事物都能找到的共同起源。因為我們在平靜沉思中感受到的存有者（being）的意識，讓我們知道，在靈性中並不會區分事物、空間、光線、時間的相異，而是同在合一的。而且顯然地，當生命與存有者向上進展時，也同時和這共同的來源一起進展。（p. 267）

　　與蘇格拉底類似，甘地（Gandhi, 1980）指稱直覺（intuition）是「內心中沉靜微小的聲音」，能激發人展開社會運動。又說：「即使身邊沒有摯友、諍友相伴，在你生活中總有必須產生某些行動的時刻；或出現任務衝突時，那個『內心中沉靜微小的聲音』總必須是那最後的仲裁者。」（p. 62）

　　康德也提及直覺，而且他指稱那是理性的產物，他強調我們有三種不同獲知的來源：（1）感知（sensibility），亦即感官的經驗；（2）理解（understanding），亦即概念及科學性的理智；（3）理性觀念（reason），對超越觀念的把握。這些範疇符合我

們知識的傳遞（感知）、交流互動（理解），以及轉化（理性觀念）的架構，貝瑞特（Barret, 1986）將這三種康德式的知識形式圖表化（圖2.1），這個圖和第一章所提出的三個位階雷同（p. 86）。

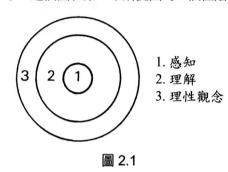

1. 感知
2. 理解
3. 理性觀念

圖 2.1

貝瑞特（Barret, 1986）評論：

現在，思考那最外圍寬廣的環圈——亦即我們心智之中與神相關的超越觀念的那部分。這個圖片的目的是要說明此環圈是通透無隔的，直透於內環的感官知覺……我們存在於上帝的問題之中，我們無法逃避，它永遠為我們而在，雖然我們可能嘗試去遺忘或是逃避這個問題。（p. 87）

整全論嘗試面對這個大問題：存在（existence）的意義是什麼？我處於這個宇宙的角色為何？我要如何看待死亡？原子論及實用主義永遠無法透過經驗主義或是科學方法適當地安頓這些問題。

在永恆哲學裡已提倡一些特定的方法，用來培養直覺。這些方法——像是觀照冥想以及靜坐沉思——已經發展出來幫助我們「看見」（see）。又，這種「看見」通常是對事物之間相關性的逐漸醒悟。

　　舉例來說，愛默生提出了安靜聆聽是一個有效的方法，如此我們可以領受到每個人內在皆有的「無限性」。甘地（Gandhi, 1980）也相信寧靜在尋求神的旨意上是有所幫助的，他說：「寧靜已經成為我在物質與精神上的必備品。最初它被用來減輕感官的壓力，尤其在我需要時間來寫作時。而在經歷一些時間練習之後，從中我看見了它的精神性價值，它突然閃過我的心中，我知道那是我可以和上帝同在的時間，而現在我感覺到自己好像是因有寧靜而被造。」（p. 101）

　　然而，愛默生的觀照冥想（contemplation）和甘地的靜坐沉思（meditation）是不同的，在東方，沉思是實踐性的，比冥想有較多的專注（例如，反覆呼吸或是調節呼吸），冥想則相對地較無結構性。

價值是透過察識及實現那與實在界的相互締結而產生　價值是由實現個體間的基本連結而產生出來的。也就是說，價值關聯著相互關係，正面價值會強化或實現相互關係，而負面價值會產生分離性與偏執。舉例來說，關懷是永恆哲學中的一個核心價值觀。海德格針對關懷做出結論，認為它是「存有者的最原始狀態」。諾丁斯（Noddings, 1984）發展出了關懷倫理，她宣稱關懷具備接受或專注的特質。亦即，我們關懷別人的同時，亦接受來自他人的關心。倘若身為教師，我們關懷我們的學生，我們會將學生的問題看成自己的問題。諾丁斯認為：「我可以向數百人演講，此舉既非瑣碎如例行公事，也不是無關緊要，但這並非教學，教學包含自我的奉獻和對他人的接納。」（p. 113）

　　對諾丁斯來說，關懷係植基於人們間的相互關係（例如，老師與學生），而此相互關係是得到喜悅的根本來源。在談到母親與孩子之間的關係時，諾丁斯認為：「當我看著我的孩子時——甚至是我已長大的孩子，並且認知到我們之間相互依存的關係，

我通常經驗到深刻且令人震撼的喜悅，一種來自相互關係的期盼形成我們的倫理基礎。」（p. 6）

這個相互關係提供了道德的基本內涵，諾丁斯對抽象的規則與形式化道德決定的基礎有所懷疑。她趨向同等看待兩類教育：其一是依分析與抽象進路而朝向陽剛特質的道德教育；另一方面針對具體的情境進行踐履，是朝向陰柔特質的道德教育，在其中，個人被人類相互締結的情懷關心著。

諾丁斯理論的核心路徑是她所謂倫理上的關懷理念。她避開相對主義的困窘，強調關懷乃是支撐我們的根本倫理理念。什麼是該做的？就是那些能夠幫助我們維持關懷與相互締結者。

了然存在的基本一致性，會引領吾人對抗不正義及人類苦難的社會行動　如果人類了解到自己是這個整體的一部分，人類就會自然地感覺到相互之間的關係，及對他人的責任感。然而，永恆哲學家並不一定是社會運動者，最重要的觀念是社會改革會從自身開始。根據愛默生（Emerson, 1903）的說法：

> 「所有改革的起源都是來自於人類如神祕源泉般的道德感，在所有的自然界中，還可能包含了人類所謂超自然的領域，都是新奇且具創造力的，是活生生的，而獨自就可讓人有所改變。」（Vol. 1, p. 272）

愛默生的「道德感」就如同他所謂「大我」一般，與超越之靈相關聯著。雖然愛默生並不是一位社會運動者，但他挺身為對抗奴役而有所建言，他特別反對丹尼爾‧魏伯斯特（Daniel Webster）對逃亡奴隸法（Fugitive Slave Law）的支持。他也反對將北美「柴拉基族」（Cherokee）印第安人趕出喬治亞地區，並且支持女性爭取權利。

　　甘地當然是一位社會運動者，他使用非暴力及心靈力量作為推動社會改革的工具，對甘地（Gandhi, 1980）而言，宗教及政治是無法分割的：

> 除非讓我自己認同於人類的完整性，否則不能說我過著具備宗教信仰的生活；並且，除非我獻身於政治，否則我無法證明我在世上有所作用。當今人類所有的活動範圍是一個不可分隔的整體，你不能將社會、經濟、政治，及單純的宗教工作做無懈可擊的區隔。我不知道有任何宗教是與人類活動無關的，宗教為欠缺道德基礎的其他活動提供了支援，否則這些欠缺道德基礎的活動會將生命推向一種「無意義的喧囂與激憤」的茫然。（p. 63）

　　甘地當然是基於整全論觀點來行事，用來減輕族人的痛苦，並且幫助印度人脫離英國統治而獨立。他帶來的啟示是，他所進行的社會運動通常是基於自動、自發（Self-based），而非基於自我（ego-based）、自私的理由。那著名的「食鹽長征」行動就是實證，他在某晚結束靜坐及冥想的睡夢中想到這個抗議的靈感。有些人（Fischer, 1954）認為，他帶領族人抗議英國人苛刻的鹽稅，或許是帶領印度走向獨立最重要的一項抗爭。

整全論與教育

　　原子論連結了以能力為基礎的教育，實用主義的教育課程則偏向以探索為基礎的教育方式，我們在本書後半段還會討論到多元諧和教育（confluent education）與華德福的教育觀，這些都與整全論的教育觀點相關。

整全論的課程也會加速學生與所處社群之間的相互關係。有些教育家（Noddings, 1984; Newmann, 1975）提倡學校應該鼓勵學生參與社群服務。例如，諾丁斯建議學生應有機會練習付出關懷；學生應該被指定到「醫院、護理之家、動物保護之家、公園、植物園等地方，而最主要的目的是要發展關懷的能力」。紐曼（Newmann, 1975）的主要關切是要使學生參與社會改革，他的主要目的是要發展學生的能力來影響所處的社會環境。紐曼所提倡的社會活動包含：「電話會話、信件寫作、參與會議、研究及學習、在公眾團體前驗證、挨家挨戶遊說、募款活動的媒體製作、交涉及協商，以及與軍事形式相關的公開活動等。」（pp. 54-55）

結論

原子論的世界被看成是疏離的來源，因為原子論提倡解析與分解。

杜威和查德斯（Dewey & Childs）也指出原子論有所局限，其見解是：

大部分學說相關的方法，和所隱含的假設，以及與教育相關的歷程、功能皆為可分割的，因為它們都是相互獨立的。這包含了一種哲學的觀點：從人格、心靈生活、經驗，以及相關的方法，都含有獨立的可分割部分，沒有完整的整體，其間也沒有整合，看起來為一體但事實上只是分散部分的總合，這個哲學觀點曾經主宰了物理科學。現今在物理學及生物學上，遠離科學的可確認性觀點是不當的，但如此論點早已經被教育「科學」的學派所接收，故而否認哲學對教育指引的重要性。（p.

289）

但是，實用主義是否提供了除原子論外，令人滿意的觀點呢？實用主義的研究針對原子論觀點的教育提出改進。這個宇宙再也不是由原子隨意組合而成的一個封閉的、決定論的系統。相反地，實用主義提供了一個經驗式樂觀的看法，認為人類可以由具智性的方式產生行為。不過，實用主義對於智性的模式仍有問題。在多數的例子裡，實用主義的研究是霍華德・迦納（Howard Gardner, 1983）所認為的邏輯／數學智能而已。迦納提出多元智能的理論，並認為實用主義的研究否定了其他型態的人類經驗。雖然杜威為具有分割傾向的原子論（科學及日常經驗）搭起關聯的橋樑。他創造了一元的問題解決方法，但對實用主義研究下，非線性的形式或整全論形式的思考或知覺，並無太多的空間。例如，不同形式的直覺對科學及美學的思想都是如此重要的基礎，卻不被承認。愛因斯坦（Einstein, 1984）宣稱幻想對於相對性理論的發現具關鍵地位。他說：「當我檢視自我及自己思考的方式時，做出一個結論，幻想的恩賜對我來說意義重大，要比我用於吸收正面知識的天分來得大。」許多藝術家及科學家亦已指出，想像力對創造的過程是非常重要的。一般說來，細膩思緒、直覺及想像力並不是實用主義研究方法或是邏輯／數學智能的一部分。

另一個與實用主義相關的困難點在於，我們並沒有具備完整的整體性。當我們使用非確定性情境進行問題解決時，我們彼此間相互關聯性的主要來源是透過反思的經驗。反思經驗若只是部分相關，否定存在的整體，則是有所不足的。實際上，反思經驗的相互關係可以透過詩詞、音樂、神話、宗教上的啟發等求得，但是這些型態並非實用主義的研究範疇。雖然杜威針對的是美學寫作，所缺乏的是敬畏及神祕的感覺；愛因斯坦（引自 Clark, 1971）則說：「我們的感官經驗之中，對神祕事物（mysterious）

的探求應屬最美麗的經驗，因為它是孕育真實藝術及科學的根本態度。」（p. 40）

另一個與實用主義研究有關的問題是倫理相對主義（ethical relativism），實用主義的價值觀總是奠基於一個特別的內涵或問題，我們會思考像是關懷他人的超越性的價值觀（Noddings, 1984），一個超越的價值觀可讓人類感受到一個根本的與他人以及與宇宙的連結性。在實用主義的研究裡，我們再次採用理性、認知的手法探究「道德」的問題。關於道德形式的問題，諾丁斯曾說：「當我們進行道德教育，或是從理性認知基礎教導倫理行為時，困難會因而產生，我們無法與他人共享那些會影響我們最終選擇的感覺、衝突、希望及觀念，我們只共享我們行為的正當性，而不是那些讓我們產生動機及感動的事物。」（p. 8）

理性智能及實用主義的模式研究讓我們處於一個精神的真空狀態，我們跳脫了原子的世界，到達一個由實用主義研究及理性智能支配的世界。形成這種支配的原因是杜威反對黑格爾學派的哲學（Scheffler, 1974）：

> 杜威將黑格爾學派著重理性或宗教的態度轉化成著重科學及其工作上。在杜威的哲學中，絕對的精神被取代，依恃的是科學性智能的操作代替。是科學讓疑惑層層展現，依序整合了各層次疑惑間的緊張及困難點，進而產出更具學習動機的提問。亦是科學透過對於自然及行為承續概念的改變，轉化了這個世界，為社會生活的新條件設立新的旅程。（p. 195）

在原子論中，隨機論（randomness）及決定論（determinism）之間有著基本的對峙。在實用主義中，科學方法的脈絡主義（contextualism）及一元論（monism）之間也有著基本的緊張。然

而，如同薛弗勒（Scheffler）指出，科學方法的一元論占有優勢，這當然反映在實用主義研究模式的教育中，一元論趨向於壓倒性的優勢，超越包含美學及宗教經驗等多元化路徑的研究方式。

然而，整全論克服了許多實用主義的限制。首先，思想並不被解析成一元化概念。分支式解決問題的路徑，透過使用譬喻、想像及細膩思緒而被接受。整全論趨向避免具體化的程序；雖然，程序或線性的方法的確被使用，但是它們通常與直覺的方法相關，因此它們的最大效益仍可被實現。另一個重要的全人教育的標準，有助於分辨出與前述兩種立場的不同，即接受孩童的整體性，並且觀察孩童與他所處環境的相互關係。能力本位教育著重的是行為，其探究方法偏重認知歷程。全人的課程承認這些元素，但是認知到這些元素所屬的經驗性基礎只是一個局部。在全人課程中，學生被要求的並不被解析成必須有所「實現」的資產，或是一組抽象心智歷程；取而代之的，是對人類經驗的豐富性及整體性的容受。

老師所具備的整體性是不可被忽略的，個人的成長對全人課程來說也是關鍵的，因為我們無法建立一個「不受老師影響」的全人課程。相反地，老師應得知他自己的意識是與學生的意識相互關聯的，並且產生相互的影響。因此，老師在傳統的概念上，並不是一個作為楷模的角色。相反地，他（她）嘗試對摩頓（所謂的「內在自我」及愛默生所謂的「道德感」更加充分地接受。在能力本位教育中，老師擔任訓練者的角色；在實用主義中，擔任調查研究的促進者角色；而在全人課程中，教師是相互關係及整體性的潛在資源。

整全論避免了實用主義的相對論和原子論中人為的價值中立。但價值觀被認定為課程中的關鍵角色，一個價值中立的角色並不為學校或老師鼓勵。相反地，對於課程具關鍵地位的價值及原則必須被釐清，全人課程並不規避爭議。諾丁斯（Noddings, 1984）

宣稱：「上帝、性別、殺戮、愛戀、懼怕、希望及憎恨，必須有討論的空間……如果在教育的過程，忽略這些處於人類生存核心的事件，是荒謬的。」（pp. 183-184）簡而言之，全人課程並不可能完全去除爭議的潛在因子。

全人課程並非完全沒有問題。首先，永恆哲學對某些人來說是有些隔閡的，因為其相關的語言並不如原子論及**邏輯實證主義**所使用的語言般精確。像是超越的神靈（Oversoul）或是宇宙心智（Universal Mind）等專有名詞，透露一些超出概念外的事物。而這些感性的詩詞、想像、音樂，及內在精神等，對整全論來說，比經驗主義及分析性方法更合適承載其精義。許多例子指出，華滋華斯（Wordsworth）的詩詞或是巴哈及莫札特的音樂，比甘地、愛默生及摩頓的文藻，更能傳送宇宙和諧而有力的訊息。

因為要說明並理解永恆哲學相當困難，全人課程通常在學校制度中難以有持久性的發展。全人課程的評鑑也相當困難，因此在面對緊縮需求時，都是首先被覬覦的。儘管具備這些困難，我們應該記取學校一直使用的路徑，及其與原子論時代有所關聯的根源，由於課程的支離不全，助長了彼此間的區隔。然而，透過從整合及相互依存的觀點來探討課程，我們卻可以開始克服存在於我們之間的疏離。

也許整全論最吸引人的，應該是我們所隸屬的、對於那相互締結的宇宙關聯的願景。對於這個見解的一些例子，已經在本章中有所陳述。關於整全論有一個特別吸引人的看法，是出於一位小說家馬克·海普林（Mark Helperin）之手筆，在其所著《冬天的故事》（*Winter's Tale*, 1983）中寫到：

> 沒有什麼事是「宿命預決」（predetermined）的：要不宿命已決、要不宿命曾決，或宿命將決。無論如何，這都是同時之間於瞬息之內發生，而時間因而被發明，因為

我們不能在驚鴻一瞥之內，就理解了我們所獲得的那些無窮、細膩的蒼穹內蘊。我們因此開始追尋，採用線性的方式一點一點地進行。然而，時間可被輕易地克服，不是經由追求可見之處，而是經由能夠由一眼看盡、具長遠距離地、從遠處觀看，就有了整體而完全的概貌。所有過去、現在、未來發生的事都可能互相結合。雖然我們在觀察時，將其想像成仍在移動且尚未完成的宇宙，它仍是蘊涵完整性且令人驚訝的美妙。最後，就像是事情的真實結果般，不管多麼細微，都是緊密有理由的相互關聯。例如，所有的河川會流入大海。那些分開的又重新連結；失去的又重新得到；死去的又重新復活；完美的藍天與金黃的天空連成一片，這是無法改變卻又可得；當所有的事物被視為要超脫時間的束縛，正義明顯地不是未來才可能得到的，而是即時可得之物。（p. 360）

在整全論的世界中，我們不再執意於以原子觀看待世界，或面對那些只可透過單一方法解決的無窮盡的問題，相反地，我們處於一個整體之中。這個整體的概念可追溯至西方古希臘時期的畢達哥拉斯學說，並且在東方文化中也可見。當今，有許多科學家使用多樣的方法，像是醫藥、次原子物理等來說明，教育者也應該同時考慮回復整全論的觀點，當作是課程的指導性意象。

 參考文獻

Ayer, A.J. (1984). *Philosophy in the twentieth century*. New York: Vintage Books.

Barret, W. (1986). *The death of the soul*. Garden City, NY: Anchor Press/ Doubleday.

Barret, W. (1979). *The illusion of technique*. New York: Anchor Press/ Doubleday.

Barret, W. (1962). *Irrational man: A study in existential philosophy*. New York: Doubleday Anchor Books.

Bobbit, F. (1924). *How to make a curriculum*. Boston: Houghton Mifflin.

Calkins, M.W. (1930). The philosophical credo of an absolutistic personalist. In G.P. Adams and W.P. Montague (Eds.) *Contemporary American Philosophy*, two volumes. NewYork: MacMillan.

Capadli, N., Kelly, E. & Navia, L. (1981). *An invitation to philosophy*. New York: Prometheus.

Childs, John. (1931). *Education and the process of experimentalism*. New York: Century.

Clark, R.W. (1971). *Einstein, the life and times*. New York: Avon.

Davies, P. (1984). *Superforce: The search for a grand unified theory of nature*. New York: Simon & Schuster.

Dewey, J. (1916, 1966). *Democracy and education*. New York: MacMillan/Free Press.

Dewey, J. (1938, 1963). *Experience and education*. New York: MacMillan/ Collier.

Dewey, J., and Childs, J.L. (1933). The underlying philosophy of education. In W.H. Kilpatrick (Ed.), *The Educational Frontier*, New York: Century.

Einstein, A. (1984). Cosmic religious feeling. In K. Wilber, (Ed.), *Quantum Questions*, Boulder, CO: Shambhala.

Einstein, A. (1984). *Einstein, a portrait*. Corte Madera, CA: Pomegranate Artbooks.

Emerson, R.W. (1903–4). *The complete works, Vol. III*. Boston: Houghton Mifflin.

Emerson, R.W. (1909). *Journal*.

Emerson, R.W. (1965). *Selected writing*. W.H. Gilman, (Ed.). New York: New American Library.

Fischer, L. (1954). *Ghandi: His life and message for the world*. New York: Mentor.

Gandhi, M. (1980). *All men are brothers: Autobiographical reflections*. Krishna Kripalani (Ed.). New York: Continuum.

Gardner, H. (1983). *Frames of mind*. New York: Basic Books.

Heisenberg, W. (1984). The debate between Plato and Democritus. In K. Wilber, (Ed.), *Quantum Questions*, Boulder, CO.

Helperin, Mark. (1983). *Winter's tale*. New York: Harcourt, Brace, Jovanovich.

Hunt, I. & Draper, W.W. (1964). *Lightning in his hand: The life story of Nicola Tesla*. Hawthorne, CA: Omni.

Huxley, A. (1970). *The perennial philosophy*. New York: Harper Colophon.

Joyce, B. and Weil, M. (1980). *Models of teaching*. Englewood Cliffs, NJ: Prentice Hall, 2nd edition.

Kaplan, A. (1961). *The new world of philosophy*. New York: Random House.

Lavine, T.Z. (1984). *From Socrates to Sartre: The philosophic quest*. New York: Bantam.

McAshan, H.H. (1979). *Competency-based education and behavioral objectives*. Englewood Cliffs, NJ: Educational Technology.

Merton, T. (1959). *The inner experience*. Unpublished manuscript, fourth draft.

Needleman, J. (1982). *The heart of philosophy*. New York: Alfred A. Knopf.

Newmann, F.W. (1975). *Education for citizen action: Challenge for secondary curriculum*. Berkeley, CA: McCutchan.

Noddings, N. (1984). *Caring: A feminine approach to ethics and moral education*. Berkeley, CA: University of California Press.

Scheffler, I. (1974). *Four pragmatists: A critical introduction to Pierce, James, Mead, and Dewey*. New York: Humanities Press.

Schon, D.A. (1983). *The reflective practitioner: How professionals think in action*. New York: Basic Books.

Schroedinger, E. (1984). Why not talk physics? In K. Wilber, (Ed.), *Quantum Questions*, Boulder, CO: Shambhala.

Skinner, B.F. (1968). *The technology of teaching*. New York: Appleton Century Crofts.

Tanner, D. & Tanner, L. (1980). *Curriculum development: Theory into practice*. New York: MacMillan.

3
CHAPTER

心理學的脈絡：
超個人心理學

　　行為主義（原子—傳導）心理學奠基於個人的身體自我，認知主義（實用—運作）心理學奠基於個人的心智，而超個人心理學（整全與轉化）則是根植於個人的真我（the Self）。何謂真我？我們在深入探討這個問題之前，先接納休斯頓·史密斯（Huston Smith, 1982）所下的定義：

> 「真我」無意識地居住在我們最核心的內在；處在最外層忙碌穿梭的感官、知覺與想法的底下，並且藏於靈魂（也是一個可滲透物）的封印之中，是永生也是神聖的終極真實體。「真我」不只是靈魂，或是人格，而是超越所有「我體」（selfishness）概念的全我（All-Self）；是孕育於物質的精神，包容並顯露心靈的痕跡。「真我」是居留在每一個幽微自我之中的神聖，為一沉睡於所有生物中的終極命運，「它」尚未發展、身屬隱藏、未曾

被感知與認識，然而會因命定而終將甦醒，扯碎心智感
知大腦的魂魄巢穴，掙脫肉體的蝶蛹，而自在於永恆的
時空之中。（p. 51）

史密斯也提到「真我」為神聖的無意識，佛教徒稱之為人的
「佛性」，印度教徒稱之為「梵天」，而基督徒則稱之為「神的
國就在你們心裡」，而心理整合論者則稱之為我們的「超個人自
我」。「真我」是個人存有最深沉的部分，同時與「宇宙—上帝」
或者是「道」的最高原則相連結。在印度教中，有靈魂（個人意
識）與婆羅門（宇宙意識）之間的連結。在進一步詳細檢視「真
我」之前，我們先簡約地回顧三種立場與其相對的心理學說。由
下表可以看到：

立場	心理學	範圍	焦點
傳遞	行為	身體	行為
交流互動	認知	心智	智力
轉化	超個人	真我	智慧

行為主義忽略了個人的內在生活，而僅僅關切環境與行為的
關聯。刺激與增強被設計來影響個人的行為，例如：正增強用來
增加一個行為出現的頻率，而負增強則用來藉由強化某一行為出
現的頻率，而降低另一行為出現的頻率。

認知心理學的焦點是認知與智力。整體而言，它偏重的是迦
納（Gardner, 1984）所謂的數理—邏輯智能。邏輯數理智能也是皮
亞傑的研究重心。迦納所提的多元智力中有六種智能都屬於實用
程序心理學的範疇。靈性智能、智慧等超個人心理學的主要目標
則是完全未被提及[1]。智慧是根植於真我的智力。智慧將直觀與智

---

[1] 譯註：近年已有涉及道德智能與靈性智能的學說。

力相連結，以至於能夠處理更大的問題：「我們在宇宙的角色為何？」「我如何面對人類的苦難？」

超個人心理學有兩個來源：第一個是來自於各個主要信仰，如基督教、佛教、伊斯蘭教、印度教與猶太教中的密思傳統（mystical traditions）。另外一個來源是心理學中的榮格心理學，以及包含了靈性元素的統合心理學（psychosynthesis）。以下我們將就主要靈性傳統中「真我」的概念進行討論。

基督教

耶穌持續論及神的國度，以及神的國度有哪些特徵。首先，神的國度就在我們心裡（路加福音 17：21）。耶穌用比喻來引申此一國度的意義，祂說：

> 天國好像寶貝藏在地裡，人遇見了就把它藏起來，歡歡
> 喜喜地去變賣一切所有的，買這塊地。（馬太福音 13：
> 44）

因此，國度其實是一種內在的開發。為了能夠發掘，人需要一種特定的方式，拋棄所有的前提條件，如同孩童一般純真（馬可福音 9：35-37）。耶穌批評法利賽人，僅知道遵循繁複的律法；相對地，祂提倡一種徹底的覺醒。耶穌說：

> 我告訴你們，你們的義若不勝於文士和法利賽人的義，
> 斷不能進天國。（馬太福音 5：20）

於此處，耶穌明確地提及深刻的內在轉化。只由此一轉化開

始之後，祂比較真我（神的國度）的成長與其他不同的成長：

> 天國好像一粒芥菜種，有人拿去種在田裡。這原是百種
> 裡最小的，等到長起來，卻比各樣的菜都大，且成了樹，
> 天上的飛鳥都來宿在它的枝上。（馬太福音 13：31-32；
> 馬可福音 4：30-32；路加福音 13：18-19）

> 天國好像麵酵，有婦人拿來，藏在三斗麵裡，直等全團
> 都發起來。（馬太福音 13：33；路加福音 13：20-21）

我們發覺到內在的神國可以導致個人的完全。耶穌經常說：
「你的信仰讓你得到了成全（你的信救了你）。」

歷史上有許多密思與智者來闡述耶穌內在神國的概念，於眾
多人士中，包括了奧古斯汀（Augustine）、艾哈特（Eckhart）、
德瑞莎（Teresa）、約翰·衛斯理（John Wesley）以及湯瑪斯·摩
頓等，都曾經論及吾人的靈性核心。他們稱之為靈魂、靈魂之眼、
靈魂之土、存有之基、本心，或者是超越的「自性」（McNamara,
1975）。一般而言，基督徒認為真我不是上帝，而是一個於我們
的內在可被上帝觸及的處所，換言之，是一個我們與上帝相遇的
地方。

摩頓（Merton, 1959）在一篇未發表的文稿〈內在經驗〉（*The
Inner Experience*）中申論「真我」的概念。摩頓稱呼「真我」為
內在的自我，並且將之與「自我」（ego）或是外在的「我」（I）
做比較。他說：

> 外在的「我」（I）是投射出來的「我」，是受限於時空
> 的，這個「我」為了要擁有這些（外在的投射）而操弄
> 事物，是與隱藏、內在的自我相疏離的。內在隱藏的

「我」不會投射，也因而不會去追求成就，甚至不會去默想。內在自我追尋其「存有」，而且是依循著存有自身的祕密法則以及「終極自由」（Superior Freedom）（也就是上帝）的提示來運行（因其為一個動態的自我），而不是依照其個別的慾念而來的計畫與行動。（pp. 4-5）

相對地，這個內在自我具有可以與他人深刻締結的特性：

內在「自我」確實是吾人最私人性與個別性的避難所，然而，弔詭的是，也是內在自我此一個人最為內隱的部分，反而能夠遭遇全然的「他者」，並且與其相合為一。除非能夠充分喚醒我們的內在自我來面對他人內在深處的精神，否則我們將無法與他人有深層的相合。（p. 20）

我們又如何能夠喚醒內在自我呢？摩頓建議我們運用默想與愛來喚醒我們的內在自我。他並且認為此二者有密切的關聯：

實質上，默想是一個人最高層也是最核心的靈性活動。它最具有創造性，也是最動態性地給出個人的神聖性……孤寂於靈性自由是不可或缺的，然而一旦獲得自由之後，必須為了愛而有所作為，來消弭征服與奴役。單純的退縮未能將自由轉為愛的行動，將會導致死水般的內在精神呆滯，希求內在自我的甦醒無異於緣木求魚。（p. 22）

因此，摩頓論及了默想與服務他人二者之間的平衡性。如果我們太過於內在導向，我們將會失去與他人的觸動；然而，如果我們過度置身於外在世界，也將導致我們執著於外在「我」（I）

以及自我（ego）的幻象。

猶太教

超個人自我在猶太教中也同樣可見。當摩西在西奈山上看見焚燒的荊棘，他與他的真我相遇：

摩西對神說：「我到以色列人那裡，對他們說：『你們祖宗的神打發我到你們這裡來。』他們若問我說：『他叫什麼名字？』我要對他們說什麼呢？」神對摩西說：「我是自有永有的」；又說：「你要對以色列人這樣說：『那自有的打發我到你們這裡來。』」（出埃及記 3：13-14）

自有的就是我，亦即我們「真我」核心的另一個名字。

在猶太教中，有另外一個名為卡巴拉（Kabbalah）古老的神祕傳說（Hoffman, 1980），認為我們的內在有一部分是與神聖互相連結。卡巴拉說一個人有三個部分：（1）nefesh，一種生物的能量；（2）ruah，精神，是個人心靈的另外一個名稱；以及（3）neshamah，真我，能夠將個人與宇宙神聖組成相連結。卡巴拉推薦與東方靈性修習相似的技術，為的是要能夠達到與真我的合一。例如：亞伯拉罕・阿布拉非雅（Abraham Abulafia）是十三世紀的一位卡巴拉信徒（Scholem, 1961），就曾提倡瑜珈、呼吸練習以及靜坐沉思等練習。其他的卡巴拉練習也包括了誦唱與印度梵唱相似旋律的祈禱。例如：建議個人內在冥想希伯來的第一個字母 "Aleph" 的聲音，這個練習也與印度教中「奧姆冥想」（Aum meditation）十分相似。

佛教

　　佛教認為我們的自我僅是一種假象，佛教徒重視與論述的是我們的佛性。西元六世紀，印度聖人達摩祖師將佛教帶到中國，他說：「若你希望見到佛，你應該觀看自性，因為這個自性就是佛。」（引自 Suzuki, 1956, p. 87）一如在其他的靈性傳統之中，個人需要向內的觀照。達摩祖師說：「若不能觀看自性，反而於外在事物上尋找佛性，則將永不可得。」（Suzuki, p. 88）

　　氣，是八世紀的一位中國佛教和尚，用下述的方式描述了一個人的真我：「這個本性是原初不染、清潔不擾的。自性也不能以有無、純蕪、長短、取捨等類別來二分。自性的本體始終如一。而此一領悟的重點就是觀照自性。因此，照見自性就能成佛。」（引自 Suzuki, 1956, p. 206）

　　一般而言，佛教徒不將自性看成可以分別辨識的事物；相反地，許多佛教徒甚至不樂見有關自性真我的字眼。重要的是要能認清當一個人用真我的字眼時，那不過是一個比喻，用來消弭我們（與自性）的分隔，也認清我們無邊無際的存有。

　　創巴仁波切（Chogyam Trungpa, 1984）視佛性為一種根本的善。他說：「每一個人都有善的本性，不過會受到稀釋與混淆。此一本善包含了極大的溫柔與關懷。」（p. 30）他並且說明如何得以開展此一善性：

> 根本的關鍵是，當你以遵循本善的方式來生活，便可以發展出一種自然的優雅。你的生命因此變得寬廣且怡然自得，毫不慵懶。你可以真正放下身為一個人的憂鬱和羞赧，而得到鼓舞。你不必為了個人的問題而詛咒這個

世界，你可以放鬆地欣賞這個世界。（p. 32）

我們要如何取得這個本善呢？我們再次看到，靜坐沉思是主要的工具。

我們的生命是一場無止境的旅程，就像是一條通渠大道，通向無限的遠方。靜坐提供了一個在人生大道上行走的練習，我們的旅程中充滿了順境與逆境、希望與恐懼，但終究是一場美好的旅程。而靜坐練習提供我們去體驗生命道路上的各種質感，此一體驗正是生命的真正意涵。經由靜坐練習，我們開始發現沒有對任何事情的抱怨，或者是對於任何人的怨懟是來自於內心的。（p. 84）

印度教

之前曾提及印度教討論個人意識與宇宙意識，一如梵天與婆羅門的連結。靈修的目的也就是要發掘自己內在的「大梵」（Atman，或大我，自性真我）。當有所成時，也就實現了與婆羅門的合一。克里希納（Krishna）在《薄伽梵歌》（*Bhagavad Gita*）描述「真我」如下：

知為「自性」
未生無死，
無止境，
無起始，
無死無生，
永遠不變。

如何能死
身體之死？

視之為無生，
視之為無死，
視之為無盡，
從不曾改變，
不夢中求改變
殺人的行徑，
不夢中求權勢
是你可號令。

外衣的破蔽
身體使然；
頹斃的身體
居者使然。
於身體之內
身體的新生
由居者如同外衣。

不為武器所傷，
不為烈焰所灼，
不為風乾，
不為水溼：
就是真我，
不乾、不溼，
不灼、不傷，
最內在的元素，

永是無所不在，

存有的存有，

不變，且永恆，

直到永永遠遠。

（引自 Johnson, 1971, pp. 56-57）

人如何識得真我呢？印度教的密契文獻中，描述了人如何能夠得到與神合一（瑜珈）的方法。

報業（Karma）瑜珈 是眾多瑜珈之一。我們將工作的果實獻給神，報業瑜珈是一個達成個人無私奉獻的途徑。在日常生活中，一個人將他的工作獻給神，就能夠達成心靈上的潔淨。

知識（Jnana）瑜珈 是一種透過智性來認識神的方法。個人學習去分辨永恆與腐朽的差別，聚焦在不朽的生命來認識內在的靈魂。

虔誠（Bakhti）瑜珈 是一種奉獻的方法。人們遵循這個方法，用對聖靈的愛來充滿他們的內心。例如：奉獻者複誦著神的名稱來達成與聖靈合而為一的目的。

勝王（Raja）瑜珈 是個人以靜坐來達成合一的第四種方法。修習者專注於一個心思的觀照點之上，以便能夠全然地專注於神之上。

一名瑜珈修習者很可能使用這些方法，然而他會選擇一個主要的方法。而選擇主要是要看修習者的個性與氣質而定。

伊斯蘭教

在探討伊斯蘭教中「真我」的概念時，我將會以伊斯蘭信仰中的密教——蘇菲派（Sufism）為主。蘇菲派的出現是為了反對伊斯蘭教中某些偏重智識或律法的信仰型態。蘇菲信徒宣稱人們可以經由光、智識和愛來經驗到上帝。與聖靈的合一，也就是一神教的「獨一真主」，有兩個主要的階段：（1）「法拿」（Fana），削弱自我；（2）巴卡（Ba'qa），也就是與上帝的再次統合。十二世紀伊斯蘭神學家安薩里（Al-Ghazali）將蘇菲主義改造得讓伊斯蘭正教傳統比較能夠接受。賈拉魯丁‧魯米（Jalauddin Rumi），一位十三世紀的蘇菲信徒詩人，發展出「迴旋舞蹈」（whirling dervishes）的修行方法。修行者在舞蹈中，不斷地複誦上帝的名稱——阿拉，來實現真我。魯米說此一尋求上帝的方法：

> 我從頭到尾檢視了十字架與基督教，然而祂並不在十字架上。我前往印度廟宇，進到古老的寺塔，沒有任何一處有任何的跡象。我去到了高山，下到深谷，我四處查看，祂不在高處，也不在窪地。毅然決然地，我前往傳說中卡夫山的顛峰，那兒只有傳聞中的安卡鳥。我前往梅加的卡巴，祂也不在那裡。我詢問哲學家雅維斯納（Avicenna），而祂遠遠地超越了雅維斯納……。最後我在我的內心中找尋，在那裡，我看見了祂。祂不在任何其他的地方。（Shah, 1970, p. 105）

說故事是蘇菲信徒的智慧之一。下面這個故事是真我的一個比喻性的故事：

沙的故事

一條溪流，從它在極遠山間的源頭處，流經了各式各樣的鄉村，最後來到了沙漠中的沙丘。一如它曾經跨越過各式的阻礙，這條溪流也試著要跨越這個沙漠，但是它發現在進入沙地之後，它的水也就立即消失無蹤了！

然而，我們相信，它的宿命就是要穿越那個沙漠，在那它卻是束手無策。後來一個隱藏的聲音，從沙漠中傳出來，細語地說：「風能跨越沙漠，溪流也能。」

溪流反駁說，縱然它能夠從容瀟灑地迎向沙石，但終究會被吸附而消失蹤影。風因為能飛翔，所以能夠跨越沙漠。

「你的習性必先傷你，因此你無法跨越。你必須先自我消融，或者是變成沼澤。你必須讓風帶著你，帶你飄抵你的目的地。」

但是要如何才能做到呢？「要先讓你自己能夠被風吸附。」

溪流無法接受這個想法。畢竟它從來不曾被吸附過，它不想失去它的主體性。甚且，一旦失去了，誰知道要如何才能重新擁有呢？

「風！」沙土說：「具有這個功能，它帶起水，橫越沙漠，然後令其再度降下。化為甘霖之後，水再度匯聚成河。」

「我如何確定那是真的呢？」

「是真的，如果你不相信，你將不能轉化，永遠是塊沼澤地，即使在多年以後，你也不會是條溪流。」

「但是，我會不會永遠不再是那一條如今日一般的溪流？」

「不論如何，你都不會維持現狀，」隱蔽的聲音輕聲地說著：「你的主要成分會被帶離而形成一道新的溪流。你以今日之名為名，是因為你從來不知道你的本質為何。」

當溪流聽見時，在他的思考中起了許多的迴響。隱隱約約，他想起他曾經有過的狀態，好像「我」曾經御風而行？他也模糊地想起，好像「我」曾經走在「對的」，而不是眼前的道路上。

之後，溪流揚起他的霧氣與風的雙翼相合，風溫柔輕緩地帶著水氣趨行向上，在抵達極遠極遠的山巔時，又將其輕輕放下。因為心存疑慮，溪流反而能夠用心記得此一經驗。他反思說：「是的，這才是真正的我。」

溪流學習著。而沙土又輕聲說：「我們知道，因為我們日復一日地見證著那個過程，而且也正因為如此，我們沙土也得以一路從河畔遠颺抵達山巔。」

而這就是為什麼大家說溪流的生命與旅程是被記載於沙土之中的緣故。（Shah, 1967, pp. 23-24）

宗教與自性真我

此一對於重要信仰如何述說它們對真我概念的回顧，並不企圖要解說這些概念之間的差異。即使在同一個信仰之中，也存在著對於人的本性以及人與上帝關係之間的爭議。例如：基督教中，修道院與冥思的傳統並不占據主導的位置，然而在這些密思流派之間，其相同之處遠大於相異之處。於此，這些共同性形塑了其長遠哲思的核心。此一流派揭示了我們靈性本質的重要性，也提

出追尋真我的各種方法。

心理學與真我

接下來，我們轉向探討不同心理學派別及其對於自我（self）
的描繪。

▌榮格

圖 3.1 呈現出榮格（Jung）對於真我的概念描繪（Samuels &
Samuels, 1975, p. 72）。

在心靈巨大的黑暗球體中，自我（ego）被看成是一小片的發
光區域。自我是個人的意識自覺中心，觀照著來自心靈內在與外
在的自我意象。真我或靈魂位於心靈的中心點，是「夢境的發明
者、組織者與由來」（Jung, 1968, p. 161）。榮格建議，真我會傳
遞訊息給自我，而這些訊息對於一個人的靈性發展非常重要。因
此，人應該轉向內在來傾聽真我的訊息。榮格（Jung, 1933）指
出，當一個人面對問題或是在藝術活動中尋找創意靈感時，會有
原型意象的顯現。

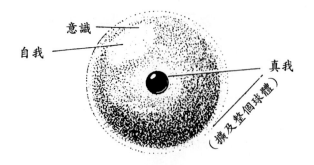

圖 3.1

真我也與榮格所謂的「集體無意識」（collective uncon-scious）有密切的關聯。集體無意識是普世性原型意象的來源，原型意象會從真我中浮現來透露有關吾人生命的議題。再次地，真我與無意識並沒有明確的界線。就如同靈魂與婆羅門的連結，小宇宙不過是大全體的縮影。

綜合心理論

綜合心理觀的開創者阿薩吉歐力（Robert Assagioli, 1965, p. 17）闡述高等或者說是超個人自我的概念（圖 3.2）。

底層無意識（1）以個人久遠以前的記憶來代表個人心理上的過去。綜合心理試著要指出這些記憶與壓抑。如果它們被忽略了，被壓抑的能量將導致神經症與失能的出現。

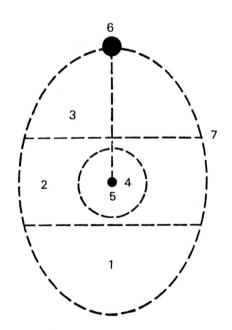

1. 「底層無意識」
2. 中層無意識
3. 超意識
4. 意識域
5. 個人我
6. 超個人我
7. 集體無意識

圖 3.2

中層無意識（2）意指我們當前的心智狀態，且會被應用於意識域（4）之中。我們的在場意識指的是在眼見當下我們的覺知。

我們潛在的未來是以超意識（3）來代表。於此我們收到高層的直觀與靈感，如：「藝術、哲學或科學、倫理的規則，以驅使我們走向人文與英雄的途徑。超意識是高層感受的來源，例如：利他的愛、清明思想、領悟或者是狂喜的狀態。」（Assagioli, 1965, pp. 17-18）

這三個意識層次可以用發展或演化的觀點來檢視，其中，底層無意識被看作是發展的初期階段，而超意識是發展上比較後期進化的覺察形式。阿薩吉歐力受到榮格的影響，認為人的心靈被集體無意識（7）所包圍。所有的個體是以在此一集體性上相互連結。

阿薩吉歐力分別了我們的個人自我與超個人自我。前者是我們的自我以個人的欲求以及社會角色來定義。無論如何，超個人自我不會被個人的抱負所限定，反而有一個整全的視野來連結心靈和宇宙。

綜合心理論發展出幾個技術來運作不同部分的心靈。皮耶羅·費魯奇（Piero Ferrucci, 1982）在《我們之可能》（*What We May Be*）一書中描述了幾個技術，其中之一是「視覺想像」，以下為一個例子：

鑽石

生動地想像一枚鑽石。

觀看它每一個耀眼的切面，完美地整合成一個整體。

觀看它型態上的完美無瑕。

以你的內在心眼來觀看，讓你浸潤在它透澈耀眼的美感之中。

> 「鑽石」這個字來自於希臘文 *adamas*，意即「不可
> 征服」的意思。當你認同鑽石時，感知到它與你身上不
> 可征服的那一部分，也就是與你的真我相連結。
>
> 你的真我不會被懼怕、黯淡以及日常生活中的瑣碎
> 拉扯所征服。它不為過去的陰影、焦慮的巨獸、未來的
> 魅影、貪婪的惡魔，以及社會的集權壓力所觸動。它在
> 你的每一個分子之中，不可計數卻又統合為一的閃亮光
> 芒。當明瞭到你一如那個真我，且如同鑽石的璀璨形象，
> 讓此一真我的感知強化，並讓它於你的內在日益成長與
> 清明。（pp. 123-124）

其他的練習包括界定自己的次級人格，並且與這些人格對話，
之後再對這些次人格進行認同；用來與個人內在的指導，或者說
是真我來對話；以增強自己的意志，專注在思想理想的本質（如：
喜樂、感恩、愛等等）。這些技術將在本書的第二篇有更完整的
介紹。

肯恩·威爾伯

肯恩·威爾伯（Ken Wilber）已然是超個人心理學的一位主要
人物。他的成果眾多，且逐漸地繼續在修正他對於真我的概念。
在他早期的研究中，他描繪了「意識光譜」（spectrum of con-
sciousness）的概念（圖 3.3）。

其所提之光譜傳遞一個真我實現階層的深度概念。在其後來
的論述中，威爾伯重視的是階層成長的概念，一個人經由不同的
階段發展，而真我的實現也就在其過程中成長。首先，讓我們進
一步檢視他的光譜學說。

首先，在心智的最深一層處，意識就等同於宇宙真實，換言

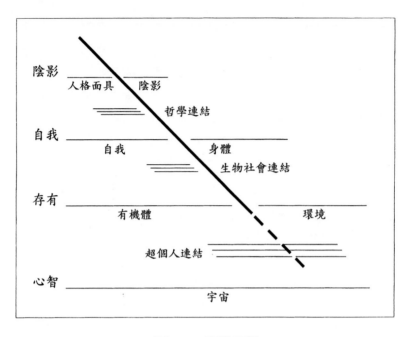

圖 3.3　意識光譜

之，意識與宇宙是一體的。量子力學的提出者愛德文・薛丁格（Edwin Schroedinger）描述此一階層的意識為：

> 僅有一物，且在此物之中似有的多元性不過是此物之系
> 列不同面貌的展現，經由欺誘所造成；相同的假象是由
> 一整個迴廊的鏡子所幻生，同理說來，高麗三卡（Gauri-
> sankar）與聖母峰是同一個山巔，不過是從不同的谷地觀
> 看。以一般的理解無法究竟，你與所有其他的意識體合
> 而不可分。因此，你的此生不是全體存有的一個碎片，
> 而就某種觀點而言，就是全體……（引自 Wilber, 1975, p.
> 106）

　　下一個層次是「超個人連結」，存在於心智階層與存有階層之間的一個區塊。這個意識的真實狀態是存在於一個人從經驗個人為一個分別的有機體，轉化到經驗合一現象之間的歷程。

　　在「存有」的階層，個體是被界定為個人的身心有機體在時空中的存有。就一個有機體而言，他（她）會感知到整全性，也具有在理性上辨別與行使意志的能力。在這個層次，個體能夠經驗到生物與社會性的連結，也同時經驗到他（她）自己是文化與社會真實中的一分子，這稱為生物社會連結，因為社會真實被投射到生物機體上。

　　在「自我」的層次上，個人意識認同的不是其生理機體，反而是他（她）個人的自我意象。因此，有機體被分割為身體和心理兩個組成部分，實際上，在這個層次，此兩者之間彼此相互疏離。換言之，個人會說：「我有一副身體」，而不是說：「我就是我的身體」。在一些特定的情境中，個人僅會述說他（她）的身分認同中「自我」的部分。因此，他或者她的真實從而變成與一個窄化的意識區帶相連結，專注於一個空虛且不正確的自我意象。此一描述被用來界定意識的陰影層面。

　　每一個層次的意識／真實代表著逐漸窄化的認同範圍，從宇宙到個體，從個體到自我，從自我到部分的自我。每一個層次意識隨著演化的狀態而有寬窄的不同。

　　不同形式的治療與教育可以對應不同層次的意識。例如：自我層次的治療試圖整合自我中相互疏離的部分。因而，這些治療會以治癒自我意識與無意識的斷裂為焦點，如同在心理分析以及各種自我心理學，如：艾瑞克森（Erikson）、荷妮（Horney）等人的論述。在此一層次的教育方法包括了價值澄清、葛拉瑟（Glasser）的教室會議模式，以及角色扮演，來提升學生正向自我概念的發展（表 3.1）。

表 3.1　威爾伯的意識層次

意識的層次	教育策略	策略的整體目標
自我	角色扮演、價值澄清、葛拉瑟教室會議模式	正向的自我意象
存有的	行動、協同、教育、覺察訓練	身心的統合
生物社會的	社會技能訓練	社會覺察與社會活動
超個人的	夢工作、視覺想像見證	自我超越
心靈的	冥想	合一

　　存有層次的治療試圖要統整自我與個體。目標不是要發展正確的自我意象，而是要讓個體得以「整全」。一如波爾斯（Fritz Perls）所言：「目標是要擴展自我接納的界線，去包含有機體的全部活動。」（引自 Wilber, 1975, p. 116）

　　包括存有心理學、完形治療、生物能量、哈沙瑜珈（hatha yoga）、結構統整，以及感官覺察等治療，都以這個層次為焦點。在教育上，當我們注重這個層次時，我們會使用多元諧和教育（第八章）、律動教育（movement education）（第七章），還有其他能夠讓學生們觸及其內在的各種覺察活動。

　　在生物社會這個區塊，是以讓個人覺察其社會環境脈絡為工作重點。因此，在這個層次運作的是特定的家族治療，以及那些以語言為焦點的心理治療。在教育上，弗瑞來爾（Freire）的研究成果可以應用於這個層次。弗瑞來爾描述了一種教育取向，在其中，個人先是能夠覺察他的社會環境，然後學得技能來因應這個環境，使他個人變得比較能夠自主，以及較少的壓抑。阿爾舒勒（Alschuler）在社會技能（social literacy）（第九章）的研究成果可以被應用在這個層次。

　　超個人區塊心理治療（transpersonal band therapy）的焦點是讓

個人超越他（她）的分離感，而能夠看待個人的問題如天空飄過的浮雲，或是湍急的山澗溪水。這些方法幫助個人不再認同個人的自我來歷和文化真實。再次地，在超個人治療中的體驗見證可以幫助促發這個過程。

綜合心理論使用體驗見證和認同練習來促使個人從自我到超個人的轉變。在教育上，教師們使用核心技術（centering techniques）、夢的分析和神話研究在超個人區塊中工作。

在心靈的層次，治療超越了二元論，促發與宇宙的合一感。此處不再有一個內在自我向外在世界觀照，而是這兩個世界的合一，甚且要理解為它們從來不曾分開過。用來促發這個層次意識的方法包括了各種形式的靜坐沉思（第十章）。

在較為晚近的工作之中，威爾伯（Wilber, 1983, 1995）提出了一個意識的發展模式。表 3.2 比較了威爾伯的發展模式與馬斯洛（Maslow）、科爾伯格（Kohlberg）與皮亞傑的發展模式。

古體（Archaic）層次　威爾伯稱之為發展的基礎層次。此一階段的焦點是生理知覺以及情緒和性的能量。依據威爾伯的看法，在這個層次的人們被他們的生理需求所主導。這個古體層次近似於馬斯洛的生理需求層次，以及科爾伯格依循著懲罰與服從的第一

表 3.2　威爾伯、馬斯洛、科爾伯格與皮亞傑發展模式的比較

威爾伯	馬斯洛	科爾伯格	皮亞傑
因果的			
隱微的	自我超越		
心靈的	自我實現	自覺的倫理原則	
理性的	自尊	社會契約立場	形式運思
神祕的	歸屬感	道德成規階段 3-4	具體運思
神奇的	安全需求	自我中心取向	前運思
古體的	生理需求	懲罰與服從	感覺運動

階段道德發展層次。

神奇（Magical）層次　在此一階段，人們開始思考，而不是僅僅對生理需求做回應。此一階段近似於皮亞傑的前運思期階段、馬斯洛的安全需求階段，以及科爾伯格的依據自我中心需求的第二階段道德發展層次。

神祕（Mythic）層次　在此一層次，人們開始皮亞傑所謂的具體運思活動，也就是說，他（她）能夠不被事物的表象蒙蔽而釐清事物的本質。然而，在這個階段的孩子無法抽象地（假設—演繹的）推理。這個階段對應於馬斯洛的歸屬需求，以及科爾伯格的道德成規時期（階段 3 與階段 4）。整體而言，在這個層次的個人是以順從其個人的人際關係為主要的取向。

理性（Rational）層次　此處個人能夠抽象地思考，而且能夠提出假設，並且進而用理性來檢視能夠支持或者是推翻假設的各個變項。因此，達到此一階段的人已經進入了皮亞傑形式運思的階段。此一階段也與科爾伯格的道德成規後期，以及馬斯洛的自尊需求階段有關聯。

　　各種理論的發展階層在此結束。然而，超個人心理學家認為人類有能力達成更高層意識的發展。威爾伯（Wilber, 1983）相信，推測人類意識演化的進展是很合理的一件事：

> 重點在於一個一般性的概念，說演化會從目前的階段合乎邏輯地進展到一個超理性的階段，不完全是無稽之談。看看至今演化的軌徑，從單細胞生物到人類！假若那個從單細胞演化到人類的速率，被運用到未來的演化中時，也就是說，單細胞之於人類，相對於人類之於「什麼」的時候，建議這個「什麼」可能僅僅會是「終極」、

「神」、「超心靈」、「精神」已然是一件荒謬的事情。（p. 24）

　　根據他個人對於神話心理學的研究，威爾伯發展出三個超理性的階段。

心靈（Psychic）層次　是第一個超越了理性的層次，形成概念關係的網絡。在這個層次上，個人走向一個更高層次的整合能力，能夠「連結、聯繫真理、協調理念、統整概念」（Wilber, 1983, p. 27）。這個階段孕育出奧羅賓多（Aurobindo）所謂的「高層心智」（Wilber, 1983, p. 27）。這個層次「可以自由地表達單一的意念，但更為特色的是走向一種聚集意念，以單一觀點來看待一套整全的真理。自我以統整完全的方式看待意念與意念、真理與真理之間的關係。」（Wilber, 1983, p. 27）此一階段近似馬斯洛的自我實現階段。威爾伯認為，在這個階段的個人能夠經驗頓悟與清明狀態：「是一種能見與能知的、神聖與靈啟的，且大部分時間是平靜，偶爾會是狂喜的狀態。」（p. 29）

隱微（Subtle）層次　在此一層面，人經驗到馬斯洛所說的自我超越。根據威爾伯（Wilber, 1983）的說法，偉大聖者的教導與洞察反映的是這個層面。在此一層面，人經驗到最高層級的直觀，不是情緒主義或者是少數些許的直覺，而是直接的靈性洞察。

因果（Causal）層次　是超個人發展最高的一個層級。威爾伯（Wilber, 1983）說：「在通過靜止與隱含的浸潤之後，意識得以進到最終的甦醒，回到最為原初與永恆的狀態，就如同光照四射、一化為多而多化為一的精神一般。」（pp. 30-31）於此，人改變成為如田立克（Tillich）所謂的「存有大地」（Ground of Being），或是斯賓諾莎（Spinoza）所說的「永恆本質」（Eternal Substance）。在這個層次，一個人不會有特定的一套經驗內容，反倒是超越了他（她）「經驗者」的身分。也因而，主客的二分對立被超越了。威爾伯稱呼這個階段的人們為聖者，並且區分了聖徒（saint）與聖神（sage）的不同：

> 我們可以用摩西與基督的顯聖來作為一個區別隱微聖徒與顯明聖神的例子。神在西奈山上對摩西的啟示包含了所有隱微理解的標準特徵：一位以光、火、洞察與聲音顯現自身的神聖他者。毫無疑問地，摩西不曾有過任何與那位存有合一或者是等同的聲稱。……基督，截然不同地，在實質與顯明的理解層面上，確實地聲稱過：「我與父是一體的。」（pp. 31-32）

在其研究工作中，威爾伯（Wilber, 1983）論述了一個架構，與呈現在本書的架構是相符的。他建議，認識有三個層面，相應於本書所列舉的三個立場。威爾伯認為三種認識的基本型態包括了：感覺運動的認知（身體）、心智知覺的想法（心智）與直觀（靈性）。這些類別與呈現於本章一開始處的圖表（見 52 頁）是相同的。第一種認識的模式是威爾伯所謂肉體之眼的認識，可以與傳遞立場和原子主義相對應。

心智是理性之眼，參與在概念、邏輯與觀念的世界之中。這個認識模式與交流互動立場與程序主義相對應。

最後，精神是直觀與默想的來源。再次地，精神居留於自性本我之中，而可以被各種形式的靜坐沉思觸及。精神—直觀可以與轉化的立場和整全主義相對應。

法蘭西斯・范恩

法蘭西斯・范恩（Frances Vaughan）是一位心理治療師，在

超個人的主題上有大量的論述作品。例如，她曾經寫了一本書，很深入地探討超個人自我（Vaughan, 1995）。她與威爾伯相同，認為「存有」有好幾個不同的層面——生理的、情緒的、心智的，與靈性的存有。而我們在每一個層面上都各自有其認同。超個人自我對應於靈性的層面。范恩找出超個人的真我（the transpersonal Self）與超我（Super-Ego）之間的差別：

超我	超個人的真我
判斷的	同情的
害怕的	親愛的
憂諂畏譏的	有智慧的
侵入性的	接受性的
主導的	容許的
設限的	不設限的
理性的	直觀的
控制的	自發的
局限的	創意的
常規的	啟發的
焦慮的	平靜的
防衛的	開放的
分離的	連結的 （pp. 42-43）

　　范恩建議超個人自我可以藉由對於心智自我的去認同化來獲得，也可以藉由靜坐沉思與視覺心像得到。她建議了一個實現真我的練習，而此一練習也正好可以當作是本章的結語。

與超個人自我的對話

我們每一個人的內在都有一個智慧、憐憫與創意的泉源，有待我們的學習與聯繫。

在想像中，以你最推崇珍視的一種素質來代表你的超個人自我。自性真我的形象之實體便是想像，想像一些良善、可以在一位覺悟的人士身上被發掘的素質，想像這些素質也同時就蟄伏於你的體內。真我的形體包含了直觀的認識、內在智慧以及你的恩慈良善。如果你能夠體現這些素質，你會有怎樣的一種新面貌？

放下那個形象，專注於你的呼吸。當你的心情能夠平靜以及身體放鬆之後，想像你在一個清幽的地方漫步，在那裡你感受到安全自在。

反思你的生命，在其中有哪些困擾你的問題。挑出一個你關切顧慮的議題，將這個議題轉化成一個具體的、你期望能夠得到指導與解答的「問題」。

接著，想像你的真我出現，在你所在之處與你相會。用一些時間來想像與一個全然慈愛的本體相逢的感覺是什麼？你可以詢問這個存有體任何問題。不論得到什麼樣的答案，注意傾聽，同時花時間來反思，那個答案可能是你在生命路途上往前邁進所迫切需要的一個答案。相信你的自性真我，成為你的真我。將其放下，與之道別，之後便回到你一般的清醒狀態。（pp. 56-57）

參考文獻

Assogioli, R. (1965). *Psychosynthesis*. New York: Viking.

Ferruci, P. (1982). *What we may be*. Los Angeles, CA: Tarcher.

Gardner, H. (1983). *Frames of mind*. New York: Basic Books.

Hoffman, E. (1980). The Kabbalah, in *Journal of Humanistic Psychology*, (20) 33–47.

Johnson, C. (ed.). (1971). *Vedanta*. New York: Bantam.

Jung, C. (1968). *Man and his symbols*. Garden City, NY: Doubleday.

Jung, C. (1933). *Modern man in search of a soul*. New York: Harcourt, Brace and World.

McNamara, W. (1975). Psychology and the Christian mystical tradition,in *Transpersonal Psychologies*, Tart, C. (ed). New York: Harper & Row.

Merton, T. (1959). *The inner experience*. Unpublished (four drafts at Thomas Merton Studies Center, Louisville, KY).

Samuels, M. and Samuels, N. (1975). *Seeing with the mind's eye*. New York: Random House.

Scholem, G.G. (1961). *Major trends in Jewish mysticism*. New York: Schochen.

Shah, I. (1971). *The dermis probe*. London: Jonathan Cape, 1970; New York: Dutton.

Shah, I. (1970). *Tales of the dervishes*. London: Jonathan Cape, 1967; New York: Dutton.

Smith, H. (1982). *Beyond the post-modern mind*. New York: Crossroads.

Suzuki, D. (ed.) (1955). W. Barrett. *Zen Buddhism*. Garden City, NY: Doubleday.

Trungpa, C. (1984). *Shambhala: The sacred path of the warrior*. Boston: Shambhala.

Vaughan, F. (1995). *The inward arc: Healing and wholeness in psychotherapy and spirituality*. (2nd ed.). Nevada City, CA: Blue Dolphin Press.

Wilber, K. (1975). Psychologia perennis: The spectrum of consciousness. *The Journal of Transpersonal Psychology*. (7) 105–132.

Wilber, K. (1980). *The Atman project*. Wheaton, IL: Theosophical Publishing House.

Wilber, K. (1983). *A sociable God*. New York: McGraw-Hill.

Wilber, K. (1995). *Sex, ecology and spirituality: The evolution of spirit*. Boston: Shambala.

4
CHAPTER

社會脈絡：
生態／互賴的觀點

在教育中，我們總是以一種去脈絡化的方式思考，也就是說，我們未曾將學校課程連結到周遭的社會環境。這本書的假設之一是：一種特定的課程取向總是與一種相對應的社會脈絡相連結。本文中提出的三種立場：傳遞的立場——自由放任的經濟；交流互動的立場——理性的計畫；轉化的立場——生態的取向，也可以看到上述的連結關係。在本章中，我會簡要介紹前兩種立場，對於轉化觀點的梗概則有較詳細的說明。

傳遞的立場——自由放任的經濟

原子論式的經濟奠基於亞當・史密斯（Adam Smith）的自由放任取向，主張市場中的個人競爭。市場是設定貨品價格和品質的調節機制。海伯納（Heilbroner, 1960）對於亞當・史密斯的原子

世界有很好的描述：

> 亞當·史密斯的世界被稱為一個原子競爭的世界；這是
> 一個沒有生產機制代理者的世界，不論是勞動或資本的
> 一方，其權力都足以干涉或抗拒競爭的壓力。在這個世
> 界中，每個行動者在巨大的社會自由之下，都被迫去追
> 逐其自我利益。（p. 56）

弗利曼（Milton Friedman）（Friedman & Friedman, 1980）闡
揚亞當·史密斯的理念而宣稱：在最簡單的形式下，這樣的社會
包含許多獨立的要素──類似許多魯賓遜（Robinson Crusoes）的
集體。弗利曼認為，促使這些個人相連結的主要法則是市場。他
強調：「亞當·史密斯《國富論》（*Wealth of the Nations*）的主要
洞察是過於簡化而誤導的：當兩個團體進行交換時，除非他們都
相信自己會從中獲利，否則沒有哪一種交換會是志願的。」（p.
13）這種觀點的問題之一是，弗利曼將塊狀經濟活動與生活的其
他部分切割，因此，資本家很容易忘記經濟活動所付出的社會或
生態成本。當經濟活動被簡化為個人的自我利益和競爭時，對於
諸如將有毒物質丟入河川或濫用勞動力等事實，就很容易獲得原
諒。

尤其是在美國，自由放任的取向已經導致極端的個人主義。
個人主義促使分裂，因此很少人會嘗試去界定何謂共同的善（the
common good），也很少人會朝此目標努力。貝拉（Bellah, 1986）
在其作品中已經探討上述問題。

交流互動的立場 —— 理性的計畫

交流互動的立場是基於人類能夠理性地介入以改進其生活的假設。尤其科學方法的介入將是有助益的，杜威相信社會科學已經進步到某種程度，在其中人們能夠使得智識和理念成為解決社會問題的首要力量（引自 Morris, 1986）。實用主義者對於社會改進計畫有其影響，尤其是在城市計畫方面。例如，與杜威同時代，任教於芝加哥大學的羅伯・帕克（Robert Park）相信，人們能藉由控制城市的物理環境，使人們可以有更好的身心健康體驗。查爾斯・莫理斯（Charles Morris, 1986）相信，杜威和帕克等人都是造就甘乃迪—詹森（Kennedy-Johnson）時代的社會工程先驅者：

> 社會工程學的偏見明顯可見於理性主義者的前提，以及四十年後林頓・詹森（Lyndon Johnson）的「偉大社會」（Great Society）概念。社會如同一部機器，運用足夠的研究，你就能了解這機器的各部分如何組合，然後可以將它形成「模組」（model）。這成為後來的行話，藉由熟練地操縱社會輸入，將製造可預期的改進產出：人們將會更健康、更友善、更勤奮。（p. 10）

在 1960 年代早期，社會工程學似乎是可行的。在詹森總統早期年代，以極大的熱誠實踐了經濟繁榮、低通貨膨脹、社會計畫。社會工程學也被運用於外交事務，例如對於越南事務的干涉。實用主義和社會工程學的假設開始奠基。但越南人對於美國軍事力量的抗拒，比美國科技官僚們所預期的更強烈。越戰不論是在戰略或道德的錯誤，都激發了美國本土的反抗文化，也為美國今日

的轉化取向埋下種子。保羅・沃克（Paul Warnke）在 1969 年離開五角大廈時，即提出聲明強調北越的問題是：北越人的行為根本是不可思議的（Morris, 1986）。理性主義者的模式從未能準確預期個人或由個人組成的團體究竟會如何採取行動。

在越戰中不只是理性計畫和介入解體，在經濟上也有所影響。從 1930 年代始，美國政府開始運用凱因斯理論（Keynesian theory），強調擴大消費以刺激經濟。但是，1970 年代的通貨膨脹動搖了凱因斯主義者的共識。供給面經濟取代了政府介入以刺激經濟的信念。普遍而言，新政（New Deal）的自由主義者不再取信於民，自由主義轉向尋求其他的替代方案，尤其是與新科技結合的可能途徑。

但就如理性計畫的信念有其缺點，對於科技的信念也面臨相同困境。歇爾（Sale, 1980）將這種對於科技的信念稱為「科技情節」（technofix）。他曾引用一個說明科技情結的例子，即前任原子能委員會主席葛蘭・希柏格（Glenn T. Seaborg）的言論，希柏格曾言：「我們必須追求如此的信念，也就是應該更科學、將更好的科學更明智地運用，才能讓我們從偏見中獲得解放，……為掌控未來科技和社會發展奠定基本哲學和原理。」（p. 35）對於焦慮的科技情結解決方法是鎮定劑（Valium），而對於石油短缺的解決方法就是將煤炭加以液化。但科技的限制性持續地警告世人。在 1986 年，曾有太空梭的災難以及蘇聯烏克蘭的車諾比（Chernobyl）核子電廠反應爐熔毀事件，這些事實都提醒我們，科技必須依賴良好的科層制度才能運作完善。簡言之，科技並不是在社會的真空狀態中運作，當我們開始用一種關聯的、整體的方式看問題時，我們才能超越片斷化的自由放任經濟思維和過於天真的科技情結。

轉化的立場──互賴的觀點

互賴的觀點認為，社會─經濟─政治思維的起點是：假設所有人類的活動都密切相關，因此，一個領域的改變可能影響其他領域。這個取向基於下列幾項原則：

- 生態感
- 人性尺度組織
- 非暴力
- 陰陽相濟（androgyny）

生態感

生態感的前提是：人類生命是一個更大組織的一部分，其中包含植物、動物和整個我們所居住的生物圈。我們可以舉出許多例子說明今昔的人類已經遺忘上述生態的警告。例子之一來自羅馬帝國，羅馬帝國為了提供眾多都市人口糧食，對於環地中海的土地過度利用，農業的技術導致表土流失，最後使得大多數土地，尤其是北非地區變成沙漠。對於撒哈拉沙漠的成因，羅馬帝國缺乏生態感必須負部分責任。

當然，時至今日，土地侵蝕在世界各地仍然持續發生。在美國，陸軍工程兵團（Army Corps of Engineers）於 1978 年的報告指出，近半數的美國海岸線面臨嚴重的土地侵蝕，約有 21%的海岸線被評為「危急」（Sale, 1980）。我們常因對生態的傲慢而內咎，但卻仍持續遺忘生態的脈絡，因此必須自食其果。例如，許多人繼續在洛杉磯的小山丘上面蓋房子，卻不顧建築物會使得地表的土壤流失。因此，土壤持續流失，尤其一旦豪雨到來，許多

人的家園就被土石流沖毀，造成數百萬美元的損失。下列這封 1978 年某位讀者給《紐約時報》的投書，正表露出人們對於生態的傲慢態度：

> 編輯您好：
>
> 　　根據所有猶太基督教派（Judeo-Christian religions），在他（她）們視為權威並信仰的聖經中記載，上帝賦予人——這些以神的形象和外貌塑造的人——擁有權力去統治地球，以及在地球上的一切生物。然而，為何我們卻必須忍受而且受制於不穩定氣團的任性多變，包括最令人無法忍受的龍捲風，其所到之處，快速地形成漏斗型的氣旋，造成無數的傷亡和損害，而人們卻無法避免？
>
> 　　為何全世界的菁英科學家們和政治領導人不立即從美國或聯合國開始，將征服地球的大氣列為首要問題，使得天氣能夠為人類和地球上所有生命帶來福祉和安全，並使它成為人類發明的堅實結構和工具？
>
> 　　每當我聽聞有高氣壓或是大氣團氣壓形成龍捲風，以至於造成人們傷亡、房屋和汽車毀壞等，而上述這些通常都不是沒有預警的，我就感到憤怒！讓我們對天氣更加了解，並且迫使天氣能夠如我們所願！……（引自 Sale, 1980, p. 15）

　　幾個月之後，美國聯邦氣象修正諮詢局（Federal Weather Modification Advisory Board）——這是在 1976 年國家氣象修正法案通過後設立的機構——宣稱在往後的二十年，他們能夠控制大多數國家的天氣。控制天氣的企圖也許就凸顯了人類傲慢的程度，因為二十年後，我們幾乎只能預測天氣而無法真正控制它。

　　生態問題究竟有多嚴重？哈欽森（G. Evelyn Hutchinson, 1970）

在《科學人雜誌》（*Scientific American*）中指出，我們的地球可能只剩下數十年可以維持生命。生態感的例子有哪些？當然，自然本身能夠提供許多實例。卡普拉（Fritjof Capra, 1982, p. 281）描述下列事物的關聯性：

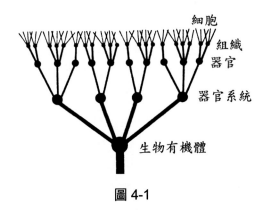

圖 4-1

根據卡普拉（1982）所述，自然是由相互關聯、多層次結構的系統所組成。每一個層次都是整合的、自我組織的整體，其中包含許多小部分，以及作為更大整體的一部分而運作。人是一個由許多器官系統組成的有機體（例如呼吸系統），人體包含器官（例如肺）、組織（肺組織）和細胞。每一種層次都是一個次系統。亞瑟・柯斯勒（Arthur Koestler）（引自 Capra 1982, p. 292）描述次系統是一個「子整體」（holon，即以上位為單位所包含之全體），因其為系統的部分，因此其中有整體的互賴和關聯。在上述脈絡之下，就可能將宇宙視為一組心靈的關聯組合：「個別人類的心靈基礎是更廣大的社會和生態體系，這些都被整合進入星球的心靈體系——也就是蓋亞（Gaia）[1]之心——依次參與普遍

---

1 譯註：蓋亞理論（Gaia Theory）是一種視地球為活著的有機體的環保理論。宣稱地球本身就是一個活著的有機體，Gaia 是希臘神話裡的大地女神，是 Titans 和 Cyclopes 的母親。

或宇宙的心靈。」

歐爾（Sale, 1980）認為，運用太陽能即反映出生態感。首先，太陽能是一種無污染、安靜且無臭味的能源形式，它不用石油燃料，因此可以保存自然資源，同時它適合小規模的運作，因此人們易於控制。太陽的能量不會被少數能源公司壟斷，例如1979年時，就有上千家和太陽能事業相關的企業。此外，太陽能也是非常彈性的能量，一個太陽能裝置只須幾天或幾週的工作天就能完成，但核電廠的計畫和建造卻必須花費數年或數十年。此外，太陽能具有高效率，在能量的轉換和傳輸過程中只有極少數的能量會流失。這與一般電力傳輸恰成反比，因為一般電力在其轉換和傳輸過程中，約有 50%或 65%的能量將會流失。太陽能所需的相關科技十分簡單，不需要複雜的輸送系統或大型的儲存設備。

最後，太陽能適用於任何與熱力學有關的工作。水能夠輕易地被加熱，因此可以有熱水、發電，甚至鋼鐵工業的運用。相反地，核能需要鈾高達華氏 2,400 度的高溫，然後所有熱能必須被輸送到一間溫度設定為 70 度的房子加溫，這實在是一個極度無效能的過程。當然，會有人質疑：為何太陽能尚未被廣泛運用？這個太陽能使用的問題對於那些已經工業化、且擁有大型能源設備（電廠和石油公司）的國家而言，他們通常對於目前已擁有的能源形式較感興趣。想要擴大太陽能的運用，我們必須檢視太陽能的運用是否是朝向歐爾（Sale, 1980）所謂的「人性尺度社會」（human scale society）歷程的一部分。換句話說，必須採取生態的介入策略。

就如前文曾提及，生態感的模式來自於自然本身。自然可以是所有存在事物關聯性的提醒者，就如同路易斯·湯瑪斯（Lewis Thomas, 1975）討論他自己身體內的細菌：

它們（細菌）在我的細胞質中移動……它們和我、它們

彼此之間、它們和土裡面自由生長的細菌們都同樣密切相關。感覺上它們像是陌生人，但思維卻來自相同的創造者，例如海鷗、鯨、山丘草地、海水中的海藻和隱藏的螃蟹、在我後院山毛櫸葉片中的小天地、後方圍籬底下的臭鼬家族，甚至窗戶上的蒼蠅，上述所有生物和我身上的細菌都來自相同的創造者。透過牠們，我也被緊密相聯在一起，如同我的親密親屬一樣，牠們一旦被迫遷移，也會像人去樓空一樣，我們自己也失去關聯。（p. 86）

人性尺度組織

歇爾（Kirkpatrick Sale, 1980）曾寫過一本書《人性的尺度》（*Human Scale*），書中他描述人類必須在一個合理規模的組織中生活和工作。「人即是萬物的尺度」（man is the measure）已經成為幾個世紀以來的導引。歇爾（Sale, 1980）宣稱：

這不就是培里克利斯（Pericles）、李奧納多（Leonardo）、傑弗遜（Jefferson）、柯比意（Corbusier），以及其他許多最有能力的計畫者和思想家曾清楚明示的法則？也就是猶太神學、新教倫理、盎格魯—薩克遜法律、文藝復興的人文主義、新教分離主義、重商資本主義、法國大革命、美利堅共和國、馬克思主義、達爾文主義、佛洛依德主義，以及目前許多思潮的本質精神——雖然不可能涵蓋西方歷史的全部。因此，在尋求一個可欲的未來時，任何工具、建築、社區、城市、商店、辦公室、工廠、會議室、公共討論廣場和立法機構都應該根據這個法則被建構：即根據人性的尺度而建造。（p. 37）

　　「人性的尺度」是一個名詞，原先與建築有關，強調建築物的建造不應矮化個人或周遭環境。人性尺度意謂著建築物容許自然世界與人造世界共存。但歇爾認為，人性尺度能夠被應用於經濟、健康醫療和教育，以及大多數的人類活動。歇爾論辯已有許多有關人性尺度的例子，包括：加州戴維斯（Davis）社區的太陽能社區、貴格教派（Quaker）會議、以色列社區、新英格蘭社區城鎮會議，以及許多非政府組織的重建等。

　　人性尺度的核心價值包含個人實現、社區合作、與自然的和諧相處、權力的去核心化，以及自給自足。歇爾相信，現代社會的許多趨勢都支持人性尺度。包含消費者運動、回歸自然精神（back-to-nature spirit）呼籲，促使 1960 至 1978 年造訪國家公園的人數成長三倍，以及在標準市場之外運作的地下經濟，容許人們交換服務，包含信用、健康、食物、電力等聯盟的合作運動，以及自己動手做等運動（Sale, 1980, pp. 45-46）。

　　我們現代的城市是未依照人性尺度建造的實例。尤其是摩天大樓，無法讓我們看到建築物的整體，幾乎是以一種禁制的態度支配了地平線。我們可以假設，現代城市為何是一種無根的生活，原因之一可能就是高聳的公寓大樓和辦公大樓。假如人們居住在高聳的公寓大樓，然後在超高的辦公大樓工作，那麼與地面接觸的機會，就只是走到地下鐵時在水泥人行道行走的短暫時間。因此，城市的居民再也不覺得他（她）是屬於有機環境的一部分。除了近郊的居住問題外，兩層樓的房子是人性尺度的更好例子。大多數的房子各邊都有窗戶，因此可以看到窗外的青草和樹木。門和門把都是適合人的尺寸而建造，而非競相追求大即是美。房子中的火爐，自殖民地時期開始，就通常是家人聚會聊天的場所，火爐上擺設著家人的得獎紀念或裝飾品。布魯蒙和摩爾（Bloomer & Moore, 1977）曾言：

辦公室、公寓和商店層層疊疊的現象，主要歸因於集中式的系統（filing-cabinet system）或是土地價格，而不是對人們生存或經驗的關懷。在這樣的糾結之中，美國單一家庭的房子維持了一種難以理解的力量，除了它常被指出土地利用或能源使用缺乏效率之外⋯⋯它的力量可以確定是：家庭是環繞我們的世界片斷，在其中，我們的身體是衡量世界的核心。（p. 4）

　　人性尺度的主要例子之一是村莊的居住。李查・克里奇菲爾德（Richard Critchfield, 1983）舉出一個強而有力的例子，說明村莊是幾世紀以來人類生活的核心特色。歇爾宣稱人類學的證據建議，最原始的人類制度不是家庭而是村莊或部落。這種大型社區——不論是村莊或部落——是語言和文化的根源。證據顯示，一旦村莊或部落的居住人口超過五千或六千人，就會變得太複雜，以至於自我解構或再調整（Sale, 1980, pp. 185-187）。

　　克里奇菲爾德已經居住在一個村莊超過四分之一個世紀。雖然村莊生活中某些層面他並不喜歡（例如男性的支配），但村莊生活的許多層面呈現了一種完整和有機的生活。例如，村莊中的人們感覺到一種與土地的強烈連結感。村莊中的生活與土地密切相關，人們常表達對土地的敬畏。村民們的道德與他們在土地上的工作有關，當豐收或勤奮工作時，道德感特別高，而農閒時期道德感則似乎相對減弱。

　　在村莊中的道德與土地上的工作有關，因此會鼓勵一夫一妻制、不離婚，以及多子多孫的婚姻關係。要言之，這種勤奮工作的信念和道德習俗提供村莊居民一種永續感。在宗教層面，雖然村莊居民對於正式的宗教是質疑的，但是他們大多對神有強烈的個人信仰，相信神會看顧他們個人的福祉。一般而言，村莊居民居住在一個充滿意義的地方。克里奇菲爾德指出所有世界偉大的

宗教都來自村莊。西方的都市文明引導出國家主義、社會主義、共產主義、資本主義和民主，但卻從未產生足以引導人們生活的精神性信仰。克里奇菲爾德（Critchfield, 1983）指出：

> 西方有關國家主義、社會主義、共產主義、資本主義和民主等意識型態都是起源於城市，但偉大的宗教卻不是起源於城市。亞伯拉罕（Abraham，古希伯來民族始祖）是一個牧羊人、索羅亞斯德（Zoroaster，波斯祆教創始人）是一個養牛的人、耶穌基督是一個木匠的兒子、回教先知穆罕默德是一個牧羊人，而後成為一個小貿易商、佛陀雖曾貴為印度王子，卻來自一個尼泊爾偏遠之處。上述宗教的形成都來自於小村莊的傳統，其與目前大城市的發展正好相反，目前許多第三世界國家城市的西化經常使得數百萬來自村莊的人們遭受挫敗。就如同我們所面臨的問題一樣，上述都是文明發展至絕境所引發的問題，而先知總是來自村莊。（p. 234）

我們可以如此認定，就是村莊中的根源讓人們仍然可以觸摸到他們自己。先知已經呈現了一個整合的世界觀，其中訴諸於我們生命的核心。

克里奇菲爾德的確看出了這世界不同村莊的許多變化。科技被運用於農耕的方法，避孕方法被廣泛使用，一些村莊中女性的角色已經逐漸轉變。克里奇菲爾德曾花了二十五年在第三世界國家的村莊中旅行，他也更關注思考西方的未來。在其書中的結論，他提出一個村莊生活與西方科技進步的綜合說明：

> 這幾年在村莊中的生活，已足夠說服我去相信村莊中的人有許多事情值得我們傾聽。我們的生活不只是持

續地玩樂、只顧自己歡樂的嘉年華、快速地達到目標，然後在消費的商品中麻木，而當宴會結束時，再跑到緊急庇護所進行徹底的洗禮，以洗滌身上的罪惡。但我們的生活也不只是在鋤頭或犁之中度過的艱苦單調勞役。

可以確定的是，我們和我們的科技、財富和個人選擇的自由如果都能與自然密切相關，與社群自我負責的態度相結合，就能夠使生活更美好，產生一種可以將物質財貨的良善與其單純和真理相融合的生活方式。

我們並不都是村莊居民，但我們的祖父們曾經是。因此我們的子孫們也可能成為村莊居民。在這本書中，我已經做了許多「我們—他們」的區分。但我敢打賭，你會發現其實村莊居民並沒有太多我們不了解之處。到一個村莊去，如果你假設他們都與我們一樣，其實也不算太離譜。也就是說，在最廣泛的意義上，若論及真正可稱為人性的質素，在這個相當小的星球上，我們其實都是相同的。（p. 338）

以上的描述，就如同歇爾、克里奇菲爾德預先洞察西方社會中朝向人性尺度組織的一種變遷。

人性尺度的學校　歇爾也提及人性尺度的教育制度。他曾引述巴克和甘普（Barker & Gump, 1964）兩人對於中等學校規模變項與其效應的研究。花了三年的時間，巴克和他的同事在東堪薩斯州的十三所中學進行研究，研究對象涵蓋了學生數四十名到兩千多名學生的不同規模學校。巴克主要關注學校規模對於學生在運動、教室討論和課外活動的影響。研究發現，學生數在六十一人和一百五十人之間的學校，學生對於音樂、戲劇、新聞和學生自治組織等參與度是最高的。學生在較小學校中能夠感受「對於競爭能

力發展有較高滿意度，感覺被挑戰、能夠參與重要行動和團體活動，獲致道德和文化的價值」。

在教室活動方面，較大的學校能提供更多的學科，但與較小規模的學校相比，學生能參與的班級數量和種類都較少。透過對音樂課較詳細的研究，巴克和甘普兩位研究者發現，小學校較能夠提供學生普遍的音樂教育和經驗。

其他的研究也支持巴克和甘普的說法。魏克和貝爾德（Wicker & Baird, 1969）發現，較小型的中學（例如，約有二十至五十名學生的初級中學），學生認知的複雜度明顯強於較大規模的中學（例如，人數約四百人的初級中學）。他們也發現，在一所學生數21,371 人的大型中學，學校規模對於學生的成就的確有相當的影響，但是較小型學校的學生在書寫、戲劇和音樂等方面都顯露較多優勢。1966 年，詹姆士・柯爾曼（James Coleman）發現，影響學生學習成就的主要因素之一，就是學生對於他們自我命運的主控感，而小學校對於上述這種主控感的培養和發展顯然是較有助益的。

探討不同組織如何對待孩童的相關研究時，世界衛生組織（World Health Organization, WHO）提出結論為：組織規模應該縮小，例如不超過一百名孩童。根據世界衛生組織，當組織大於一百人時，原先以個人接觸為主的非正式規則就會被非個人、制度的權威所取代。

一般而言，北美的學校系統傾向於課程的集中化和發展較大的學校。例如，在 1950 和 1975 年間，美國小學的平均學生數從一百五十三人遞增為四百零五人。而同時，學校中的暴力和破壞事件也飆增。當然，可能有其他因素導致校園暴力和破壞，但學校規模的擴大也是可能導致暴力傾向的因素之一。

較大的學校常被以規模經濟的藉口加以合理化，也就是說，合併行政或合併資源使用將節省許多成本。但另一方面，交通車

的費用、更大的科層組織與更大的學校體系，以及關閉小型社區學校的社會成本卻往往被忽略掉，因為小型社區的學校常是鎮上社會生活的一部分。大型學校的另一個優勢可能是和效率（efficiency）有關（但效率並不等於效能）。有一個在佛蒙特州（Sher, 1977）進行的研究指出，較大的學校是較有效率的，因為學校行政與社區和學生都很疏離的，因此缺乏溝通，所以似乎更有「效率」。但是，在佛蒙特州，小學畢業生最後能進入大學的排名，前十名小學中有六所是小學校（其畢業班人數少於六十人）。這些小學校能夠產生上述成果的運作成本，平均每一學生約少於二百二十五元美金，比大型學校花費的每生成本更低。

假使人性尺度是衡量我們機構的標準，我們將如何獲致這些合理的尺度？這個問題將使我們進入到互賴觀點的第三個法則──「非暴力變遷」。

非暴力變遷

非暴力變遷的信念已經被梭羅（Thoreau）、托爾斯泰（Tolstoy）、甘地和金恩等人陸續提倡。非暴力變遷的基本原則是：一個人的對手不應被客體化[2]。艾瑞克森在其《甘地的真理》（*Gandhi's Truth*）一書中曾提到，在印度艾哈邁達巴德（Ahmedabad）的紡織廠罷工時，對於工廠的老闆，甘地從未將他們簡單化約為仇恨和責備的對象。艾瑞克森分析，甘地總是在所有的遭逢中預留一些空間，因此，某種程度的共同性或共同關係可能在對立兩方之間開始發展。

此處所謂的變遷核心，是有關個人的意識。尤其是梭羅，他相信道德的基礎是個人的意識。在他著名的〈對政府的抵抗〉（*Resistance to Civil Government*）一文中，強調透過不參與和不合

---

2 譯註：也就是說，對手不應被視為是疏離或被排斥的「他者」。

作，表現對於不公正法律和政府的抗拒。非暴力並不是消極。梭羅呼籲拒絕繳稅支持戰爭和奴役，他也建議在一個不公的社會中，適合正義之士的最好地方可能是監獄。當然，上述想法在甘地或金恩的抗議中也曾被採用。與梭羅同時代的愛樂利‧陳寧（Ellery Channing, 1780-1842）曾宣稱梭羅是一個自然的斯多葛主義者（Stoic，禁欲主義者），理察遜（Richardson, 1986）加以引用，將梭羅的思想與斯多葛學派加以連結。斯多葛學派包含許多整體主義的原則。斯多葛派學者馬庫斯‧奧瑞流士（Marcus Aurelius, 1964）[3]曾言：「將宇宙想像成一個有生命的有機體，有其獨特的實體和靈魂……有一個法則管理自然的運行和人類的行動。」（p. 73）理察遜宣稱：「與伊比鳩魯學派（快樂主義者）認為宇宙是由原子和虛空所構成的看法相反，斯多葛主義者認為神存在於所有的創造物中，而且神就在萬物之中，別無其他存在。」（p. 190）斯多葛主義者堅信個人和個人意識。梭羅將他自己對於個人的關懷、自然的熱愛和個人的倫理觀加以連結。理察遜（Richardson, 1986）歸結：

> 梭羅或許是過去兩百年來最偉大的思想家，因為他認為我們必須回歸我們道德的本質，而不是回歸國家、上帝或社會。他是最引人注目的美國人，就如同愛默生被視為永恆斯多葛法則——自我信任、自尊、自我信賴——的擁護者。梭羅的生活可被視為一種長期不間斷的努力，他嘗試彰顯斯多葛理念中實踐的具體意義，也就是自然和人都受制於某種規範。（p. 191）

與非暴力有關的議題是對於生命的敬畏。假如一個人認為所

---

[3] 譯註：Marcus Aurelius，羅馬哲學家皇帝，西元前 121-180 年。

有生命都是相互關聯於整體的話，他將無法去傷害其他的生命。你怎能傷害屬於自己的任何一部分呢？

　　相對於馬克思主義，非暴力變遷對於變遷抱持更有機、且與個人內在相關的看法。非暴力變遷的目標並不只是用更多相關的法律和制度去改革社會，而是去尋求更多人心內在的基本改變。政治革命常常只是不同壓迫形式的轉變（例如，右翼的獨裁政權變為極權的共產主義），一群精英取代另一群精英。人們曾經嘗試成為好的馬克思主義者，因此他們放棄自己的主體性，換句話說，他們採取了一種社會角色而不是聽從他們自己內心深處的聲音。這也是所謂「新世紀運動」（New Age）的問題，人們想要擁抱某些信念（例如，好的華德福主義者[4]）。

　　從一個統合的觀點來看，由內而外的努力是重要的（Hunt, 1987），因此，變遷必須是與我們自己的內心一致，而不是根據外在世界的期望。金恩和甘地因為能夠觸及人們內心深處，才能引發非剝削的變遷。

馬克思主義相對於整體主義　上文我已數次提到馬克思主義，馬克思主義是不同於自由主義的法則，因此我想在此討論為何對於個人或社會成長而言，馬克思主義終究是一個不適當的基礎。

　　首先，我們應該認清馬克思主義有許多不同的形式，在我們的大學尤其是在社會學系中，是一種支配的另類意識型態。馬克思主義有其長遠的智性歷史和許多閃亮的心靈，例如麥可‧艾波（Michael Apple）和亨利‧季胡（Henry Giroux）等人，具有強烈說服力地提出馬克思主義的優點。

4　譯註：華德福教育（Waldorf Education），也稱為史丹納教育（Steiner Education），起源於德國魯道夫‧史丹納博士所創設的「人智學」（Anthroposophy），是回應西方工業革命後科技文明發展問題的新文化思維和自然主義教育思潮，以歌德、席勒的思想為主，融合尼采的哲學背景，發展出社區式的基礎教育環境。

其次，馬克思主義訴求我們的罪惡感。因為馬克思主義是一種哲學，意圖終結社會和經濟的壓迫。當我們服從其教義時，相對於第三世界國家人們的貧苦時，我們擁有的富裕所帶來的罪惡感或許可以減輕些。

最後，馬克思主義可以被視為一種宗教或一種生活方式。馬克·薩丁（Mark Satin, 1978）認為：

> 對於我或其他的觀察者而言，馬克思主義最終是一種實質的宗教。仔細回想那些被運用於馬克思主義中的宗教語言〔例如，馬克思和恩格斯原本想將「共產黨宣言」（Communist Manifesto）稱為「共產黨教義問答」（Communist Catechism）〕；馬克思和恩格斯作品中設定論辯和論證政策的語言，非常像是虔誠的信徒使用聖經或可蘭經。亨利·馬由（Henry Mayo）認為：馬克思主義「或許可被視為一種革命、一種傳播給貧窮人的福音」，而勞工階級可被視為「一群被上帝挑選的人，將獨自擁有新耶路撒冷」。革命之後將是大審判——無產階級專政——將會區分出無產階級的綿羊和資產階級的山羊，在其中隱藏著千禧年的鬥爭。原初共產主義的階段與伊甸園的描述有許多相似之處，整體的宗教和馬克思主義之間，一些共同的信念都有其必然性，就是歷史和宇宙的永恆法則都保證最終的勝利。而這樣的宣稱也適用於普遍有效的真理。（pp. 270-271）

馬克思將黑格爾名為辯證法的著作運用到經濟的變遷。馬克思拆解了黑格爾的唯心論，強調一個社會的經濟體系才是其核心特徵。馬克思主要聚焦於經濟決定論，強調資本主義最終將會摧毀其自身，取而代之的將是無產階級專政以及一個無階級社會。

上述的變遷必須透過階級的衝突，亦即擁有資本的資產階級變成少數，而無產階級變成多數。許多失業的無產階級最後聯合起來，並從資產階級手中取得權力。這種觀點的變遷被稱為以經濟唯物論、決定論和階級衝突為核心的科學社會主義。

馬克思主義的問題之一是將人客體化，也就是對於人的內在生命缺乏認識，或只是簡單化約為經濟的解釋。我們在馬克思主義中看到的人，是缺乏面貌的個人，這些個人的辨識只能基於他們所處的階級。此外，階級中又被區分為好人（無產階級）和壞人（資產階級），而所謂的壞人之間並無差別。最後，馬克思主義是唯物主義，無視於人類天性中的精神層面。因此在馬克思主義中也就沒有敬畏或神祕的空間，難怪之前共產主義國家中的現實境況是如此令人窒息。

就如前文所言，當人們試圖遵循「寶瓶同謀」（Aquarian conspiracy）[5] 或另一個新政理想時，整體主義也可能變成客體化。但這其實違反了整體主義所強調的關聯性、同情和碰觸內在自我的精神。到最後，整個社會都將被另一種教條所取代，而無法看見整體主義的蹤影。更重要的是，我們如何達到一個更符合人性尺度的社會，過程將比目標本身更重要。假如我們被迫去操弄或對待人們如同客體，最終我們所達到的目標也都會瓦解。

▎陰陽相濟

當觸碰我們內在核心時，我們將變得更完整。這意謂著我們將那些曾制約自身的角色拋之腦後，例如性別角色。陰陽相濟是指我們不再認為自己是被排除的陽性或陰性，相反地，我們開始正視自己是一個完整的人，在我們的內在有對立面或兩極性。這

---

5 譯註：《寶瓶同謀》作者瑪麗琳・弗格森（Marilyn Ferguson），強調寶瓶時代的祥和、光明和愛，寶瓶時代的人們開始進行大規模的文化覺醒和自我心靈改造。

並不是指男人必須變得更敏感或更情緒化，而是指我們能意識到處於自身內在的兩極。陰性或陽性能夠被視為是兩極的關聯性，例如：

陰	陽
直覺的	理性的
整體的	分析的
回應的	刺激的
滋養的	擷取的
內斂的	擴展的

從我們的中心，我們可以向兩極開放，並且與它們和平相處，而非被單一特質所限制。假如我們被單一特質所限制，我們常是封閉了自身的某一部分。研究顯示，能夠整合內在兩極的人們往往較能夠去理解複雜曖昧的訊息，以及處理自身內在不和諧，並使之並存（Tripodi & Bieri, 1966; Halverson, 1970），並且較能夠改變（Delia, Crockett, & Gonyea, 1970）。一些心理學家，例如艾瑞克森、榮格、辛格（Singer）和馬斯洛都曾宣稱，能夠接受並整合自我的不同部分是心理成長的一種象徵。例如，馬斯洛（Maslow, 1942）發現，當超越傳統的男女典型時，能夠自我實現的男女基本上是相似的。

除了少數心理學家對於兩極的接受外，一般而言，西方人較傾向於接受單一特質（雄性——陽）是較令人嚮往的，而另一方面（雌性——陰）則是較不令人嚮往的。相反地，在東方，似乎較能將兩極視為相關聯，而且是更大整體的一部分。非此即彼（二元對立）的概念其實是有問題的，因為它迫使我們接受狹隘的認同。根據歐茲（Olds, 1981）的說法，與兩極並存能夠使我們到達意識的更高境界：

通常解放的方法正是藉由兩個不相容的思想模式或概念
緊張度的升高。新的另類思想或行動的平衡點就在於兩
個不相容思想或指令的矛盾之間，這是禪的方法（Su-
zuki, 1964），也是卡斯塔尼達（Castaneda, 1968, 1971）[6]
在其書中提到，當他在差異和矛盾的世界觀之中迂迴轉
進、不得其所時，雅基族（Yaqui）的巫師如何協助他突
破詮釋的網，並且學習去「觀看」。因此，整體、綜合和
兩極的超越似乎都是在彰顯人類的理想不僅在於哲學的思
索，也在於心理的健全。（p. 19）

陰陽相濟（androgny）是整體性的另一種譬喻，這個字是由希
臘文的 andros（男人）和 gyne（女人）衍生而來。心理學家辛格
（June Singer, 1976）從榮格的架構出發，是強調陰陽相濟作為整
體性譬喻的主要先驅，她將陰陽相濟視為一種重新被發現的原型
以及內在導引。陰陽相濟也可視為文化或社會的規範，而不只是
心理名詞。例如，貝姆（Bem, 1972, 1974, 1975）強調陰陽相濟是
一種社會規範，可以使社會有減少剝削的現象。對於更寬廣的目
標而言，陰陽相濟的譬喻是企圖平衡西方社會對於科技、競爭、
個人主義、邏輯思維的過度強調，以滋養、合作、相關性、愛等
陰性特質加以取代調和。歐茲（Olds, 1981）認為女性價值的恢復
正是一個擴展文化融合的媒介：

事實上，革命的根本或最終形式可能是一種意識和精神
的革命，其中包含對於二元對立和所有領域分歧思維的

6　譯註：Carlos Castaneda，美國人類學家，1960 年在墨西哥沙漠的小鎮
　　偶遇一位印第安亞士唐望（Don Juan）。卡斯塔尼達開始十餘年
　　的心靈祕境之旅——巫術門徒與人類學家的雙重追尋，卡斯塔
　　尼達將這段歷程加以記錄並出版系列書籍。

超越，使得巨大的文化混種、綜合和整合得以產生。陰
性意識模式的革命作為陰陽相濟目標的一部分，預告了
科學的更新和精神的革命，既是探求界線的拓展，也是
探究範圍的擴大。（p. 245）

但無論如何，過度死板的陰陽相濟理想也可能是危險的。因
此，更為有用的方法是將它視為一種我們可以靈活運用的譬喻。
假如我們對於一個理念定義過於狹隘或僵硬，那麼人們總是認為
必須遵守這個理念，而當自己不是依其行事時，甚至產生某種罪
惡感。因此，女人強調關懷作為其生命的主要原則時，若無法工
作時，可能就覺得不自在；而男人也可能因為工作無法在家，就
會覺得有罪惡感。再次強調，自我內在核心的回歸才是內在兩極
運作的指引。

摘要

全人課程的社會脈絡關注於一種環境，在其中，整體性是被
重視的，人們能夠在人性尺度的社群中互動。下表總結歸納上述
三種不同立場所連結社會脈絡的特徵。

傳遞	交流互動	轉化
自由放任	理性計畫	經濟活動與社會覺察、生態覺察相關聯
保守的	自由的（解放的）	跨越傳統的兩極
競爭	調節的競爭	合作／調節的競爭
大企業企圖支配市場	大企業和大政府支配	人性尺度經濟

（下頁續）

傳遞	交流互動	轉化
基於利潤／損失的決策	由科層體制主導的中央化決策	去中央化的決策，決策考量包含社會和生態的代價
自然和經濟的活動被視為分離的	自然和經濟活動都與理性決策相關	自然和經濟的活動被視為密切相關
具體資料	量化資料的運用（例如數學模式）	強調均衡、具體和軟性資料的整合
人類的需求是由市場／廣告所支配	理性計畫影響需求	需求被視為有機的、適度的消費
個人的角色與市場相連（例如：特殊化）	角色與自由民主滿足理論有關（例如：不能讓與的權利）	角色與社群聯繫有關
狹隘的性別角色	與平權法案相關的彈性角色	陰陽相濟／跨性別角色
變遷由市場的波動所決定	理性／計畫的變遷	回應內在需求的非暴力變遷
短視的眼光	與計畫有關的長時段觀點	漸進的、有機的變遷觀點
由上而下的組織	民主的組織、理性的共識	包含對於精神和情感需求覺察的共識

 參考文獻

Aurelis, Marcus. (1964). *Meditations.* New York, Penguin.

Barker, R.B. & Gump, P.V. (1964). *Big school, small school.* Palo Alto, CA: Stanford University Press.

Bellah, R.N. (1986). *Habits of the heart: Individualism and commitment in American life.* New York: Harper & Row.

Bem, S.L. (1972). "Psychology looks at sex roles: Where have all the androgynous people gone?" Unpublished paper presented at UCLA Symposium on Women.

Bem, S.L. (1974). "The measurement of psychological androgny." *Journal of Consulting and Clinical Psychology*, 42, 155–162.

Bem, S.L. (1975). "Androgyny vs. the tight little lives of fluffy women and chesty men." *Psychology Today,* 9, 58–62.

Bloomer, K.C. & Moore, C.W. (1977). *Body, memory and architecture.* New Haven, CN: Yale.

Capra, Fritjof. (1982). *The turning point.* New York: Simon & Schuster.

Critchfield, Richard. (1983). *Villages.* Garden City, NY: Anchor Press/ Doubleday.

Delia, J.G., Crockett, W.H., & Gonyea, A.H. (1970). "Cognitive complexity and the effects of schemas on the learning of social structures." Proceedings of the Annual Convention of the APA, 5, 373–374.

Erikson, Erik. (1969). *Gandhi's truth.* New York: W.W. Norton.

Friedman, M. & Friedman, R. (1980.) *Free to choose.* San Diego, California: Harcourt, Brace, Jovanich.

Halverson, C.F. (1970). "Interpersonal perception: Cognitive complexity and trait implication." *Journal of Consulting and Clinical Psychology.* 4, 86–90.

Heilbroner, R.L. (1980). *The worldly philosophers.* New York: Touchstone Books.

Hutchinson, G.E. (1970). *Scientific American.* 9/70.

Hunt, D.E. (1987). *Beginning with ourselves: In practice, theory and human affairs.* Toronto: OISE Press.

Maslow, A.H. (1942). "Self esteem (dominance feeling) and sexuality in women." *Journal of Social Psychology,* 16, 259–294.

Morris, C.R. (1986). *A time of passion: America 1960–80.* New York: Penguin Books.

Olds, L.E. (1981). *Fully human.* Englewood Cliffs, NJ: Prentice Hall.

Richardson, R.D. (1986). *Henry David Thoreau: A life of the mind.* Berkeley, CA: University of California Press.

Sale, K. (1980). *Human scale.* New York: Perigee Books.

Satin, M. (1978). *New age politics.* New York: Delta.

Sher, J.O. (1977). *Education in rural America.* Boulder, CO: Westview Press.

Singer, J. (1976). *Androgyny: Toward a new theory of sexuality.* Garden City, NY: Anchor Press/Doubleday.

Thomas, L. (1975). *The lives of a cell.* New York: Bantam.

Tripoldi, T. & Bieri, J. (1966). "Cognitive complexity, perceived conflict, and certainty." *Journal of Personality,* 34, 144–153.

Wicker, A. & Baird, L. (1969). *Journal of Educational Psychology,* 60.

第2篇 全人課程實務

5
CHAPTER

全人課程：
歷史背景

　　全人教育並不是新的概念，幾個世紀以來，教育家及哲學家們都提倡全人教育的原則，並使用著這些原則。然而，在每個世代，都必須重新依照該世代的思維模式及慣用的術語，來重新定義全人教育。實施全人教育的教育者面對的主要問題，是如何整合全人教育中的兩大流派：第一個流派係著重於個人的成長，在此流派中，還細分為著重於心理的成長（也就是人文主義的），以及著重於心靈成長（也就是超個人的）。當然，這兩個屬於個人成長中的次要流派之區別並不是那樣清楚，因為超個人的教育家通常也將心理發展納入，當作心靈成長的一部分。

　　另一個流派著重於社會的改變，從這個角度來說，教育家已經發展出能夠鼓勵學生融入社區的教育課程，這樣的社區參與可以是透過參加社群的服務或是社會活動的型態呈現。社會活動的型態通常比較基進，因為學生會嘗試做出一些影響及改變，或是改善社區成員中的生活。

全人教育課程在這些流派有所整合的情形之下，才能發揮最大效用，我們可以從先後位於紐約與史泰爾頓（Stelton）的現代學校（Modern School）的例子得到印證。

蘇格拉底及柏拉圖 蘇格拉底的「知汝自己」（know thyself）一言，可被視為全人教育最早的指引。蘇格拉底透過他環環相扣的詰問，迫使個體檢視自身的預設立場，而這個自我檢視，某部分來說，是基於全部的知識都可以透過沉思而發現的前提；蘇格拉底及柏拉圖相信人類的靈魂在出生之前就已存在，透過賦予實際的形體，我們的靈魂忘卻了自身真正的認同，這就是所謂的「回憶說」（Doctrine of Reminiscence）（Ozman & Craver, 1981, p. 5）。然而，蘇格拉底扮演「助產士」的角色，說明了隱藏於我們內心的理念，柏拉圖在與門諾（Meno）的對話中，描述了蘇格拉底如何從一位身為奴隸的男孩身上，透過質問的方式，萃取出畢達哥拉斯學說。

蘇格拉底使用的方法之一，後來受到柏拉圖的大力推薦，那是透過對話的方式，個體聚精會神檢視問題的各個層面，進而達成認同的看法，有時候這個方法被稱為「蘇格拉底式對話法」（Socratic dialogue），這樣的對話需要有技巧的質問手法，否則可能只會鼓勵個體蒙蔽自己的想法。

柏拉圖在他的《理想國》（*The Republic*）一書中描述他的教育方法，他理想中的完整教育系統應該由國家營運，這樣能夠讓人民盡可能發展其潛力。教育在柏拉圖的觀念中，應該是教導人民跳脫物質世界中急功近利的觀念，而獲取對「真實世界」的概念。柏拉圖使用了一個關於洞穴的寓言，這個故事可被視為他對教育看法的譬喻。在這個寓言之中，囚犯處於黑暗之中並且被鎖鍊囚禁，所看到的只是洞穴之中牆壁的影子；然而，其中一位囚犯掙脫後爬上斜坡，並朝盡頭的另一端走去，最後卻發現了陽光。

此人因此理解到，他一直生活在幻影的世界之中，他走回洞穴並對同伴解釋他的發現。然而，他向同伴解釋的作法卻承受著風險，因為他的同伴們可能不相信自己只是活在被陰影蒙蔽的世界裡的這個事實。柏拉圖認為，哲學家或老師都需要冒這類似的風險，將自己所知道的知識分享給他人。因此，老師不能永遠處於沉思之中，必須進入這個世界並與他人對話。

奧古斯汀　奧古斯汀（Augustine）生於希臘化時代（Hellenistic age，公元前一至四世紀，當希臘文化強盛之時期）。受到柏拉圖的影響，他發展出一個教育的直覺觀。然而，奧古斯汀使用對話的手法來進行心靈上的發展。歷史文獻中，有好幾個有關奧古斯汀和他私生子阿迪奧達塔斯（Adeodatus）對話的紀錄，其中的焦點都在於對於神（God）的尋求。

　　奧古斯汀相信，人類最終的善是處於個體的內心之中，教育必須帶領個體發現這個事實。他鼓勵人們進行靜坐沉思，才能引出我們靈魂中的真實一面。奧古斯汀對於直覺及默想的提倡，影響了西方宗教修道的傳統形式以及宗教教育；關於直觀（intuition）、靜坐沉思，以及視覺心像（visualization）等主題，將會在下一個章節討論。

盧梭　盧梭（Rousseau）應該是有關人本教育最重要的歷史人物之一。他的《愛彌兒》（*Emile*）一書於 1762 年出版，在書中他敘述了他的教育觀，盧梭提倡孩童養育的自然觀，因為他相信孩童自然的靈魂以及本性是善良的，應該被保護而不受到社會化的影響。他說：「從一開始，就要在孩子靈魂的四周築起一道牆」，否則會被「社會行為的強大力量」所克服（1955, p. 6），這個對於孩童浪漫的觀點一直持續，為人本及另類學校（alternative school）的教育家提供了思想的來源。

　　在《愛彌兒》書中，盧梭描述發展的四個階段：嬰兒、孩童、

青年，及成人時期，這些時期在書中以四個部分呈現，在該書最後部分，盧梭敘述了如何教育及培養「智慧」（Sophy）。他的教育觀點本質上屬於消極教育，他指出：

> 大自然提供孩童使用自己的成長機制，這不應該被影響，不要讓孩童想要盡情奔跑時，要求他安靜坐好；或是孩子想要靜處時，要求他們努力奔跑；如果我們沒有因為自己的錯誤，傷害了孩子們的自由意志及思想，孩子們的要求將不會變得反覆任性（p. 50）……不要給孩子任何命令，絕對不要（p. 55）……不要強加賦予教條課程，孩子應該完全由經驗中學習；永遠不要硬加催促，孩子在不了解的情況下必定出錯；不要讓他說「原諒我」，因為孩子們並不知道要如何滿足你的要求。孩子做出的行為完全與道德觀沒有關係，因此孩子的行為不會有道德上的錯誤，而不應該受到任何的懲罰或責備（p. 56）……在教育過程的最早數年中，應該完全處於消極的狀態。教育不應該包含教導美德或事實，而應該保護純真心靈不受邪惡及錯誤心理的影響。（p. 57）

　　盧梭相信，孩子的內心是善良的，個別孩子的心靈應該被允許根據他自己的自然範式發展，因而孩子應該被允許探索這個世界，並且自己去進行發現的過程。

　　當然，我們不可能設計完全是消極性的教育形式，並且完全不受監督，因而出現了與盧梭意見相反的學說，這些學說大多數是由浪漫主義教育者，像是尼爾（A. S. Neill）所提倡。盧梭曾經說過：「採取與孩童相反的途徑，讓孩子們永遠認為自己主導著學習過程，而事實上是由你掌控……無疑地，孩子應只依其意願學習，但其意願應不外乎於你的要求。」（pp. 84-85）在這裡，盧

梭描繪了老師為操控者，因為老師設計引發孩子進行學習的情境。例如，盧梭描述一個複雜的情況，一位魔術師在鄉間的市集中教導愛彌兒使用磁鐵，他在黑暗中進行遊戲，學習到不使用工具就能夠測量距離。然而，消極性的教育並不是那麼容易進行，也因而對老師的角色提出根本的質疑。

裴斯塔洛齊和福祿貝爾　瑞士教育家裴斯塔洛齊（Johann Heinrich Pestalozzi）受到盧梭、洛克及柯美紐斯（Comenius）的影響，因此，他的學說顯示出交流互動（transactional）和轉化（transformational）學說的影響。他也和盧梭的學說不同，他的生涯大多都在進行教學的工作，並且嘗試要將自己的理念實現。莫夫（Morf，引自 de Guimps, 1889）針對裴斯塔洛齊教育觀的主要原則摘要結論如下：

1. 直觀（intuition）是教育的基礎。
2. 語言應該和直觀有所關聯。
3. 學習的時間並不是進行批評及評論的時間。
4. 在每個分支點，教學應該從最簡單的元素開始，並且按部就班，根據孩童的發展狀態而進行，也就是依照心理學相關順序進行。
5. 每個教學點都應該具備足夠的時間，才能確保學生完成精熟的學習。
6. 教學應該著重發展而不是單調的教導。
7. 教育者應該尊重孩童個體的差異性。
8. 基礎教育的主要目的並不是要灌輸學習者知識及技能，而是要發展並提升學習者智識的力量。
9. 力量必須與知識相連結；而技巧一定要與學習相連結。
10. 老師和學童之間的關係，特別在秩序方面，應該根據「愛」，並且由愛來管理。

11. 教學應該隸屬於教育的較高目標之下。（pp. 154-155）

上述第七和第十個原則反映了受到盧梭的影響，許多教育歷史學者（Bayles & Hood, 1966）提出，裴斯塔洛齊讓人折服的學說，是他對孩童的同理心，以及他如何針對每個學生特殊的需求來調整教學方法。拉姆索爾（John Ramsauer）是他的其中一位學生，描述了他教室教學中如何不拘小節：

> 我們並沒有正規的教學計畫或是課程大綱；裴斯塔洛齊的課程並不受限於任何固定時間，但是他通常針對相同的主題進行二到三小時的教學，我們大概有六個男女學童，年紀從八至十五歲，我們的課程從早上八點到十一點，下午從二點到四點，而教學內容僅限於繪畫、算術，以及語言的練習。
>
> 我們並沒有進行閱讀或寫作，孩童沒有教科書也沒有其他的書籍，並不進行背誦的學習。沒有畫畫模仿的對象，也沒有任何的指示，只有畫板及紅色粉筆。他把讓我們重複有關於自然歷史的句子時，當作語言練習。我們同時可以依照自己的喜愛來畫畫，有些人畫小小的人物，有男有女；有些人畫房屋；有些人只是循著兒時的記憶隨意畫出線條。裴斯塔洛齊從來沒有觀看我們畫的作品為何，因為只要看到我們的袖口及手肘，就知道我們使用了紅色粉筆畫畫。在算術課，我們通常兩個人一組，進行算數、加、減、乘、除。（引自 de Guimps, 1889, pp. 104-105）

福祿貝爾（Froebel）的學說也受到盧梭及裴斯塔洛齊的影響，然而，他對於教育的概念較為趨近神祕論的，他的學說在本

書第一章已有所討論。福祿貝爾發展了「幼稚園」的概念，提出遊戲在孩童的發展上是一個重要的因素。他說：「遊戲是人類心智發展的第一個方法，是開始認識外在世界的第一個嘗試。從實際事務及事實中得到真實的經驗，並且運作身體及心智的力量，孩童確實在遊戲的過程中並沒有認知到任何目的，沒有得到任何知識。在開始的時候，模仿四周遊戲的動作並不能達成任何目標，但是這表達了孩子的本質，而且在遊戲活動中呈現出人類本質。」（引自 Von Marenholz-Bulow, 1895, p. 67）

福祿貝爾和盧梭一樣，相信孩童的本質是善良的。他（Froebel, 1887）認為：「因此，一個被壓抑或是不被允許的好特質——也就是善良的本性，被壓抑著、被誤解或是被錯誤引導著——都藏在我們人類的每個缺點之後。」（p. 121）孩童們天真地遊戲，因此能夠讓這些善良本質顯現。

托爾斯泰　托爾斯泰（Leo Tolstoy）和福祿貝爾及裴斯塔洛齊一樣，受到盧梭的影響。他認為，孩童（特別是農村的孩童）應該不被打擾干預，這樣他們的善良本質才能顯現。托爾斯泰對於學校的態度是非常具批判性的：

> 學校本身對孩子的心智來說，是一個受教育的場所。然而，沒有人可以理解所受的教育為何？孩童被強迫不用自己熟悉的母語說話，而使用外語；在那裡，大部分的老師把學生視為天生的敵人。孩子面對來自於老師以及父母的敵意，因而不希望學習卻又必須學習；於是他們相對地也將老師視為他們的敵人……（Weiner, 1967, p. 12）

為了要取代舊方法，托爾斯泰在俄國亞斯納亞波利亞那

（Yasnaya Polyana）自己的土地上建立了自己的學校，在那裡，他根據自己的理論教導農村的孩子，他讓孩子們自己決定是否要參與課程。如果孩子們有上課（p. 77），他讓孩子們根據自己的經驗寫作。特羅亞（Troyat, 1980）說明了托爾斯泰學校的情形：

> 早上八點，一個孩子搖鈴，約略半個小時之後，「透過霧，穿過雨，或是越過那斜斜照射而下的秋陽」，孩子們三三兩兩的身影出現，晃著他們騰空的雙手。就像前幾年一樣，他們沒有帶著書籍或是筆記本，什麼都沒有，讓心思留給學習的欲望。教室被粉刷成粉紅或是藍色，其中一間教室裡，礦石樣本、蝴蝶標本、乾燥植物，以及物理實驗器具整齊地排列在架上，但是沒有書本。為什麼要有書本呢？孩子們來到教室，就像是回到家一樣，他們隨意而坐，在地板上、在窗台邊、在椅子上，或是桌角。他們或是聆聽，或是沒有在意。老師講課時，如果聽到有趣的事物，就靠近聆聽；如果其他的工作或玩樂呼喚著他們，就離開教室。但是孩子們彼此間都保持安靜，讓聲音維持最小，自己保持秩序。如果這些老師和孩子間隨意的交談也可以被稱為是上課的話，那上課的時間是從八點三十分到中午，而下午是從三點到六點。討論的主題從文法到木工雕刻等，包含了宗教歷史、歌唱、體操、繪畫及寫作等等。那些家住太遠的孩子睡在學校，夏天時，孩子們在室外草地上圍著老師席地而坐，每週一次，他們都到山裡面認識植物。（p. 227）

尼爾 尼爾或許是本世紀人本教育領域中最有名的提倡者。尼爾於 1921 年在德國創建了一個另類學校，之後遷到英國，就是著名的夏山學校（Summerhill school）。像盧梭、裴斯塔洛齊和福

祿貝爾一樣，尼爾不喜歡教導孩童對錯的道德觀，或是植入對罪惡的判斷。

在夏山學校，孩子們隨意選擇要上課或是離開教室，老師通常以非正式的方法進行課程。克羅渥（Croall, 1983）曾做出評論，他認為尼爾「根本對教學方法沒有興趣；對於老師沒有提供任何的指導；對於老師應該進行的作為也沒有任何的規範」（p. 206）。尼爾主要關切的是孩子們的情緒，父母通常將有問題的孩童送到夏山學校，尼爾都能回應這些父母的需求，因為孩子在這裡並不被強迫學習，並且因為尼爾的持續關心，這些孩子通常能夠克服他們的問題，變成健康的個體。克羅渥（Croall, 1983）在尼爾的生平描述中提到：

> 無疑地，尼爾最大的成就是他能夠成為一位「靈魂的治療者」。很多成人可以過著原本預期不到的正常生活，都是因為尼爾的關係。尼爾自己在他後半生喜歡強調說，讓那些有問題的孩子發生了許多驚人的「治癒」情形，其實是因為置身在自由的環境中深受薰陶所致，而不是他個人的功勞。許多待過夏山學校長大成人後留下來追隨尼爾的人卻不認為如此，對他們來說，其實就是尼爾的人性關懷及同理了解才造就了許多成功治療的結果。就像是其中一位有問題的孩童，在他回憶夏山學校的生活時說：「我幾乎很確定地感覺到，如果不是尼爾的話，我早就得待到精神病院去了。」（p. 407）

尼爾將自己的教育方法，和在 1927 年創建培肯山學校（Beacon Hill school）的盧梭作比較。他曾對盧梭評論，說到如果孩子在盧梭的教導下，會學習到例如天文星象的知識，但孩子若受尼爾教導，會讓孩子自由發展及思考，克羅渥（Croall, 1983）作出

結論：「尼爾主張釋放情緒，而盧梭主張訓練與學習。」（p. 159）尼爾相信：「如果情緒與思想不受限，心智會自我成長。」（引自 Croall, 1983, p. 219）

尼爾在夏山學校中扮演慈祥但有權威的角色，雖然學生們並沒有太多的自由，尼爾會因為考慮學生的健康及安全，而對某些區域設下限制，或是因此考慮雇用或是解雇某些學校的教學人員。例如，他對孩子們可以攀爬的區域有所限制。

這個學校其中一個主要的特質是，在會議中，每個人都有投票權，每人一票，包含尼爾在內，在這方面的影響力是比較耐人尋味的。克羅渥（Croall, 1983）評論說：

西門（Nona Simon）在四歲的時候來到夏山學校，基本上是尼爾夫婦養育長大的，他回憶說：「大多數的小朋友都會隨著多數人的意見而投票，這樣做是表現出對年紀較大的孩童及尼爾如英雄般的崇拜。就是，尼爾是會影響投票結果的——他不必說太多話，就能讓人感到他的權威感。」威廉斯（Branwen Williams）也有著同樣的看法：「雖然尼爾會說，是大家掌管著這個學校，他自己並沒有較其他人在會議上有更多的權力。我認為，實際上，我們還是會尋求尼爾的意見來領導我們——當然在我們年紀很小的時候是如此。我們曾經有幾次投票，票數多到可以勝過他的意見，原因只是要證明我們私下談論他會影響投票結果的猜測，但是我想我們對此，心裡還是會感到有些不舒坦。可以這麼說吧，我們有著非常耐人尋味的領導者。」艾倫（Cynthia Allen）也同意這個看法，她回憶說：「尼爾只要每次從衝突中退出，回到教室或是工作桌上，都會造成震撼。」（p. 181）

　　尼爾和盧梭及其他的浪漫時期學者一樣，面臨著兩難問題，也就是要從「哪裡」以及要「如何」來介入孩子們的生活。

　　尼爾在學校之外的影響是很廣泛的，到了 1969 年，他的《夏山學校》（*Summerhill*）一書每年都銷售超過二十萬本。這本書在 1960 及 1970 年代，對許多自由主義的學校教育者來說，是如同聖經一般，因為他們都想設立自己的、像夏山學校一樣的教育環境。根據葛巴德（Graubard, 1972）的說法，在 1972 年，自由主義學校的數量接近五百所，葛巴德說明這些學校反對「所有公立學校的制式化，像是使用強制性的秩序要求及懲罰、封閉的評分系統、固定的教學時間、家庭作業、經常性的測驗及成績單、嚴謹分級的課程、標準化的教室、二十五到三十五位同學受同一位老師主導及控制」（p. 40）。可惜的是，這些學校並沒有像尼爾這樣的校長，他對孩子用充滿才華的直覺教學方法，是夏山學校成功的主要原因，是其他自由學校永遠無法代替的。人本主義的理論可追溯至盧梭的學說，但卻從未興盛，因此，許多極其熱情的教育者仍一直探索著如何教育孩子的方法。

開放教育運動

　　大多數的自由主義學校都是脫離公立學校系統而設立的。許多公立學校的教育者也會尋求方法，以他們自己的人本教育方式，在公立學校系統實施開放教育（open education）及其他形式的情意教育（affective education）。查爾斯·薩柏曼（Charles Silberman）的《教室內的危機》（*Crisis in the Classroom*, 1970）一書，讓開放教育在美國境內受到注意。同時，來自加拿大安大略省的「霍爾－丹尼斯」（Hall-Dennis）報告也是如此。「開放教育」嘗試較為「以兒童為中心」的教育觀，透過不同的技巧，像是興

趣中心（interest centers）、無牆壁教室、團隊／協同教學、個別化教學，以及提供學習者較多的選擇等方式來實施學校教育。各種不同的情意教育方法，像是價值觀澄清、模擬遊戲，以及角色扮演，也用來加強學生的情緒發展。但拉維奇（Ravitch, 1983）卻認為開放教育失敗了：

> 開放教育的運動……並沒有存活下來，因為它缺乏定義，它變成了被那些只認同極端以孩童為中心教育觀的提倡者，以及強烈反對教室教學在結構、內容或方法上維持傳統方式的學者，所認可的概念及方法而已。開放教育的意識型態強調孩童的自由、教室的被動性、老師及孩童的平等性、遊戲及非結構性活動的本質，而不相信外在動機的作用。開放教室的老師期待他們所採用的方法可以運作，因為開放教育的意識型態宣稱會讓所有老師覺醒。然而，卻沒有東西可以幫忙他們準備面對來自家長及其他老師，針對開放教室的吵鬧以及疏忽「生活基本要求」的批評。所以，當孩童要求老師採取更積極的角色，或是要求能夠從教科書上學習時，他們退縮了；老師們不知道如何處理秩序的問題，因為開放教育在理念上並沒有考慮到這個問題。（pp. 254-255）

開放教育在促進原本設計預期要產生的改變上，可能是失敗的。然而，我相信，這樣的評斷太過苛求且太過短視。開放教育和情意教育的確影響了對待學生時應該注意到更多面向的一些根本關切。現在，老師們比較能夠認同學生自我概念的重要性，這些在學習及發展上扮演著關鍵的角色。如果以法律面來說，大家比較能夠認同，認為老師在面對學生時，他們所具備的抽象性權威是有限的。

社會改變教育

提倡社會改變（social change）的教育者相信，社會需要改變，而通常改變的本質是基進的。而學校在促進這些改變扮演了重要的角色。我們可將柏拉圖的《理想國》一書視為最早關於社會改變教育的學說。柏拉圖在該書對一個新社會中教育的重要性早已有所規劃。

馬克思相信，教育一直被資本家用來維持現狀，並且維護他們的經濟利益。馬克思主義論者認為，學校的潛在課程加強了消極的心態，所以，學生成人後擔任在裝配線上的工人就會接受自己的角色。使用教科書可避免爭議性的話題，並且幫助所謂「好公民」的養成，而這些受教育的個體都會依所要求的去做。然而，馬克思也看到了教育促進基本改變的潛在能力，它能夠讓人們對於受到剝削更容易察覺，並且能夠培養他們關心社會的程度。

二十世紀的幾位思想家，法蘭西斯可・法瑞爾（Francisco Ferrer）、喬治・孔茲（George S. Counts），及西奧朵・布拉梅爾德（Theodore Brameld）都認為，社會需要改變或是進行結構的重組。

法蘭西斯可・法瑞爾　1901 年，法瑞爾開始在西班牙巴塞隆納為勞工子女進行母語教學的課程。他發展了一個教育觀，稱為「理性教育」（Rational Education），其中老師透過詢問以及科學性的探索，發展學生的批判能力。他認為：

> 正義與不正義之間的差別，也許連孩童都可以做出最根本簡單的道德判斷，而如果我們假裝這樣的道德判斷不

該納入教育之中，則是非常可笑的。我們內心偏頗地認
為孩子的心智無法完全理解事物，這是不公平的；而如
果認為這樣的想法沒什麼的話，那就只是我們身為中產
階級自我防衛所採用的理由而已。（Archer, 1911, p. 48）

　　法瑞爾不像盧梭或是托爾斯泰，對於讓孩童隨自己本性發展
的說法並不滿足。相反地，他覺得孩子們應該置身於社會種種的
問題之中，這樣孩子們才能夠發展對社會勢力的批判性警覺。法
瑞爾建議批判性文獻可以幫助培養孩子們的體認：

它穿透到我們的智能之中，並且植入了一個根深柢固的
概念，認為事物的新秩序有可能產生，和平與幸福將盛
行，不像我們現在的情況，充滿了社會不公、鬥爭及不
幸。（Archer, 1911, p. 40）

　　法瑞爾特別喜歡葛雷夫（Jean Grave）所寫的《諾諾歷險記》
（*The Adventures of Nono*），這本書把革命性的概念植入幻想故事
之中。故事中一位十歲的男孩歷經一連串的探險，去過的地方包
括「自主」、「團結」等，遇到像是「資本家」以及「勞工」等
人。當諾諾收到一份來自父母的禮物，葛雷夫說出了以下的看法：
「當然，這不是昂貴的禮物，因為他的父母親都屬於勞工階級。
那些富有的人放縱地浪費金錢到幾乎沒有什麼東西是可以讓勞工
階層購買的地步，因而勞工子女無法得到他們真正所需。」
（Archer, 1911, p. 40）

　　法瑞爾鼓勵父母親參與學校的運作。他編輯了一份雜誌專門
討論工會及勞工，還包含討論其他比較基進的教育方式的文章。他
的作品對法國及義大利基進式的學校教育產生了強大的衝擊，最
後也影響到紐約的「現代學校」，我將在本章最後再補充與討論。

喬治・孔茲　孔茲和杜威認識，並且受到杜威的「社會化活動」思想所影響，他最為人所熟知的就是他所寫的《學校敢建立新的社會秩序嗎？》（*Dare the Schools Build a New Social Order?*）一書，這本書於 1932 年出版，他訝異於當時的經濟蕭條及失業現象。在 1930 年代，孔茲到了俄國，他覺得美國應該使用具結構性的方法來面對這些問題。孔茲對進步教育（progressive education）有所批評，他認為進步教育是利用價值中立外表的隱藏之下來避免爭議，他認為（Counts, 1932）：

> 如果進步教育真的會產生進步，那就一定要跳脫階級的影響，正直、勇敢地面對每一個社會問題，掌握生命中所有硬生生的現實，並且與所處的社群建立有機的關係，發展針對學生福祉真實且完整的理論，設計一個具說服力且具有挑戰性的願景，說明人類的前途，並且面對任何強勢學說衍生的各種光怪陸離現象絕對不畏懼。（pp. 9-10）

　　評論家認為，孔茲是對共產主義的同情者，而他呼籲要做出根本的改變，是不被主流的教育者所接受的。然而，他對教師呼籲參與社會改變的作法，持續地刺激著教育者的良知。

西奧朵・布拉梅爾德　布拉梅爾德因為提倡社會階層重組，並發展具完整學說的哲學理論著稱。布拉梅爾德批評國家主義的偏見，並且呼籲國際間各政府能仔細思考他所提倡世界統一的理想。他的作品影響了那些試圖建立普遍性或世界性課程的學者。

　　布拉梅爾德認為，我們應該採用不同的力量來驅使顯著的改變發生：

　　蘇格拉底在 2500 年前說過：「知汝自己。」馬克思可能會說：「如果你要了解自己，要對你所處的階級關係有所覺醒。」佛洛伊德可能會說：「要了解自己，就檢視自己內在的情緒力量。」那些再建構論者（reconstructionist）希望把教育轉變成一個促進社會變化的有力方法，進而實現世界的文明化。但是要達到如此境界，我們必須學習如何預估並導引我們的能量，來改變我們個人及文化的本質。使用的方法始終是理性的，這是為了要確保在真正體認面臨著不理性的力量時，還能維持理性。

　　但是，讓我說明再建構論者的觀點：他們認為學校教育課程要做出基本的改變，包含從幼稚園到高中、到大學及成人教育，所有的學習及教學的過程都要大幅地更動。最後，教育的掌控機制包含了行政以及決策必須被改變。因此，教育課程、教學及學習過程，以及教育的掌控與支配機制都會歷經轉變。以上的作法再次顯示了民主化的基進哲學思想。而支持只進行小規模、修補式改變的哲學思想並不能達成我們所需的目標，只有一個對教育具有遠見、重新建構式的手法，雙雙透過目的及方法，才能在我們這個時代實現。（p. 40）

　　布拉梅爾德整合人本主義及社會改變力量的理想是否曾經實現？我們必須回答，幾乎沒有。從歷史上的觀點，弗羅倫斯·特雷格（Florence Trager, 1986）認為，紐約和史泰爾頓的現代學校才是曾經成功整合人本主義及政治意識的實例。

現代學校（1911-1915）

先後位於紐約及史泰爾頓的現代學校是根據托爾斯泰和法蘭西斯可・法瑞爾的理想而創建的。法瑞爾在 1910 年被以死刑處決，引發了人們在紐約創立法瑞爾基金會，該基金會成立了法瑞爾中心、現代學校，和一份雜誌叫作《現代學校》（*The Modern School*）。該基金會包括工作人員、社會工作者、君主論者，及自由主義論者；還有些較偏向軍事意識的領導者，包含愛瑪・高登曼（Emma Goldman）及亞歷山大・柏門（Alexander Berman）。該基金會的目的如下：

- 為基進思想建立一個教育中心，該中心能夠提供夜間課程及閱讀室，提供社區其他地點無法提供的與基進思想相關的書籍。
- 要持續抗議法瑞爾被處決死刑。
- 要興建一座遵循西班牙現代學校（理性教育）理念的日間學校供孩童就讀。
- 支持所有自由主義的運動。（Kelly, 1913, p. 57）

這些學校在 1911 年開始運作，當時的創建者相信，自由主義和社會主義的原則是可以相結合的。這些學校的基本信念認為：「在自由環境中養育的孩童會拒絕受壓迫的工作環境，而支持政治上的革命。」（Trager, p. 401）現代學校和基金會在同一間建築內，掛有法瑞爾、托爾斯泰、懷特門（Whitman）、易卜生（Ibsen）與威廉・莫理斯（William Morris）等人的肖像。孩童有時候還可以進入出版基進思想《地球之母》（*Mother Earth*）雜誌的辦公

室。該學校在最早期之教學方法採用托爾斯泰的學說。根據特雷格（Trager, 1986）之言：

> 根據托爾斯泰的看法，教室的方法學是屬於自由主義的。孩童依據自己希望的時間到達學校，並在那裡工作與玩樂，根據自己的步伐及感興趣的科目展開他們的工作及玩樂，教育課程通常由孩童自行訂定。威爾・德倫特（Will Durant）曾記錄現代學校中典型一天的生活。1912到 1913 年冬天，他在該學校擔任教師，根據他的說法，孩子們在不同的時間到達學校，在他到達學校的時候，孩子們一擁而上環繞著他，大概嬉鬧持續半個小時，之後，有些孩童開始學習，而有些仍然持續嬉鬧。那些準備開始學習的孩童進入安靜的教室，他們進行閱讀或是數學研習，或是練習百科全書的習題；其中有八位年紀較大的孩童每天被指定作業，而年紀較小的孩童，大概每隔兩天會得到個別的指導。在天氣許可下，孩童們可以到公園裡午餐，而下午時間待在室外遊玩及說故事。（p. 402）

特雷格指出，學校的理念無可避免地和自由主義的基本思想有所衝突，雖然法瑞爾一直代表著這個學校的領導意象，但是實際在學校裡的每日生活，卻有更多成分受托爾斯泰式學說的影響。然而，法瑞爾中心吸引了政治立場基進的人士，更間接地影響了兒童及學校。因此，革命性以及自由主義流派的結合也受到影響。一位學生說：「這日間學校對我來說意義重大，而這個中心所代表的意義更大……因為那是許多事情發生的地方！我在那裡可以認識來自世界不同地區，以及屬於所有不同基進思想範疇的人。」（p. 404）

　　法瑞爾基金會的成員在學校上課，而且孩童一同參加在中心舉辦的成人課程。這個時期，也正是政治活動，包含罷工及示威遊行在紐約經常發生的時期，整個政治氣氛對學校來說也有很大的衝擊。

　　有些父母表達了對學校鬆綁後的教育課程及學校氣氛的關切。因此，更多學術性學科被加入，而特別強調歷史。教室內的活動變得比較沒有考慮到個體差異，而是較以團體為出發點。學生們可以提供文章，刊登在屬於孩子們的雜誌上，並且自己布置教室（Trager, 1986, p. 407）。最後，學校遷移到紐澤西的史戴爾頓，在愛力克斯・弗姆與伊莉莎白・弗姆（Alex Ferm & Elizabeth Ferm）夫婦帶領下，學校仍採用較偏向托爾斯泰學說的教學理念。一般來說，在紐約的時期，才是真正可稱為將浪漫主義及政治教育融合的時期。

　　現在，我們仍可以找到屬於當代的例子，來說明人本主義跟社會意識是可以被整合的，這些例子包括華德福教育課程、社會技能訓練，以及多元諧和教育（confluent education）（譯註：見第八章）等。這些論點我們在接下來的章節將有所討論。

　　總結本章，我必須提到榮恩・米勒（Ron Miller, 1992）的一本書《學校為何存在？美國文化中的全人教育思潮》（*What are Schools For? Holistic Education in American Culture*）（中譯本於2007年由心理出版社出版），這本書針對全人教育發展的歷史提供了深刻的見解。

 參考文獻

Archer, W. (1911). *The life, trial, and death of Francisco Ferrer.* London: Chapman & Hall.

Bayles, E.E. & Hood, B.L. (1966). *Growth of American educational thought and practice.* New York: Harper & Row.

Brameld, T. (1965). *Education as power.* New York: Holt, Rinehart & Winston.

Counts, G. (1932). *Dare the schools build a new social order?* New York: Day.

Croall, J. (1983). *Neill of Summerhill: The permanent rebel.* London: Routledge & Kegan Paul.

De Guimps, R. (1889). *Pestalozzi: His aim and work.* Syracuse: C.W. Bardeen.

Graubard, A. (1972). *Free the children: Radical reform and the free school movement.* New York: Pantheon.

Ontario Department of Education (1968). *Living and learning: The Hall-Dennis report.* Toronto: Ontario Department of Education.

Kelly, H. A short history of the Francisco Ferrer Association, *The Modern School.* Autumn, 1913.

Miller, R. (1992). *What are schools for? Holistic Education in American Culture.* (2nd ed.) Brandon, VT: Holistic Education Press.

Ozman, H.A. & Craver, S.M. (1981). *Philosophical foundations of education.* Columbus, OH: Charles E. Merrill.

Ravitch, D. (1983). *The troubled crusade: American education 1945–1980.* New York: Basic.

Rousseau, J.J. (1955). *Emile.* New York: Everyman's Library.

Silberman, C. (1970). *Crisis in the classroom.* New York: Random House.

Trager, F. (1986). Politics and Culture in Anarchist Education: The Modern School of New York and Stelton 1911–1915, *Curriculum Inquiry*, 16:4, 391-416.

Troyat, H. (1980). *Tolstoy.* New York: Crown Publishers, Harmony.

Von Marenholz-Bulow, B. (1895). *Reminiscences of Friedrich Froebel.* Boston: Lee & Sheppard.

Weiner, L. (trans.) (1967). *Tolstoy on education.* Chicago: University of Chicago Press.

6
CHAPTER

直觀的關聯

在本書的一開始，我提出了一個全人教育的定義：

全人教育關注的焦點是「關係」，是線性思考與直觀思
考之間的關係，是心智與身體之間的關係，是多個不同
知識範疇之間的關係，是人與社群、地球，以及人的自
我與真我之間的關係。在全人教育課程之中，學生檢視
這些關係，也從而獲得對於這些關係的覺知，以及必要
的技能，來轉化孕育出適切的關係。

本書的第二篇將探索這些關係的連結。

線性思考與直觀　全人教育課程嘗試要恢復線性思考與直觀之間
的平衡。在這一章中，我們將會討論直觀，以及如何試著將其與
線性思考作連結。直觀是一個複雜的現象，因而我將以較大的篇

幅來討論它的本質，我也會使用多種技術，如比喻以及視覺心像，來增強它在教室中扮演的角色。在本章中，也將探討批判思考，以及企圖整合各種不同取向的思考型態，像是迦納的多元智能觀點也將會被列入討論（圖 6.1）。

心智與身體的關係（第七章）　全人教育課程探索心智與身體之間的關係，讓學生能夠感知到二者之間的連結。此一關係可以經由動作、舞蹈與瑜珈來探索。

不同範疇知識之間的關係（第八章）　我們可以用許多不同的方法來連結學術專科與一般學校學科之間的關係，例如：華德福教育以「藝術」連結不同的學科。本章也將會檢視「自我」與「社群」，以及不同學科主題內容的關聯。最後也將討論全人的教育取向中，能夠連結學科的思考方法。

自我與社群的關係（第九章）　全人教育課程也會帶領學生檢視其個人與社群的關係。社群包含了學校、個人的市鎮、國家以及地球村。學生應該發展出人際、社區服務以及社會行動的技能。

與地球的關係（第十章）　最重要的連結之一是與地球以及相關生態歷程的連結。不幸的是，許多生態學者認為我們已經失去了連結。經由置身於大自然環境之中，以及研讀那些仍然保有與宇宙原初關係的人及其作品，我們可以漸漸開始明瞭自己是生命網絡中的一份子。

自我與真我的關係（第十一章）　全人教育課程最終將引導我們明瞭自己真正的本性。在這一章中，我將討論史丹納的發展模式與概念（Harwood, 1981），以及靜坐沉思和世界各大宗教兩者在引導人們探究其自性真我的過程上所提出的途徑與方法。

分析─直觀思考
　　比喻
　　引導心像與視覺想像
　　批判思考

身心的關係
　　律動
　　舞蹈
　　戲劇／即興演出
　　冥想

學科連結
　　主題學習
　　藝術統整學習
　　故事模式

社群關係
　　合作學習
　　邀請教育
　　學校與社區連結
　　全球化教育

地球連結
　　本土住民之文學
　　環境教育／深度生態

自性真我的連結
　　文學、故事、神話
　　日記寫作
　　故事／宇宙故事

圖 6.1

邏輯與直觀

　　全人課程連結線性與直觀的思考。近來，有許多關切右腦與左腦學習的討論，然而，即便這一套研究是有趣的，我並不相信全腦學習應該是討論連結概念思考與直觀思考的焦點。首先，右腦與左腦的議題常被過度偏狹地理解，而且此一大腦研究與教育之間的關聯也不見紮實。其次，將所有的學習與大腦區位連結，將會引發採納生理化約主義的風險。從一個全人教育的觀點出發，才有可能正確地來看待整個身體（包括最小的細胞）的學習、成長與發展。

何謂直觀？

　　直觀是直接的知識。相對地，線性認知則是指指涉著系列的與可觀察的認知過程。諾丁斯與舒爾（Noddings & Shore, 1984）描繪直觀為：「不戴眼鏡的觀看，不加篩檢的傾聽，以肌膚感官直接的觸摸。直觀最明顯的特徵是不著眼於精準、正確與道德上的良善，而是在乎著承諾與清明。」（p. 57）直觀模式中沒有中介變項，諾丁斯與舒爾從康德與叔本華的直觀概念中發展出他們的觀點，從康德而來的直觀是直接的認識；從叔本華而來的是直觀與意志的連結。對於諾丁斯與舒爾而言，「意志是動態自我的──存有的核心。」（p. 59）意志指導直觀，而且「就其需求來統籌分析與邏輯數理活動，使得內在持續運作的邏輯機器緘默臣服。」（p. 59）

直觀的層次

　　范恩（Vaughan, 1979）描述直觀具備了生理、情緒、智性與靈性等四個層次的概念。「生理」層次直觀的特徵是強烈的身體反應，例如：身處熱帶叢林中的人能夠直觀地覺察到身體的危險。不過，直觀卻不等同於本能，因為直觀中的人是完全清醒且意識的，而本能比較是一個無意識的行為。在生理層次的直觀，與「身體─心智」的連結有關係。例如：當一個人經驗壓力時，身體會給出線索，身體的緊張與抽搐能夠指出一個人需要檢視其生活壓力與來源。范恩論稱，我們應該學習信任我們身體的反應。查爾斯‧塔德（Charles Tart, 1975）的一項研究支持這個結論。在這個

實驗中，一位置身於隔音房間的受試者被指導在接收到一個低於感覺閾限的刺激時，輕按一個電報鍵，其實這名受試者並沒有接到任何直接的刺激；同時，在另外一個隔音的房間內，有一個受試者正受到低壓的電擊，且每當受到電擊的時候，第二位受試者會試著傳送一個心電感應給第一名受試者，而他就會輕按那個電報鍵。根據腦波與心跳速率等的測量顯示，第一個人對於心電感應的訊息是有反應的，雖然他並沒有「意識」到那個訊息。

在「情緒」的層面，人經由感覺來經驗直觀。例如：我們可以知覺到別人的顫動。有時候這些感覺是很強烈的，其他時候則是比較不明顯。范恩聲稱我們一般所說的「女人的直覺」，是一種在情緒層面的直觀，儘管那個說法大部分是來自於文化對於直觀的論定。范恩（Vaughan, 1979）舉了一個情緒直觀的例子：

> 當我在研究所的時候，我的一個朋友告訴我說，他極為推崇我的一位教授，而且很希望能夠認識那位教授。一個夜裡，他夢見正在和那位教授說話，但是那位教授的回應並不多，甚且不願意脫掉他的厚重外套。當我的朋友反思這個夢境的意涵時，他發現他直覺地感受到那位教授打從認識以來，就一直在與他保持距離，幾次要建立熟識關係的嘗試都沒效。後來，他很後悔花了那樣多的時間與精力，因為其實他一直就知道那是不會有效的。（p. 71）

很多時候，情緒直覺是藝術表達的泉源，即便我們很難去追究原始直覺與其最後呈現之間的關係。一位當代的詩人伊麗莎白·賀倫（Elizabeth Herron，引自 Vaughan, 1979），描述表達其直觀領會上的困難：

我很沮喪。世界變得扁平與黯淡。我退縮！我是我身體內的一粒果實，在需要與義務之中漂流，受到疏離的壓抑，我與我靈魂的泉源隔離。我走向池塘，脫去衣服，縱身於水中，一陣冰冷的電流在我全身皮膚上流竄，我聽見在草叢中的鳥語。突然間，我宛如駭然地發覺，鳥語是發自於我的聲音，我們既分別也合一，我身既處於外，也包含在內。……所有的事物皆直指向我，也從我身上發散。「圓的中心到處存在，而不見圓周」，我認識到知其所以，雖然我被隔離於我的經驗。我的腦海中充滿了詩意的圖像。無限的向度無所不在。

而這是類似經驗的再次履新。那是一個弔詭的覺察，在那些當下我就是「知道」，我的直觀認識必須被表達出來，才得以進行溝通。除了告白之外，我別無其他分享經驗的方法。身為一名詩人，我為我的經驗找尋字句，但是字句是不充分的。有些「真實」在感覺與意義上有細微的差別，就這些真實而言，字句和話語是不敷使用的。（p. 72）

在「心智」的層面，直觀通常是透過影像來表達。在此我們可能會有閃過的領悟，會是指向科學的探究。大衛·波姆（David Bohm）將「頓悟」描述為一個高層次的心智直觀。對於波姆（Bohm, 1981）而言，頓悟是「一個被強烈能量與熱情穿透的知覺行動，能夠帶出明確的清晰感……此一知覺包括了新型態的想像與不同順序的推理」（p. 15）。波姆說：「那些認識愛因斯坦的人都會同意，在他的研究工作中處處浮現他的熱情。」（p. 54）愛因斯坦的熱情直觀帶領他超越當時的牛頓主義典範，進而提出了相對理論。

心智圖像（mental image）是一個通往直觀頓悟的重要途徑。

愛因斯坦（Einstein, 1945）說：「被書寫的文字或者是被述說的語言，幾乎不在我的思考機轉中扮演任何角色。在思考中作為元素的物理實體，反而是可以讓我能夠自主加以複製與合併的特定符號與影像。」（p. 142）愛因斯坦相信客觀的實體只能真實地被直觀，而不能被實證或者是邏輯所掌握。穆勒—馬庫斯（Muller-Markus, 1976）說：「一個如同普朗克（Planck）的量子運行概念並不啟發於實驗邏輯，也不能夠被先前的理論導出。普朗克的概念來自於其內在自我之中。」（p. 154）

范恩認為，頓悟的「啊哈！」經驗是心智直觀的另外一個例子。有些時候，「啊哈！」經驗包含了對於自己行為的頓悟，或者，也有可能是對於一個問題有了創意的解決方案。諾貝爾化學獎得主梅爾文·凱爾文（Melvin Calvin, 1976）舉出了下面這個例子：

> 有一天我的太太去辦一件事情，而我在車上等她。在那之前我已經在實驗室花了好幾個月的時間，得到了一些原始數據與訊息，這些數據與基礎訊息與就我所知的圖像合成歷程完全不符。車子很有可能是停在紅線區，我在駕駛座上等著的時候，突然想到了一個被忽略的成分，就在頃刻之間發生。在幾秒鐘之內，非常突然地，碳元素的鏈狀特性浮現在我的眼前，不是那些在最後會被釐清的細節，而是看到磷酸的原始組成和型態，還有接受器是如何被重新產出的過程。所有這些觀想發生在短短的三十秒鐘之內。（p. 2）

最高層次的直觀是「靈性」上的直觀，是獨立於感覺、想法與知覺的直觀。范恩（Vaughan, 1979）評論說：「弔詭地，直觀依賴其他層次感官的線索，反倒成為這個層次直觀的干擾。」（p.

77）詹姆斯・布根達爾（James Bugental, 1976）說：「人依其對自身本質的深沉直觀來認識上帝。」（p. 296）在靈性層次，直觀超越二元對立而直接經驗整合。以下是德日進（Teilhard de Chardin, 1965）陳述靈性直觀的一個例子：

> 當我們想要深入地探究物質，越是採用強而有力的方法，我們也就越受到各個部分相互依賴的混淆。每一個宇宙的元素都與所有其他部分緊密織連在一起……我們絕不可能在不弄散與拆碎損傷的情況下，切入這個網絡之中去分離出一個部分來。在我們周遭，雙目所及的萬事萬物，乃至於這個宇宙都是連結在一起的，因此，可行的方法只有一個，那就是，用整體、整全的方式來看待所有的事物，看作是一個整體。（pp. 43-44）

靜坐沉思是一個設計來「靜心」的技術，使得靈性直觀因而能夠得到提升與顯現。冥想的技術將會在本章的後半部分討論。

直觀與教育

為何吾人應該專注於教育中的直觀議題，並尋求以直觀的領會來平衡分析性思考？首先，有證據顯示直觀是創造力的一部分。華勒斯（Wallas, 1926）提出四個創意過程的基本元素（亦即準備期、醞釀期、豁朗期與驗證期）。第一階段是「抽離」（preparation），此階段個人蒐集與問題或者是專題相關的訊息。第二階段是「孵化」（incubation），個體放輕鬆且不刻意就解決問題進行有意識的工作，反而是當個體有意識地從事於其他事物時，個體專注於當時浮現出來的影像。在「靈光乍現」（illumination）的

第三階段，就化學家梅爾文‧凱爾文的例子而言，解決方案通常會是自發與無預期地自動出現。此處所提及之第二與第三階段，也就是「直觀」的部分，而第一與第四反而比較是分析性的階段。第四階段是「檢驗或修正」（verification or revision），此時個體將獲得的概念付諸實行，且有意識地將概念修訂得更加精準。

對於教師的課堂授課與教學而言，華勒斯與其他創意思考模式是能夠有效地平衡分析思考與直觀思考的一些模式。視覺心像、靜坐沉思與其他各種審美經驗也能被用來增強孵化與靈光乍現的能力；而邏輯性的問題解決模式（Beyer, 1991），可以被用來促使準備與檢驗的能力。因此可以說，有效的思考同時包含了分析思考與直觀思考二者。

愛因斯坦與莫札特是兩位能夠有效地同時運用最高層次的直觀與分析思考的典型人物。如果我們的思考被局限於二者之一，就會變得很沒效率。如果偏重的是線性分析性的思考，我們會埋首於我們的方法，因而在處理問題的時候失去了自發性。如果我們專注於直觀思考，那麼我們就會失去根據；如果我們不做檢驗的工作，我們的想法會變得天馬行空。一般而言，學校並不重視思考方法的教導（Ross & Maynes, 1982, p. 2），通常學校教的是線性的問題解決思考，而不是全人教育取向的思考方法。

直觀教學的另一個理由來自於傑洛姆‧辛格（Jerome Singer, 1976）的研究，他認為想像力的低度開發會導致「犯罪、暴力、貪食與濫用藥物的風險」（p. 32）。依據辛格的研究，此一傾向早在兒童時期就出現，兒童會有強迫、過度依賴，以及缺乏內在生活的狀態。反之，能夠運用想像力的兒童比較能夠放輕鬆，在行為上也比較獨立，此一特質傾向持續進入青春期。另外一個在兒童輔導門診完成的研究發現，有想像力的兒童比較不會有暴力傾向。與其他門診中的兒童一樣，他們也有著情緒困擾的問題，當與那些比較沒有想像力的同儕對照時，他們比較是以非暴力的

方法在面對他們的困難。這些研究指出，那些內在生活貧乏的人似乎比較會受制於外在的刺激。因此，一個發展良好且連結直觀與想像的內在生活，會成為一個人自主性的源頭。

安德魯·威爾（Andrew Weil, 1972）也完成了一個支持辛格論點的研究，他提出了一個更激進的假說，認為直觀意識，或者是他所說的非線性意識，「就如同飢餓與性的驅力一般，是一種天生常態的驅力」（p. 19）。依據威爾的研究，如果缺乏機會來表達我們的非線性意識，我們可能會訴諸藥物與酒精的濫用。他認為，探索非線性意識的需求開始於生命的早期：幼兒通常會「原地轉圈圈直到一種昏眩與恍惚的狀態」，兒童也會過度吸氣，或者是要其他兒童的擠壓，直到近乎昏闕的地步為止。他們有時也會相互勒住對方直到失去意識。當年紀較長的時候，兒童開始對夢境以及夢與醒之間的不同空間有興趣。他們也會開始經由化學的方法，包括吸食膠水或者是清潔劑，來探索非理性的意識狀態。在手術中所接觸到的麻醉藥劑，也會促發他們對於非線性意識的興趣，而成為童年時期最深刻生動的記憶。當兒童意識到文化並不容許他們對於非線性意識的興趣時，他們會「地下化」地隱藏他們的活動。內在生活的探索轉變成為個人私下的體驗，而且只能與最親近的朋友分享。

威爾（Weil, 1972）在哈佛大學以接受藥癮治療的病人進行研究，觀察到一個發展上的趨勢。他以論及個人的生命經驗來簡述這個發展趨勢：

> 基於兩個理由，我對於這個發展模式很有信心。首先，我訪談或者是認識了數百位藥物濫用者，在他們的生活史上，可以明確地看到此一發展模式。其次，在我個人身上也有著相同的經驗。我是一位旋轉輪的愛好者，儘管會有想吐、昏眩及困乏等不愉快的副作用，在小時候

我會花幾個小時的時間玩旋轉輪，為的是在躺落地面之
後感受世界的轉動。就我的觀點而言，那個效果就好像
一種令人極度著迷的意識狀態，除了在寢寐之間的那個
狀態之外，比其他的狀態都要令人覺得趣味盎然。很快
地我發現，我的旋轉使得大人們不悅；我學會和其他鄰
居小孩到不會被看到的地點繼續玩，而且一直持續到我
九歲還是十歲為止。在大約四歲的時候，與我同年代的
大多數人一樣，我切除了我的扁桃腺，而乙醚麻醉劑的
經驗（以舊式開放滴入的方式施打）則成為我童年時期
最深刻的記憶。那是一個令人驚嚇卻十分有趣的經驗，
而且與我的死亡念頭有緊密的連結。幾年之後，我發現
在我家地下室的某一個品牌的清潔劑能夠帶給我相似的
經驗，而且在同年紀朋友的陪伴之下，我吸聞了很多次。
到今天，我還是無法解釋我當時究竟在做什麼；與其說
是為了愉悅的經驗，倒不如說是因為那很有趣（p. 93）。
而我知道那個經驗對於探索內在生活而言是很重要的。
（pp. 24-25）

在教室內的直觀

我們可以使用許多不同的方法來將直觀加入我們的教學之中，
接下來的部分我將討論兩種方法：視覺心像法與比喻法。

視覺心像

視覺心像（visualization）可以被視為一種特別的冥想方法，
在其中一個人使用一組圖像，經由引導或非引導的方式形成心像
上的視覺，有時候也被稱為引導式心像法。這個人在其心眼的看

見之中，檢視、查考一組特殊的影像；例如，這個人可以想像爬上一座山脈。攀登山脈通常被視為心理或者是靈性成長的比喻。在非引導的視覺心像之中，一個人可能在出發時只有一般性的幾個指引，然後就等待影像的出現。非引導式的視覺心像可以被用在問題解決上。

　　有研究指出視覺心像的正向效果。例如：米歇爾‧莫菲（Michael Murphy, 1992）說，這些「研究顯示心像練習可以促進各種如憂鬱、焦慮、失眠、過重、性問題、慢性疼痛、恐懼、心身疾病、癌症，以及其他疾病等病症苦惱的解除」（p. 372）。西蒙頓（Simontons, 1978）等人完成了一項研究指出視覺心像也能夠幫助癌症病人。他們的研究顯示，視覺心像可以增加病人的生活品質、延長餘命，且在少數的個案中有減少復發的功效。其他的研究（Samuels & Samuels, 1975）指出，視覺心像可以幫助克服壓力的負面效果。視覺心像配合系統減敏感法則是一項用來幫助病人克服恐懼症的技術。當事人可以透過想像自己置身在某種（些）壓力情境中（例：牙醫診所），但是同時可以用更放鬆的方式來克服壓力。

　　視覺心像也被大量用在運動上。研究指出，它能夠幫助改善運動員的表現。理察遜（Richardson, 1969）完成了一個研究，顯示視覺心像對於籃球選手投籃的效果，參加研究的運動員之前都沒有練習過視覺心像，他們被分成三組。第一組每天練習投籃，一共練習二十天；第二組只在二十天中的第一與最後一天練習投籃；第三組同樣也是只在第一天與最後一天練習投籃，另外加上每天二十分鐘「投球進籃」的想像練習。結果很有意思，第一組在第二十天的表現比其在第一天的表現進步了 24%，第二組因為期間沒有練習，自然也就毫無進步可言。然而，做了想像練習的第三組，第二十天的表現比第一天進步了 23%。理察遜進一步指出，想像者對於影像的控制是很重要的。例如：有一位參與者無

法想像將球投進籃框，他最後的表現也就不如其他進行想像的練習者。

　　之前曾經提到，非引導式的心像法也能夠對於創意過程有所幫助。在華勒斯的模式中，「靈光乍現」的階段通常也是透過心像而發生。安司沃斯—藍德（Ainsworth-Land, 1982）以發展的觀點來描述心像與創意之間的關係。安司沃斯—藍德認為，第一個階層的想像是感官取向的，且起源於生理上的需求。這個階段的創意產出通常是具體而實際的。第二個階段的想像歷程主要為目標是明確的分析與評價，可以與治療癌症、戒菸或者是與壓力管理等有關。綜合通常被發現於第三個階段，此處，創意產出通常是修訂或者是調整，如同第二階段一般，但是涉及了較為新奇的成分。因此，第三階段是由第二階段出發的一個突破。第四也是最後一個階段的創意與心像涉及了「關聯的終極型態」（p. 17）。安司沃斯—藍德說：「一個人的存有全體都參與過程之中，與意識以及無意識心智、理性與直觀、內在與外在，歸結整合成為一個後設意識。」（p. 17）詩人威廉‧布雷克（William Blake）稱這個層次為一個「四面視覺」，因為人們經常感受到被一個高於他們的力量所引導。這四個階層的心像與創意明列於圖 6.2。

視覺心像在課堂上的應用　視覺心像可以被用來促進達成放鬆的狀態、幫助引發學生對於學習主題的興趣、提升創意寫作，也可以增進創意思考。以下我會就前述的每一個領域給一個例子，其他的例子請參考我的著作《如何成為全人教師》（*The Holistic Teacher*）。

　　在教學中使用視覺心像，教師應該讓學生明白他們能夠控制個人的想像影像。因為每一個人的影像都會有所不同，也就沒有所謂的「正確影像」可言。如果學生覺得困難，建議他（她）放輕鬆來聽從、跟隨著指導語進行就好。當有讓學生感受到驚嚇或

	想像	創造	
層次	自我涉入	產品	過程
第一層次 自發、基於感官、直接表徵與現實地	→ 不知覺「我」，以需求為導向、存活動機與自我的衍生	現實的、具體的表徵、發現式的學習、記憶構築與發明	知覺、探索與自發性的行動
第二層次 舒適、可預期性、覺察操弄的能力	→ 歸屬、自我延伸、目標導向、自我的構築與驗證、自我意識	改進與調整、印象、強化類比	分類、比較、分析、評價
第三層次 抽象的、符號的、強加的、比喻的、控制與自發性的	→ 分享差異、多元自我的實現與再統整、放棄嚴苛的控制、對心流經驗的開放	革新、對於新舊的抽象與符號之間的合成與統整	抽象、統合、比喻式的思考、直觀
第四層次 放棄控制、混亂、迷幻的、無意識材料的靈現與接納	→ 自我是「全體」的一部分、「後設意識」、意識與無意識之間障蔽的瓦解	發現新的層次、新的典範、哲學觀點的轉移、新型態的成形、與「受激發召喚」的創造	分解、棄守、接納、開放、建構新的知覺秩序

圖 6.2　創意與想像的發展與統整

者是緊張的影像出現時，他們可以自行睜開眼睛。

放鬆技術　躺臥在地板上，且閉上你的雙眼。專注於你的呼吸，在吐氣時讓自己放輕鬆。依照先讓肌肉緊張再令其鬆弛的作法，我們開始逐漸放鬆身體的各個部位。從足部開始，收縮足部的肌肉，讓其緊繃幾秒鐘之後再放輕鬆。接著以腳踝、小腿的緊收、保持與放鬆來重複這個過程。在做的過程中，漸漸感受到身體進入輕鬆的狀態。接著專注於大腿的緊收與放鬆；專注於腹部的緊收與放鬆；過程中感受到身體的放鬆。接著依序是胸部與肩膀的緊收與放鬆，之後再做一次面部肌肉的放鬆。最後則是讓全身緊

繃之後，再全面地放鬆。

接著想像自己搭乘一部下降的電梯。隨著電梯的下降，感受到自己的平靜與放鬆。我會從五倒數到一，在我倒數的時候，你繼續想像自己身處於電梯之中，感覺到下降與放鬆。五、四、三、二、一，現在你從電梯中出來，走向一片廣闊的田野，有溫暖的陽光。你走了一會兒之後，決定躺臥在綠色柔軟的草地上。

繼續躺著，想像在你的頭上有一道白色純淨的光芒。這道光芒充滿了溫暖與能量。接著你看見這道光芒逐漸擴散，逐漸籠罩你的全身，你感受到放鬆與能量……。相信你能夠在任何時間與這道光芒連結。現在可以睜開你的眼睛，讓自己有清新與充電的感覺。

動機／主題　視覺心像可以被用來激勵學生對於某一學科或者是主題的動機。例如：有一位老師運用視覺心像法來幫助學生了解內燃機引擎的運作。下面這個練習來自高登與波斯（Gordon & Poze, 1972）《用聽教學》（*Teaching is Listening*）的教學法：

> 你是一個引擎的活塞，用力工作著。你吸入混合著油氣的空氣，壓縮那些油氣所以可以產生更大的能量。當油氣被點燃之後，你形成下降衝程。之後你驅動輪軸排出氣爆。你壓抑引導燃燒的空氣讓引擎能夠進入下一個行程。現在，請你描述你經歷活塞在內燃引擎中四行程動作的經驗。（pp. 85-86）

另外一個例子是讓學生想像環繞著一個轉換器的磁場。學生能夠想像他們是線圈中的電子，來經驗經由快速磁場改變所導致的電流。之後，在想像包圍著線圈的兩個力場益發地互動與靠近的時候，學生可以想像他們是更為快速流動的電子。

　　用視覺心像來加強學科興趣與動機的第三個例子是，讓學生想像自己是在人體內血液系統中流動的白血球。首先，學生想像血液流經全身的動脈血管，通過心臟得到再次的增壓與循環。學生也想像白血球細胞以及它們在免疫系統中對抗疾病的角色。

　　以上是來自科學課程的例子，也可以讓學生運用想像於語言與社會課程之中。在社會課程中，學生可以想像他們是面對抉擇的某一位歷史人物，然後想像在面對抉擇時伴隨而來的想法與情緒。學生也可以想像他們是早期抵達加拿大的愛國主義者，想像他們在面對一個新國家時可能會有的感覺與想法。

創意寫作　在教室中最佳運用視覺心像的例子之一就是和創意寫作連結在一起，因為視覺心像可以是寫作靈感的一個豐富泉源。以下是來自於威廉斯（Williams, 1983）的一個例子：

　　選擇一段能夠引發鮮明影像的音樂。在課堂中播放這段音樂（在放鬆練習與適切的介紹之後），要學生讓音樂引發影像、心情、感覺與知覺。告訴他們，在音樂播放的過程中，覺察任何在他們的感官與大腦之中出現的事物。之後，要學生用散文或者是詩的方式來述說或描寫他們的聆聽經驗。建議學生可以開始先寫散文，然後以最強烈的影像來寫詩，也可以用一個或兩個以上的鮮明影像來完成一篇較長的散文。此一幻想方法也可以被用來作為一個藝術作品的導引。如果你同時用它來引發視覺和口語文字的表達，你或許應該在課堂上留下一些時間，讓學生討論兩者之間所引發的經驗有何不同（因個人的不同風格，有些學生偏好寫作，有些則是繪畫）。（p. 133）

練習可以增進想像的能力。一般而言，學生愈常使用想像，則他們愈能夠得到不同的想法，也會更加對於想像過程感到自在。莫林‧莫達克（Maureen Murdock, 1982）的著作《轉向內在》（*Spinning Inward*）是視覺心像練習很好的參考。以下是一個可以用在創意寫作的練習：

> 閉上你的眼睛而專注於你的呼吸。很輕緩地吸氣……然後……吐氣。當你安靜與平緩地呼吸時，你的身體也變得愈來愈放鬆。接著，想像在一個風和日麗的日子裡，你坐在戶外的青草地上。你喜悅地看著所有在春天綻放的花朵，你享受著它們的繽紛色彩與香味。突然之間，在你面前，你看見了一個小人，攀爬在一朵美麗白色雛菊的花莖上。這個小人約略和你的中指一樣大，他轉向你做出一些動作；你發現你也變小了，而且你急著要去追隨你的新朋友。你有三分鐘的時間，你可以和你的花仙子朋友去遊歷，三分鐘是你所擁有全部的時間。（三分鐘之後）接著，向你的朋友告別的時候到了，請你滿載著旅途的記憶回到這裡。我會數到十，當我數到六的時候，請你跟著我一起數，當我數到十的時候，請你睜開眼睛、恢復清醒與注意。（p. 106）

莫達克書中有許多國小課程可以使用的好例子。貝佛莉—柯里尼‧蓋里恩（Beverly-Colleene Galyean, 1984）新版的《心的視覺：用想像來學習》（*Mind Sight: Learning through Imaging*）的練習，則幾乎涵蓋了所有的年齡層。她也加入了包含社會、數學與科學等不同學科。例如，在科學課本中，她列入了有關原子、身體、大腦、時間與星辰等主題的各種想像活動。

▍比喻法

比喻（metaphor）是另一種可以用來加強直觀的方法。比喻思考指的是在通常沒有相互關聯的兩個文字或者是概念之間做出連結。然而，不論如何，這兩個概念之間確實存在著一些共通性。例如：人類的腎臟就好比是一個液體的濾清器，兩者都是用來過濾掉特定的分子。當然，過濾器與腎臟之間有明顯的差異，而就其異同之間進行討論，則可以同時增進對於二者更為完整的了解。其他的比喻例子包括「以火山比喻革命（內在蓄積之壓力的爆發釋放）；在敘事寫作中以『連結』來比喻一個連鎖事件中的轉折；以感恩節大餐剩菜的烹調來比喻主題及其變異；以流水通過管線來比喻電流等等」（Williams, 1983, p. 56）。

比喻教學要求學生探索事物的關聯，而且做出直觀上的跳躍。高登（Gordon, 1966）描述了幾種出現於比喻思考之中，不同層次的角色替代。在第一個層次中，人們僅是以兩個物體或者是概念之間明顯的相似處來描述一個物體。在次一個層次之中，人們描述發現相似之處時所引發的情緒。在第三個層次中，學生對生物做同理心的認同。高登（Gordon, 1966）給了一個例子是要學生想像自己是螃蟹：

> 好吧！我是一隻招潮蟹。我全身都覆蓋著盔甲──我的堅硬甲殼，你會認為我從此可以輕鬆無虞，但是實際上我無法如此。再加上我的大螯，了不起啊！看起來是個宏偉的武器，但不過是個累贅。我揮舞著它來嚇阻每一個人，但是我哪裡扛得動它。為什麼我不能像其他又大又快的螃蟹一樣？說真的，那個大螯真的嚇不了什麼人！
>（p. 24）

第四個層次是對非生物所進行之同理的認同。

運用比喻來教學有許多優點。從全人教育的觀點而言，最明顯的一個優點是它會鼓勵學生找出學科內容與概念之間的連結。威廉斯的比喻圖解（如圖 6.3）與第一章中所列之全人教育理念圖是相互一致的。在此，她對照傳統的取向，稱之為傳遞取向，而比喻的取向則是與轉化或是全人教育的取向相近。在傳統取向之下，種子與蛋之間是被視為毫無關聯的，然而在全人教育取向之下，兩個圓圈交集的地方就是我們可以找出關聯之處。

比喻不但鼓勵學生找出關聯，更鼓勵要看出型態。在比較革命與火山的時候，學生必定會檢視兩者之間共通的型態與原則，之後就會找到兩者之間的連結。回到之前腎臟與濾清器的例子，連結兩個成分之間最有力的比喻不是其相似性，而是兩者之間的共同原則。學生必須明瞭每一個事物潛在的功能，才能夠看出它們之間的關聯。

比喻教學法的另外一個優點是具開放性，且能夠引發討論。比喻本身的特性就是能夠鼓勵發問，更何況，對於比喻的提問絕少有現成的答案，例如：在比較 X 與 Y 時，我們必須先探究兩者各自的本質，之後才能夠做出比較。

我們如何在課堂中使用比喻呢？威廉斯（Williams, 1983）建

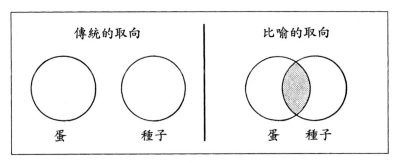

圖 6.3

議了以下一組程序：

1. 決定你要教導的主題究竟為何，涵蓋了哪些原則？（問題 1-4）
2. 擬出一些比喻，從中選出最能溝通你要教導的概念之一；之後，釐清兩者之間的落差，也就是比喻與學科概念之間不符的地方（問題 5-9）。
3. 擬定教學計畫，其中包括了你將如何引導學生產生比喻的作法（問題 10）（p. 63）。

以下是一個程序的實例：

1. 我要學生知道與腎臟有關的知識有哪些？
   腎臟是如何發揮功能？以及對於身體的重要性為何？
2. 它們的功能是？
   它們過濾身體廢棄物。
3. 它們如何改變身體廢棄物？
   它們分離過濾分子，讓有些分子可以通過，有些則是被留置（在進階課程中，你或許要對這個重點有更明確的交代）。
4. 它們對於身體的重要性為何？
   它們去除廢棄物，使得血液可以攜帶養分以及濾除更多的廢棄物。
5. 我可以想到哪些東西是可以經由分離來過濾廢棄物（換句話說，哪些東西有像腎臟一樣的功能）？（在這個階段，端坐以待概念的出現，不要強求；專注於接收影像或者是模糊的概念。）
   一個液體過濾器，或者是就此而言，一個咖啡過濾器。

不同的分離器——砂石的篩網、一個雞蛋大小的分流機器，或者是電腦的舊式讀紙卡機，會依據卡片上的打洞型態來進行分類。

一個會依據標籤貼紙來檢核允許車輛進入的停車場。

學生需要用學生證才能夠進入觀賞的校園球賽。

6. 所有我找到的比喻都是分離工具。其中有哪一個也能夠淨化循環系統？

液體濾清器。

7. 班上的每一位同學都熟悉液體濾清器以至可以用它作為比喻嗎？

不盡然！

8. 好啦，那我們之後仍舊可以用它來澄清一些事物，但是讓我們先找到另一個比喻來介紹這個概念。

試試砂石濾網如何？我可以用它來進行示範，學生可以看到分離是如何做到的，如果我不能弄到一個砂石篩網的話，可以用咖啡濾紙，當然，我會說明清楚腎臟不是依照固體化為液體的原則在運作的。

9. 砂石濾網與腎臟的不同在哪裡？

砂石濾網不是一個循環系統。它的分離工作比腎臟要簡易許多，砂石濾網只使用「尺寸」作為單一標準，腎臟則使用較為複雜而多重的標準。

10. 我如何將這些整合在一起呢？

首先，我將會以砂石濾網或者是咖啡濾網來介紹分離與歸類的概念，也將會探索這個比喻與教學目標吻合與不吻合的地方有哪些（分離標準的複雜度——分離並非循環系統的一部分）。

我將會說明其他能夠淨化一個循環系統的分離器具，也會要學生舉出例子。我們之後會比較他們所舉出的分離器具

與腎臟的異同。

我將會要求學生舉出能夠淨化循環系統的分離器具之具體實例。如果他們覺得困難的話，我會要求學生先舉出循環系統的例子，之後再讓他們指出這些系統中能夠過濾廢棄物的裝置。如果需要的話，我會建議液體濾清器或者是游泳池的過濾器。（pp. 62-63）

比喻有時候也可以在開始一個課程的時候，用來激發學生的興趣。有一位老師（Williams, 1983, p. 69）以檢視校園內的權力結構來開啟一堂法國大革命的課程。當學生明瞭在其機構內權力運作的情形時，他們也就對十八世紀法國的權力衝突感到有興趣。威廉斯說：「不再僅僅是記憶背誦法國革命的三條口號及其影響，學生們尋求歷史與學校現況的對比，探索族群之間的權力關係，並且與法國當時的情境做比較。」（p. 69）

比喻也可以用在評量測驗之中。當然，對比測驗的答案並不能用簡易的檢核表來進行計分，反而需要教師對學生的推理與推論的連結關係進行評量。以下是一個舉例：

• 列出引發法國大革命的主要事件，並且解釋它們的重要性。
• 比較引發法國大革命的時期與暴風雨的形成過程有哪些相似的地方？記得要加入你所列的引發革命之事件表。（p. 71）

比喻也可以被用來激發創意寫作。以下是高登（Gordon, 1968）綜合取向所用的一些問題：

• 什麼「機器」會像是「碎屑扎進你的手指」一樣的動作？（p. 8）

- 「水獺咬嚼木頭」與「打字機」之間有哪些相似的地方？
  （p. 8）
- 什麼樣的「動物」會好比「降落傘」？（p. 9）
- 在「廚房」中，什麼東西好比是「水獺」？（p. 9）

　　比喻、隱喻也可以與心像合併使用來鼓勵創意教學。例如：威廉斯建議一個教學活動，在其中，教師先帶領學生經歷一個引導的想像歷程，學生想像自己置身於一個玫瑰花園之中。學生在心像中看見、觸摸、嗅聞紅色的玫瑰。當學生還閉著眼睛的時候，教師開始朗讀羅伯特・柏恩斯（Robert Burns）的新詩〈我的愛就似一朵紅玫瑰〉（*My Love is Like a Red, Red Rose*）。在朗讀之後，學生分享他們的經驗，並且討論如果是用不同顏色的玫瑰，或者是不同種類的花朵，在創作表達上會有什麼樣的不同？

批判思考

　　有些全人教育的教師們例如凱薩琳・奇森（Kathleen Kesson, 1993）認為，視覺心像的這類方法可以在許多不同的方面運用。她認為視覺心像這類工具是中性的，可以用來「解放意識對我們的束縛、保持現狀，或者讓我們放開來接受一些更細微與隱含型態的支配」（p. 103）。奇森主張，應該以一種更批判的觀點來融入全人教育之中，讓學生可以檢視社會情境，特別是那些依據資本主義來分別與壓迫人民的情境。

　　我同意奇森的觀點，同時我也認同史丹納的看法，認為最好是從青春期就開始進行此一社會情境的分析，因為青春期是一個人在本性當中，分析與批判能力開始綻放的時期。在紐約市東中央公園中學（Central Park East Secondary School, CPESS）的同類

課程中有一個很好的例子。這類課程擅長引導出統整與批判思考的核心議題與發問。例如：在第七與第八年級，學生學習「以美國歷史為主軸的當代政治議題」。以下是一組引導學生探究的關鍵問題：

- 何謂政治權力？
- 誰擁有政治權力？
- 他們如何獲得政治權力？
- 權力是如何轉移的？
- 誰將權力賦予法律？
- 當權力被剝奪的時候，人們如何因應？（Wood, 1992, p. 180）

學生與老師也可以自行加入他們的問題。例如：學生在研究1988 年美國大選時，他們加入了以下的問題：

你的一票有用嗎？一個人要如何能夠與國家大多數人擁有一致的意見？選區真的是選區嗎？媒體如何影響選舉呢？一個人如何能夠獲得政治權力？選舉是選出一位領導人的最佳方法嗎？（Wood, 1992, p. 180）

文學也被用來探索權力本質與權力剝奪的核心問題，用來讓歷史研究更加完整。例如：史坦貝克（Steinbeck）的小說《人鼠之間》（*Of Mice and Men*）被用來探索權力被剝奪的議題。

除了權力的議題之外，CPESS 的人文與社會科學課程也探索不同政治體系之間的衝突化解，以美國與其他國家與政府體系為例來處理這個議題。「如何合理化威權？誰擁有威權？衝突要如何化解？」（Wood, 1992, p. 169）這個課程也檢視在亞洲、中美

洲與非洲的一些國家中非歐裔傳統，這個課程專注於「非西方與西方社會與概念之間的遭逢」（Wood, 1992, p. 169）。

此處，關切的焦點是在於能夠針對課程的統整與基本議題的處理，來提出核心的一些問題。

安大略省「媒體與知識」課程綱要（1989）鼓勵學生對於電視、影片、廣播與平面媒體發展出批判的觀點。例如：該文件包含了下列的目標：

- 發展出必要的技能、知識與態度，能夠詮釋媒體刻意地建構現實的方法；
- 能夠覺察這些建構與瀰漫其間的價值訊息，及其對於社會、文化、政治與經濟的影響；
- 認知到那些建構媒體產品的人會有多元的動機、操控與束縛，其中包含了經濟、政治、組織、技術、社會與文化等因素；
- 知道每個人會以選擇性與詮釋性的過程來檢視媒體內容。此一過程與所獲得的意義依賴著心理、社會、文化與環境等因素。（p. 7）

這份文件包括了用各種類別來達成這些目標的活動與專題。例如：有一個活動要求學生「討論一些惡劣的廣告如何以『華麗不實的包裝』來呈現它所推銷的商品」（p. 48）。學生也被要求討論「廣告商用來美化其推銷商品外觀的一些手法」（p. 48）。

在華德福的教育體系中，八年級學生研究幾個不同先進國家的教育革新，因為八年級生正好處於開始質疑他們生命中的權威人物的階段。不過，此一研究是在學生們事先修完一門以統整七到十一與十二歲兒童情緒發展的課程之後，才開始進行的。當學生事先能發展出一個健康的自我意識，他們之後就能夠對於所身

處的世界進行質疑與分析。

多元智能

霍華德・迦納（Howard Gardner, 1983）的研究工作提供了對於人類智力更為寬廣的定義，之後被應用於幾乎所有的教育場所之中。他的七大智能理論成為一個可以用來探索不同思考組型的架構，這些智能包括：語文（語言發展、抽象推理、運用符號）、邏輯／數學（科學思考、使用抽象符號，與型態辨認）、視覺／空間（視覺藝術、建築、影像、視覺分辨）、身體／運動（體育活動、身體動作與表達、舞蹈）、音樂（對聲音的感受與詮釋）、人際關係（與他人合作、對他人的同理、回應他人的需求），與個人的內在自覺（覺察內在狀態、直觀與反思）。在他的理論發展完成之後，他的模式被大量應用在教育場所之中。例如：匹茲堡公立學校與教育測驗中心（Educational Testing Service, ETS）一起合作一項稱為「PROPEL 藝術」的計畫。此一計畫的焦點是找出一些評量，用來超越那些經常被不適切地使用於藝術，而被迦納所指稱為「僵化的」標準測量工具（p. 238）。該計畫也包括開發出一個藝術課程（Gardner, 1991）。

大衛・列齊爾（David Lazear, 1991, 1991a）也在教育的場合中應用了迦納的理論。列齊爾發展出一系列的教學活動，讓教師可以用來幫助學生發展多元智能。

儘管眾人推崇迦納的理論與及其應用，不過，我顧慮的是他的智力與大腦區位對應理論，具體而言，左腦與右腦區別的概念會導致化約主義觀點的學習。我不認為各種學習都應該被連結到大腦的某個區塊。凱因斯（Caines, 1991）等人以大腦為基礎的學習取向則是有相似的概念。

作為對於大腦為基礎學習的補充說明，我想，我們也可以提出以靈魂為基礎的學習（soul-based approach to learning）（Moore, 1992）。以靈魂為基礎的取向指出，有些學習無法與身體的特定部位有明確的關聯，然而卻是確切地有著弔詭、自發與奧祕等特徵。以機械化為取向（mechanistic approach）而來的課程與學習，就像是標準化的測驗及以產出為原則的教育，也就讓教育失去了靈魂。一個沒有靈魂的課程就像是一個生產商品的機器，欠缺了生命力。經由在課程中重拾直觀的概念，我們可以將靈魂、生命與活力重新帶回課堂之中。

參考文獻

Ainsworth-Land, Vaune. (1982). Imagining and creativity: An integrating perspective. *The Journal of Creative Behavior*, 16, 5–128.

Beyer, B.K. (1991). *Teaching thinking skills: A handbook for secondary school teachers*. Boston: Allyn & Bacon.

Bohm, David. (1981/1984). Insight, knowledge, science and human values. In *Toward the Recovery of Wholeness*. Sloan, Douglas (ed.). New York: Teachers College Press.

Bugental, James. (1976). *The search for existential identity*. San Francisco: Josey Bass.

Caine, R. N. & Caine, G. (1991). *Teaching and the human brain*. Alexandria, VA: Association of Supervision and Curriculum Development.

Calvin, Melvin. (Fall, 1976). Dialogue: Your most exciting moment in research? *LBL Magazine*.

De Chardin, Teilhard. (1965). *The phenomenon of man*. New York: Harper Torch Books.

Galyean, Beverly-Colleene. (1984). *Mind sight: Learning through imaging*. Berkeley, CA: Center for Integrative Learning.

Gardner, H. (1983). *Frames of mind: The theory of multiple intelligences*. New York: Basic Books.

Gardner, H. (1991). *The unschooled mind: How children think and how schools should teach*. New York: Basic Books.

Gordon, W.J.J. (1966). *The Metaphorical way of learning and knowing*. Cambridge, MA: Porpoise Books.

Gordon, W.J.J. (1968). *Making it strange*. New York: Harper & Row.

Gordon, W.J.J. & Poze, Tony. (1972). *Teaching is listening*. Cambridge, Mass: Porpoise Books.

Harwood, A.C. (ed.) (1981). *The recovery of man in childhood: A study in the educational work of Rudolf Steiner*. New York: Hodder & Stoughton.

Herron, Elizabeth. (1979). Cited in Vaughan.

Kesson, Kathleen. (1993). Critical theory and holistic education: Carrying on the conversation. In *The renewal of meaning in education*, Miller, Ron (ed.). Brandon, VT: Holistic Education Press.

Lazear, David. (1991). *Seven ways of knowing: Teaching for multiple intelligences*. Pallatine. IL: Skylight Publishing.

Lazear, David. (1991a). *Seven ways of teaching: The artistry of teaching with multiple intelligences*. Pallatine, IL: Skylight Publishing.

Miller, John. (1981). *The compassionate teacher*. Englewood Cliffs, NJ: Prentice-Hall.

Ministry of Education (Ontario). (1989). *Media literacy: Intermediate and senior divisions, 1989*. Toronto: Queen's Printer.

Moore, Thomas. (1992). *Care of the soul: A guide for cultivating depth and sacredness in everyday life*. New York: Walker.

Muller-Markus, Siegfried. (1976). The structure of creativity in physics. In *Vistas in Physical Reality*. Laszlo, E. & Sellon, E. (eds.). New York: Selon Press.

Murdock, Maureen. (1962). *Spinning inward: Using guided imagery with children*. Culver City, CA: Peace Press.

Murphy, Michael. (1992). *The future of the body: Explorations into the further evolution of human nature*. New York: Jeremy Tarcher.

Noddings, Nel & Shore, Paul J. (1984). *Awakening the inner eye: Intuition in education*. New York: Teachers College Press.

Richardson, A. (1969). *Mental imagery*. New York: Springer Publishing.

Ross, John & Maynes, Florence. (1982). *Teaching problem solving*. Toronto: OISE Press.

Samuels, Mike & Samuels, Nancy. (1975). *Seeing with the mind's eye: The history, techniques and uses of visualization*. New York: Random House.

Simonton, Carl & Matthews-Simonton, Stephanie. (1978). *Getting well again: A step-by-step guide to overcoming cancer of patients and their families*. Los Angeles: Tarcher.

Singer, Jerome. (July, 1976). Fantasy, the foundation of serenity. *Psychology Today*.

Tart, Charles. (1975). The physical universe, the spiritual universe and the paranormal. In *Transpersonal Psychologies*. New York: Harper & Row.

Vaughan, Frances. (1979). *Awakening intuition*. Garden City, NY: Anchor Books.

Wallas, G. (1926). *The art of thought*. London: Watts.

Weil, Andrew. (1972). *The natural mind*. Boston: Houghton Mifflin.

Williams, Linda Verlee. (1983). *Teaching for the two-sided mind*. Englewood Cliffs, NJ: Prentice Hall.

Wood, George H. (1992). *Schools that work: America's most innovative public education programs*. New York: Plume.

7
CHAPTER

身體與心智的關聯

　　加拿大神經外科醫生兼大腦研究者懷爾德・潘菲地（Wilder Penfield）發現，我們的覺察力（awareness）或心智（mind）並不是位於大腦的任何特別部分，但事實上它指揮大腦。根據潘菲地（Penfield, 1975）的說法，我們的心智「好像聚焦在注意力，對正在進行的事件保持覺醒。心智能做推理和新的決定，它了解、它可以做決定，而且用喚起各種大腦機制的方式把這些決定放進結果中，它所扮演的角色好像在資助自己一種能量。」（p. 80, 75-76）無論如何，不經由心智的良知覺醒，只是大腦自動化領導的運作，那也是可能的，當這種情形發生時，身體－心智連結可能被打斷。

　　詹姆士・林其（James Lynch, 1985）投入「心智和身體關係」之研究已經有很長一段時間，他發現很多人承受高度緊張時，會無法知覺身體的訊息。舉例來說，當他們的心臟以高頻率跳動時，他們並沒有知覺到心臟的砰砰聲。林其也發現，有偏頭痛毛病的

人通常在開始頭痛之前，會經驗到血壓變化的落差和手變冰冷；無論如何，病人對身體的變化無法事先自覺到（例如，手變冰冷）。

根據林其的說法，高度緊張是美國人的主要健康問題，這是從四千萬到六千萬美國人深受緊張焦慮之苦的結果來推測。林其在他的研究中發現，造成疾病的主要原因之一，是高度緊張使他（她）對身體失去觸感。極度緊張的心無法聽到身體傳達的那些訊息（例如，肌肉緊繃、心臟砰砰跳）。林其研究有高度緊張的人，測量他們正在談話時的血壓，發現當他們正在談話時血壓明顯地上升。

林其發現，人們的對話有一種節奏的特性，談話時心跳和血壓會增加，而傾聽時，心跳和血壓則會較低。高度緊張的人當心中有即將要說的話時，他們很難去傾聽他人，因此血壓無法像許多正常人在傾聽時一樣降低。心智的活躍自我（active-ego）和稍後章節將介紹的「傾聽自性真我」（listening-Self）的心智模式，是同時進行的。通常在談話中，我們試著去說服、操作和把別人帶進自我觀點的脈絡中。然而對於傾聽，我們較少像這樣計畫和操作，取而代之的是，簡單地聽取與原來有關的話而已。

其他的研究者也得到與林其類似的結論，身心失調患者沒有接觸他（她）的身體和感覺。舉例來說，腓德門和史衛特（Freedman & Sweet, 1954）使用「感情的文盲」（emotional illiterates）來描述身心失調患者，他（她）有時對描述感覺都有困難。當提到感覺問題也許是引起他們身體困擾的原因，這些患者變得困惑不解。腓德門和史衛特因此推論：身心失調患者深深地背負著隱藏在身體內的感覺問題，使他們失去洞察內在的能力。換句話說，他們已經是自動化的運作，而且失去對身體和感覺的自覺。

兩位法國精神病學家馬緹與狄·姆·尤金（Marty & de M' Uzan, 1963）出版一份報告指出，要身心失調患者描述缺乏感覺的

困難，正如同缺乏想像一樣。馬緹與狄·姆·尤金認為，身心失調患者感覺的問題大都是「操作型思考」，較缺乏想像。他們也注意到這些患者不關心身體變化的感覺，但卻把注意力放在小的、外在事件的微不足道細節上。舉例來說，一般患者被問到：「你如何察覺你正在生氣？」他們會具體描述他們感覺胃翻攪或肌肉變得緊繃；而身心失調患者卻都提到外在事件。

從事這些工作的研究者，彼得·薛弗涅斯（Peter Sifneos, 1975）用失讀症（alexithymia）這個詞，來描述身心失調患者無法描述他們的感覺的事實。在其他關於失讀症的研究中，克理司多（Krystal, 1979）發現，這些患者的創造力和想像力顯著受到損害。克理司多的研究似乎也支持辛格的研究，都指出想像力和夢想對發展完整性是很重要的。

林其摘述這份研究，斷定身心失調患者封閉他（她）自己，林其稱之為社會隔閡（social membrane）。在林其的實際對話中，他致力於邀請談話者進入他（她）的意識：「那就是進入他（她）的身體，而且最後進入他（她）的心靈。」（p. 243）對於身心失調患者來說，這樣的邀請變成一個威脅，有如「他們的談話成為一個攻擊或躲藏的行動，勝過任何一個邀請。」（p. 243）

林其認為有兩個基本的原因，導致現代人的高度緊張，和尤其是為數眾多的身心失調者切斷情感和身體的連結。其中之一是在十七世紀，笛卡兒（Descartes）所領導的理性主義思潮傾向把人視為困限在機械中的靈魂。林其（Lynch, 1985）說：「笛卡兒將希臘時期對理性的看法，把心智從活生生的身體中抽離開來，而把心靈限制在所謂的心智中。本質上，笛卡兒的身心二元論把人劃分為兩個實體：一個是機械的身體，另一個是與身體及其他每個人交互作用的心智或心靈。因此，人類只能透過心智的對話來與其他人產生關係。」（pp. 289-290）林其指出，笛卡兒所說的「我思故我在」（I think therefore I am）是比「我感覺故我在」（I feel therefore I am）更為重要的。然而，如果我們只透過心智和其他人產生關係，那麼人們的對話都只是理性的對話。根據林其所說：「在這個新的觀點中，愛的感覺只是不精確的想法；寂寞對身體健康沒有什麼……笛卡兒使人的身體和人性對話完全無關。」（p. 291）

另外一個「身體—心智分離」的原因是來自於我們的教育系統。林其主張，學校系統強調對計算和物理學的訓練，要求到達相當的程度，但情感方面被默許為可以剝奪的。這「對人類感覺的理性討論而言，是沒有訓練、沒有練習、沒有感覺的」（p. 271）。林其結論道：

> 對許多學生來說，學校系統變成一個訓練場所，在這裡他們被教導不必理解，但要控制自己的感覺。對這些個人來說，他們已經傾向於對自己的感覺不敏感，而他們將使自己在往後人生中罹患嚴重的身心失調，整個在學校的經驗增強了他們的問題。情感被視為不理性的力量，是人類自然黑暗的一面，必須被控制。在傳統課程中教導我們：如果不能控制情感，那麼至少必須隱藏它們。既然這些態度和信念會因為雙親的氣質所影響而擴大，身心失調傾向的人在學校中也是如此。沒有敏感的情感，只是強制要學生跟隨體制和規則走，以期學生的行為能做好所欲達成的測試目標。它允許一個人花無休止的時間來學習課本內只需花幾分鐘即能完成的細節，卻否認一個人花這麼多時間和伙伴、同學競賽時所併生的焦慮和憤怒。（p. 271）

馬司特和休士頓（Masters & Houston, 1978）做了類似的結論，他們聲稱學校引導了身體的不適當發展。他們引用威弗德·

巴洛（Wilfred Barlow, 1975）的研究指出，大多數學童有數項生理
缺陷者，隨著年齡增長會變得更加嚴重。巴洛在英國的中學和大
學中進行研究，獲得以下的結論：

> 70%的男孩和女孩顯現出相當明顯的肌肉和姿勢的缺陷。
> 這些缺陷大多伴隨著缺乏效率和困難的學習顯現出來，
> 在情緒性的情境中會顯得更為嚴重；而且因為兒童時期
> 的錯誤累積成更嚴重的缺陷，將使他們的青春期會非常
> 不好過。在十八歲時，只有5%的人沒有缺陷，15%有輕
> 微的缺陷，65%有相當嚴重的缺陷，和15%有非常嚴重
> 的缺陷。這些數字來自於我已發表的調查，對象有中學
> 男孩和女孩，以及體育學院、音樂和戲劇學院的學生，
> 這些人其中一部分可能理所當然被認為應該比其他人擁
> 有更好的體格。（p. 15）

我們沒有理由相信這些數字和北美的情況有任何不同，雖然
體育課程的目標是在發展身體活動，卻可能導致缺乏統整。馬司
特和休士頓相信，體能運動應集中在發展一個人的身體意象，或
者是使身體和知覺連結的能力。遺憾的是，許多體育課程只聚焦
在鍛鍊肌肉和循環系統上。馬司特和休士頓總結說，運動，例如
「賽跑和慢跑、舉重、跳繩、游泳、定肌收縮運動、張力運動和
一般運動，事實上可能是有害的」（p. 36）。薛爾頓（Shelton,
1971）贊同說：

> 幾乎沒有任何一種運動形式不會用到所有的肌肉，但是
> 當我們研究他們的動作時，我們看到身體的某些部分為
> 產生可能的動作以致超出負荷，而其他的卻僅是些微地
> 使用。為了做某些動作，某些部位需要做不可思議的控

制，而其他部位幾乎很少或不需要控制。每一個比賽或
運動會訓練和鍛鍊某些肌肉群或身體某些部位，多於其
他肌肉群或部位，如果不採用其他具有對抗—平衡特色
的訓練課程，將或多或少產生畸形。努力成果的分配不
平衡導致不平衡的發展和控制，結果就是我們運動員的
悲慘實例。（p. 37）

從競爭的觀點來看運動，常常使得運動員過度訓練或發展他
們身體的某些部位，那是以整個身體為代價的。舉例來說，棒球
選手的肋骨肌肉受傷，這種損傷已經知道是由於棒球選手須練習
舉起重物，以便他們可以擊出更多的全壘打。然而，柏瑞特和柏
恩斯坦（Bertherat & Bernstein, 1977）指出，游泳會導致背部肌肉
過度鍛鍊，但是前面的肌肉卻沒有鍛鍊到。他們也歸納出騎自行
車的一般影響，是「在頸背和下背肌肉的繃緊；另一方面，有一
個損傷是無法使腹部肌肉強壯和造成胃的壓縮……會導致消化的
問題（在專業自行車手中更是常見）」（pp. 58-59）。

心身的再教育

相反地，馬司特和休士頓提出了心理生理的（psychophys-
ical）覺醒的課程。這是一個部分建基於亞歷山大（Alexander,
1969）和費登克瑞（Feldenkrais, 1972）的研究之課程，而且企圖
將「文字與想像和恰當的運動及感覺」連結在一起（p. 61）。課
程訓練重點在於如何專注於身體的不同部位，但是大多數的訓練
包含了一個想像的內涵來幫助心智與身體的連結。亞歷山大技術
（Alexander Technique）和費登克瑞的功能整合系統（Functional
Integration），是建立在身體與神經系統緊密連結的前提上。這可

能會出現問題，因為身體可能接收從神經系統傳來的錯誤訊息。無論如何，費登克瑞（Feldenkrais, 1970）強調，身體是可以再教育的：

> 我們在生理和心理方面的許多不順遂，不需要因而認為
> 是一種需要治療的疾病，也不是一種不幸的性格特色。
> 它們是一個做了錯誤學習方式所得的結果，身體只是執
> 行神經系統要它做的事，在成長期間，人類用比其他動
> 物更長的時間來塑造自己，以便使自己達到更大的發展。
> 一年到頭重複無數次的動作，例如我們所有的習慣性動
> 作，塑造了均勻的骨骼，至於健壯的外表就更不必說了。
> 出現在我們身體的生理錯誤，是自我們出生之後，長時
> 間增加它的動作負擔所造成的結果。錯誤的站立和走路
> 方式產生肥胖的腳，這是需要修正站立和走路方式，而
> 不是修正腳。我們的骨架自己有一定的調整範圍，來加
> 以運用及因應需要，但我們對它的了解似乎是變成無限
> 的。藉著學習更好的使用控制，腳、眼睛或身體任何器
> 官都將可能再度自我調整和改變它們的樣子，並和它應
> 有的功能相符。這樣的轉變是可以產生的，且其快速的
> 轉變，有時是令人無法置信的。（p. 152）

因為身體和心智是如此關聯，所以對身體的再教育是可能的，根據馬司特和休士頓，再教育必須從大腦皮質的運動神經開始。他們提到，當一個人折斷了手腕，在大腦皮質的運動神經可能發生一個抑制，從手腕以石膏或夾板固定開始，這抑制的發生是無法活動的起因。當移除石膏，手腕可能移動困難，這是因為受到大腦皮質的運動神經的抑制。馬司特和休士頓建議，心理的訓練可以幫助大腦再教育，藉此可以更容易使肌肉產生活動。他們說

明，心理生理的再教育是「神經中樞的再教育，這使得神經系統能對變化有較佳的反應與順應是顯而易見的，心理生理的訓練和大腦間有部分的交流作用，特別是身體的改變，大腦也將能適當地回應其刺激」（p. 49）。下面是書中介紹訓練的一段：

> 把你的手臂在你的兩側放下，讓手掌下垂，然後想像將你的頭從左旋轉到右，真實地想像它，它是什麼感覺、頭轉到每一邊有多遠，以及你做這動作有多快，想像你彎起手臂環抱胸部而且持續想像轉頭，至少想像十次，注意放鬆你的呼吸。當你想像手臂環抱胸部的動作時，你是否想像肩膀和背離開地板？……現在張開你的眼睛，真的轉動你的頭，很快地從一邊轉向另一邊，注意你的肩膀是否隨著轉頭而挺起和放下，而且自然地做這個動作，然後停止、休息以及閉上你的眼睛。（pp. 97-98）

心理生理的再教育使想像與運動結合，以提升身體的運作和安適。

心念專注

另一連結心智和身體的技術是對律動的覺察，當我們聚焦在每一剎那的覺察，這種狀況叫心念專注（mindfulness，念住，近來國內將此方法用於治療與修練，譯為內觀、靜觀、明心、正念、覺照等，本書作者強調當下專注與覺察，故譯為心念專注或念住，應可呼應專注之精神）。無論如何，在今日的現代工業化社會，心念專注已成為難以達到的事情。在家或工作中，經常使用電視、收音機和音樂，我們發現我們的注意力分散，我們時常感覺到須

強迫性地同時做兩件或三件事情。這種行為模式，大概就像一個
人邊開車、邊講行動電話、邊聽收音機或邊喝咖啡。

　　相反地，心念專注鼓勵我們放慢腳步，並且一次聚焦在一件
工作上。如果我們正在洗盤子，我們與肥皂、水、盤子同在當下，
而且沒有思考任何其他問題。當我們專注在走路，我們覺察到自
己的身體動作、呼吸的空氣和我們周遭的環境。因為專注，我們
和身體發展了一個連結。透過實踐，覺察變得很自然且容易。專
注使一個人幾乎很快察覺到身體的緊張，個人可以放鬆受影響的
部位，使身體不受緊張的影響。通常緊張可能因為對壓力的不自
覺，造成某些部位如頸和肩的影響，最終影響我們的感覺和行動。
心念專注讓一個人幾乎立即處理身體上出現的壓力。以下是一個
簡單的訓練，你可以和學生發展專注的心念。

　　　開始很慢地走路，當你走路時覺察到你抬起腳，移動它
　　並放下它，注意你身體每一個知覺，不要強迫走路，保
　　持覺察。在三或四分鐘後開始走稍快些，當你抬起和移
　　動腳時，繼續保持對動作的覺察……；現在開始跳躍，
　　首先慢慢跳，繼續覺察腳和腿的動作，當你跳躍時，同
　　時注意身體的任何感覺和知覺；稍微加快跳躍，但是持
　　續覺察你的動作……。現在開始跑，先不要太快，盡可
　　能覺察跑步和腿的運動；現在加快跑步，當你移動時，
　　盡可能保持覺察……。現在慢下來，保持覺察力在身體
　　上，再放慢腳步走路，保持覺察力在腿的抬起和移動上；
　　現在停下來。

　　在訓練結束後，學生可以討論他們的經驗，以及他們是否可
以透過訓練保持覺察力。心念專注可以應用在所有我們的動作和
其他訓練上，它可以容易和其他動作一起發展（例如，吃東西、

游泳、寫字）。以下是罕和（Hanh, 1976）的《心念專注的奇蹟》
（*The Miracle of Mindfulness*）一書中的兩個訓練，顯示出如何將
專注應用在日常生活中。

泡茶時的專注（茶道）

　　為客人或自己準備一壺茶來喝。專注地，慢慢做每
一個動作。不要對你動作的任一個細節失去專注，知道
你的手舉起茶壺把手，知道你正把香氣四溢的熱茶倒進
杯子，專注地跟隨每一個動作，溫和呼吸且比平時呼吸
得更深，當你的心智散亂時，屏住你的呼吸。

洗盤子時的專注

　　放鬆地洗盤子，有如每一個碗都是沉思冥想的對象，
把每一個碗當作神聖的，隨著氣息使心智不致散亂，不
要急著完成工作，把洗盤子當作這一生最重要的事，在
禪定中洗盤子。如果你不能在洗盤子時專注心智，那麼
在安靜時你就無法入定。（p. 85）

律動／舞蹈

　　另一種連結心智和身體的方法是舞蹈，在 1960 年代末和 1970
年代，律動教育變成風潮，尤其是在初等教育的課堂上。伊莎朵
拉‧鄧肯（Isadora Duncan）是本世紀最偉大的韻律／舞蹈老師和
表演者之一，她的律動方法最近由弗德瑞卡‧布萊爾（Fredericka

Blair, 1986）在一本傳記中摘錄下來。伊莎朵拉批判舞蹈只聚焦在
技巧，卻無法連結內在感情，她在她的書《舞蹈的藝術》（*The Art
of Dance*）中寫下：「這些舞蹈的動作系統都只是在安排體操技
巧，太過於理性的解讀（例如 Dalcroze 等）。」（p. 51）因此，
她教導她的弟子：「要記得你的動作要從內在開始，要求做每一
個確實的姿勢時，必須先從內在開始。」（引自 I. Duncan, n.d., p.
12）。《紐約時報》的舞蹈評論家約翰‧馬丁（John Martin,
1947）談及伊莎朵拉：「對她年輕弟子的訓練是堅決要求⋯⋯，
從不陷入⋯⋯僅僅是肌肉的運用⋯⋯，舞蹈者動作習慣的養成，
必須知道動作本身是永無止盡的，外在的動作總是內在的覺察外
顯出的結果，跟隨在沒有特定的一系列動作之後，他們肌肉效能
的發展可以如技術訓練般建立起來。」伊莎朵拉聚焦在自然的運
動，例如走路、跑步和跳躍，經常企圖連結外在動作和內心感情。
無論如何，舞蹈的目的不僅表現個人感情，也表現出整個宇宙的
感情。伊莎朵拉寫道：

> 他的身體僅是心靈發光的顯露⋯⋯，這是有真實創意的
> 舞蹈者，自然而不虛偽，在動作中敘說著自己，而且透
> 露出比自我更偉大的事情。（1928, p. 52）

伊莎朵拉不否認技巧，但是強調結合整體的感覺，她領悟到，
一個舞蹈者必須經歷「自我覺醒的心理和生理的步驟，最後達到
忘我的境界」（Blair, 1986, p. 49）。接近一個人內心最深處的自
我根源是音樂，有如她跳出了作曲者的作品，例如貝多芬和德國
作曲家葛路克（Gluck）。托比亞斯（Tobias, 1977）節錄鄧肯的方
法：

> 鄧肯創造了一種發自身體的中心、由身體和情感所鼓動

的舞蹈，與僅僅是枝微末節的手臂和腿的花稍動作相反
——她輕蔑地稱它們為「花招」，那可能只是教導到腳
部而已。第一次看到她的用語，看起來相當狹窄與簡單，
例如，只以走路、跳躍、跑步及全部上半身的運動為基
礎，但是它的可塑性和節奏是明顯微妙的（這是今日的
藝術專家們經常對此感到挫敗的），與它在一起，鄧肯
能夠創造出一個有感情的世界。她所留下的個人舞蹈曲
目，範圍從感覺抒發的布拉姆斯（Brahms）華爾滋舞曲
（Waltzes），到對荒涼紀念碑的憂傷、女修道院院長、
光輝狂熱的革命進行曲，在這些舞目中，身體看起來好
像在莊嚴與困乏中交替，暗示著壓迫和從它的束縛中以
大膽挑戰的方式撕裂自己；它表現出舞蹈虔敬心靈的溫
和純淨姿態（對葛路克來說），對抗酒神（Bacchanale）
的過度的飲酒瘋狂……。當現代舞蹈正回頭追尋它的歷
史與鞏固它的成就時，她的工作正在享受獻身於現階段
的澎湃興趣。鄧肯以純淨、簡單及清晰的方式建構舞蹈，
使其回歸到基本的外型、力度和動力，這些是當代舞蹈
在追求其精湛技藝時無法觸及的。

　　總結來說，伊莎朵拉對舞蹈提出了全人的方法，這是教育者
在發展活動課程時須考慮的。

　　迪蒙斯坦（Dimonstein, 1971）為國小舞蹈課程發展了一套全
人方法，她的方法將重點放在發展對動覺的覺察（kinesthetic
awareness）。動覺的覺察涉及孩子們控制並同時感覺律動的能
力。透過姿勢的律動，他們學習賦予內在思想形狀和形式。然後，
舞蹈不只是做出來，而是透過動作栩栩如生的想像，表現出內在
感情所呈現的形式。舉例來說，探索恐懼的概念，孩子們發現了
一些可以表現出他們的恐懼概念的動作。學生可能開始於無特定

架構的意象，可以較自由地讓恐懼的想像進入他們的心智，然後他們可以清楚表達這些想像或描繪它們，最後可以透過動作表現出他們對恐懼的想像。

迪蒙斯坦解釋這活動和舞蹈的三個步驟，第一步是學生探索各種活動，如同他們用基礎運動型態探索自我身體。

第二層是即興創作，學生開始連結內在感情和運動，在這階段中，學生開始利用動作來做自我表現的形式，雖然學生通常並未達到確切的舞蹈動作形式的水準。

在達到舞蹈水準時，兒童藉著透過身體的行動做出樣式，深入他們內在的感情知覺。在舞蹈中，藉由舞姿律動表現出一個特別的想法或主題形式。無論如何，迪蒙斯坦（Dimonstein, 1971）的舞蹈沒有故事敘述，反而聚焦在「將力量或物體象徵化的隱喻性質上」（p. 13）。在這象徵化的過程中，身體是中心，透過舞蹈，小孩發展了身體活動的「肌肉感覺」或動覺的知覺。在舞蹈中，他們得到了流暢和節奏的感覺，動作不是被分離的，而是全體的一部分。當跳舞時，兒童發展了流暢的感覺，正如他們的身體變得更中心化、更容易集中注意了。當兒童獲得這「肌肉感覺」時，他們學到表現自己的感覺，而且也學到哪些動作是恰當的，然後，舞蹈變成兒童表現內在生活的工具。

一個活動／舞蹈經驗的絕佳參考資料，是泰瑞莎‧班茲衛（Teresa Benzwie, 1987）的《一個感動的經驗：愛小孩的與赤子之心者的舞蹈》（*A Moving Experience: Dance for Lovers of Children and the Child Within*），針對小學年齡的兒童，她建議使用以下領域的活動：排列、空間、命名遊戲、語言、交談、活動遊戲和暖身運動、雕刻、藝術和活動、音樂和活動、幻想以及道具。

戲劇

另一整合身體和心智的方法是戲劇，尼微爾（Neville, 1989）討論到雅各・莫雷諾（Jacob Moreno）的心理劇可以用在課堂上，尼微爾指出，心理劇「在老師或治療師的指引，以及藉由同儕團體的介入和支持下，專注地『演出』處於情緒緊張的情境（真實或想像的）。」（p. 95）規則很簡單：演出「他或她內在衝突的主題，用演出取代談論，而這些主題就在當下表演出來」（p. 195）。

在心理劇中的關鍵元素，包含了導演，通常老師從頭到尾扮演過程中的催化者，主角是中心演員，演出他（她）的問題；配角包含了其他的學生，他們通常是主角或導演所挑選的。技巧的使用可以包含角色互換，主角和配角互換角色；配角模仿主角真實的寫照，配角扮演主角的自我改變。有個決定性的技術是，安排一張空的坐椅，當介紹新角色時，他可以坐在那裡，而且主角和配角可以接近這個人，進一步探索衝突。莫雷諾的方法鼓勵在真實人生角色上展現自發性與反省。

當然，戲劇不須是與個人心理衝突有關的心理劇，不同形式的即興創作可將焦點放在與教室中正在研究的主題，或與時下社會中兩難問題等有關的主題上。科特尼（Courtney, 1982）已寫了好幾本如何將戲劇整合至課程中的書。

一般來說，較年幼的兒童可能會對舞蹈律動感到比較自在，而不同形式的戲劇可能較適合青少年。

華德福教育／身體律動

奧地利哲學家魯道夫・史丹納探究並詳盡地闡述人類在許多領域的努力方法，例如農業、建築及醫學，同時他所發展出的華德福教育也是眾所周知的。從 1919 年開始的華德福運動，已經成為全世界成長最快速的獨立學校運動。史丹納將其教學方法植基於他對人的概念，這個概念引導華德福教育將其重點放在特別的動作形式——身體律動（eurythmy）。

在檢視身體律動前，簡要地檢視史丹納的人智學發展理念是重要的。史丹納認為人有四個身體，因此在教育孩子時，在不同的發展階段強調不同的身體發展。

第一個身體稱為：生理的身體（physical body）。這個身體支配著人生的前七年，物質的環境對這個時期的小孩非常重要，必須提供豐富的形狀及顏色，以及提供小孩可以具體模仿的行為。這些具體的事物必須是那些小孩可以操弄的，並且可以運用他們的想像力的，例如，史丹納建議可以讓兒童自己用小毛巾做一個娃娃。唱歌和動作在這個時期也非常重要，小孩會用拍手來數節拍，且跳舞動作被認為對身體器官的發展有強烈的影響。

當小孩的乳牙掉了以後，約七歲時，第二個身體以太的（etheric）身體（生命之身體）變得顯著。根據史丹納（Steiner, 1975）所言：「以太的身體是一種力量的形式，由深具活力的律動力量所組成，而不只是物質而已。」（pp. 13-14）在小學階段的教育是植基於想像力而不是智力。史丹納強調：「抽象的想法對以太身體的發展是不具有影響力的，是以可得到的以及內心可理解的鮮活圖片才是。」（p. 32）史丹納下結論說：

以太的身體是透過圖像及實例來運作的，例如，藉由仔
細地引導兒童的想像力。像七歲以前的小孩，我們必須
給兒童真實的實體形式來臨摹，所以在乳牙期與青春期
的改變期間，我們必須將具有正確內在精神意義與價值
的事物帶入他的生活環境中。由於那是來自於具有內在
精神意義與價值的事物，正在成長中的兒童之意志當下
就可獲得引導。任何寓意深遠且透過圖像及寓言來表達
的事物，對這些年齡的兒童來說是件好事。假如井然有
序的想像力能從內在精神意義中引導出來，以太身體將
會展現它的力量，它會從圖像及寓言中發現自己，不管
這些圖像及寓言是否可見於真實生活中或被傳達至心智。
以正確的方式在正在成長中的以太身體上運作，並不是
一項抽象的概念；反而那是可見可知覺的，但不一定要
用外在的感官，而是要用心眼。這種觀點與知覺是這些
年來教育上的正確方法。（pp. 29-30）

在小學階段，華德福教育強調用童話、神話及寓言來刺激兒
童的想像力。不應該硬將兒童置身於智性的活動，而心智活動必
須與動手做的活動一起完成，例如在活動中，兒童編織坐墊或帽
子。寫作必須被視為一種用手操作的想像活動，兒童必須有機會
寫作並大聲地說故事，也必須擁有對自然與事物的直接經驗，以
避免變得過於依賴既有的文字。李查斯（Richards, 1980）陳述說：
「要小心！不要讓兒童的閱讀及寫作過程變得機械化。」（p. 57）

音樂在小學時期也是很重要。對史丹納（Steiner, 1975）來
說，「音樂必須帶進以太身體，韻律將使它能感覺存在於所有事
物的韻律而不被隱藏」（p. 42）。其他的藝術也是重要的，諸如
畫畫與戲劇，它們經常被整合在主要的課程中，我們將在下一章
中更完整地討論。

在這個階段，遊戲與體操運動是重要的，史丹納建議必須很仔細地考量運動，如此才能將兒童內在的以太身體強化。有種體操訓練的方法叫作波斯蒙而（Bothmer），是由堪特·波斯蒙而（Count Bothmer）從史丹納的作品發展而來的。體操訓練、藝術、音樂、說故事及戲劇，都是設計用來豐富兒童的心靈（soul），這些都是李查斯（Richards, 1980）所主張的，也都是史丹納教育的核心工作項目（p. 59）。

第三種人類的身體稱為感覺的身體（sentient body）或星芒、靈魂之身體（astral body），它是「疼痛和快樂、刺激、渴望、激情等等的傳輸工具，在只有由肉體與以太組成的生物，是沒有上述這些的」（Steiner, 1975, p. 12）。在成人時期，靈魂身體是顯著的，在這個時期，華德福教育將較多的重點放在發展學生的批判智能上，雖然藝術方面的教材仍然保持著，但是到中等學校階段則轉移成重視發展智能的自主性科目上。

第四個也是人的最後一個身體是人的自我（ego），史丹納的自我概念事實上較接近自性真我（Self）。如史丹納所說，當第四個身體開始變為顯著時，來自內在的我（I）或神（God）會開始跟個人說話。史丹納（Steiner, 1975）主張自我與身體律動要加以連結，如下段所述：

> 當我說一個動詞時，我的自我就會與正在做某事的其他人的肉體身體相連結；當我說一個動詞時，我把我的自我與其他人的肉體身體聯合在一起。我們的傾聽，尤其是聽到動詞時，事實上總是一種參與。人所參與精神最深層的部分是什麼，只有它會抑制活動。只有在身體律動中，這個活動是被放置於外在世界的，除此之外的每一件事，身體律動也給予傾聽的活動。當一個人說某件事時，其他的人在傾聽，在聲音中，他在他的自我中執

行什麼是實際的存在著，除非他壓抑它。在參與中，自
我總是在運作身體律動，透過肉體展現在我們面前的身
體律動，除了表現出清晰的傾聽外，別無他物。所以當
你在傾聽時，你總是在做身體律動，當你實際在做身體
律動時，你只是正在使你傾聽時所留下不清楚的部分變
得清楚，人類傾聽活動的表現事實上就是身體律動。這
不是一件武斷的事，事實上是顯示出正在傾聽的人在做
什麼。（p. 65）

　　雖然身體律動在每個華德福教育階段中都會運用到，但是在
小學階段可能是最重要的，因為和以太身體的活動性有根本的關
係。身體律動不是舞蹈運動或個人表演，而是一種演講的身體形
式。身體的姿勢是從喉嚨的運動開始，手臂和手在身體律動中是
很重要的。身體律動也可以音樂的方式來表演，稱為「聲調律
動」，當我在華德福學校參觀時，四年級的學生正在藉由移動主
要／次要的繩結來做聲調律動。

　　低年級的兒童用走路或跑步來形成幾何圖形，例如，圓形、
八邊形、四方形、三角形及五邊形。身體律動能幫助不愛社交的
小孩學習如何與其他小孩很快地互動，以及能協助高智力小孩立
即踏進身體律動。在小學階段，身體律動也可以和說故事結合。
哈伍德（Harwood, 1958）評論說：

如果我們要在這類身體律動活動中說個小故事，也必須
把音樂加進來。小孩開始感受到不同身體律動的品質：
可能明亮的抑抑揚格詩（anapest）是適合王子的馬飛馳
地穿過森林；揚抑格（trochee）是適合公主在晚上迷路
於同一森林，以及想到她將再也無法看見的家；揚揚格
（spondee）是適合怪物從白天的潛行捕食後，以沉重的

步伐走回家。當這些在活動中整合在一起且被了解，教育就開始了。（p. 151）

　　年齡大一點的兒童可嘗試比較複雜的活動，諸如當用拍手來做身體律動時，同時用腳來做拍子的記號，然後一再重複這個過程。身體律動也可透過竹竿來進行，如此一來，如果活動做得不正確，學生的竹竿就會碰到隔壁同學的竹竿而產生聲音，此時這些活動發展出同時控制身體與注意力的能力。四、五年級小孩也可以運用身體律動在學歷史、神話及傳奇故事上。挪威神話故事（Norse Legends）的身體律動可以和希臘神話（Greek mythology）的做比較。哈伍德提到：「挪威神話的押韻計量器有著深刻的意志意涵在其中……在另一方面的六步格是最和諧的，是所有身體律動中最和諧的。」（p. 152）藉由一邊閱讀荷馬史詩（Homer），一邊做身體律動，學生可以從中獲得對希臘文化的感覺，比只有透過口語的方式還要深入許多。

　　當兒童接近青春期時，身體律動會與學生的智力發展有關。舉例來說，如主動式與被動式文法可透過活動來教學，例如透過身體律動表現出來。在這個年齡的學生可藉由讓一些學生演奏他們的樂器，同時其他的學生做一些活動，使得音樂能與活動更為密切地連結。

　　身體律動通常由一位接受過這方面訓練的老師來教學，但是班級老師也被鼓勵參與該類課程。根據哈伍德所說：「當身體律動老師對學生們正在學習的主要課程有濃厚興趣時，就如同班級老師在活動中正在做的，兒童就會在心智與意志和諧中茁壯成長。」（p. 154）在中等學校，身體律動可以和戲劇結合，「可能在一個富含自然靈性的戲劇中，例如，在米爾頓（Milton）的《司酒宴之神》（Comus），或《仲夏夜之夢》（A Midsummer Night's Dream）」（p. 155）。哈伍德用強調身體律動在華德福中的重要

性來下結論：

> 在現代生活的所有元素中，最缺乏的就是韻律方面——
> 是在今日藝術上非常顯而易見的一種缺乏。整個華德福
> 教育是立基於身體律動的，因此可能被稱為對某一時期
> 的人有療效。但是在這個韻律的教育中，毫無疑問的，
> 核心所在，那就是身體律動。（p. 155）

摘要

　　藉由探索心身的再教育、律動、舞蹈、心念專注及身體律動，我們能夠幫助學生連結心智與身體。經由連結心智與身體，我們強化了人的整體性，這種整體性不只是身體和心理的，而是如林其（Lynch, 1985）的方式，專注地在傾聽一個與我們同樣身為人類的人。

> 當我與一位病人的目光接觸時，我已發現自己在發抖——
> 注視著我、搜尋、熱切地希望第一次就發現他（她）血
> 壓升高、心跳加速或冰冷的手之情緒意義。在那樣的時
> 刻，我已深深感覺到薛丁格的真實（Schrodinger's real-
> ity），無疑地，再也沒有比他們的眼睛更具有偵察力的
> 感應器了，他們唯一的功能是偵測光線量子。確實如此，
> 那時已經令我顫抖了，因為我已捕捉到他們眼睛背後那
> 少許無限的宇宙，以及一種現實的宇宙圖像，在對話中
> 統一了我們。而且就在對話中，安靜地分享理性與感覺
> 的那個時刻，我也最能感覺活生生的生命力與人我同是
> 人類的感覺。（p. 310）

參考文獻

Alexander, F.M. (1969). *The resurrection of the body*. New York: Delta Books.

Barlow, W. (1975). *The Alexander principle*. London: Arrow Books.

Benzwie, T. (1987). *A moving experience: Dance for lovers of children and the child within*. Tucson, AZ: Zephyr Press.

Bertherat, T. & Berstein, C. (1977). *The body has its reasons: Anti-exercises and self-awareness*. New York: Pantheon Books.

Blair, F. (1986). *Isadora: Portrait of the artist as a woman*. New York: William Morrow.

Courtney, R. (1982). *Replay: Studies of human drama in education*. Toronto: OISE Press.

Dimonstein, G. (1971). *Children dance in the classroom*. New York: Macmillan.

Duncan, Irma. (no date). *The technique of Isadora Duncan*. New York: Kamin.

Duncan, Isadora. (1928). *The art of dance*. Cheney, S. (ed.), New York: Theatre Arts.

Feldenkrais, M. (1972). *Awareness through movement: Health exercises for personal growth*. New York: Harper & Row.

Feldenkrais, M. (1970). *Body and mature behavior*. New York: International Universities Press.

Freedman, M.B. & Sweet, B.S. (1954). Some specific features of group psychotherapy and their implications for selected patients. *International Journal of Group Psychotherapy*, 4: 355–368.

Hanh, T.N. (1976). *The miracle of mindfulness! A manual on meditation*. Boston: Beacon Press.

Harwood, A.C. (1958). *The recovery of man in childhood: A study in the educational work of Rudolf Steiner*. Spring Valley, NY: Anthroposophic Press.

Krystal, H. (1979). Alexithymia and psychotherapy. *American Journal of Psychotherapy*, 33: 17–31.

Lynch, J.J. (1985). *The language of the heart: The human body in dialogue*. New York: Basic.

Martin, J. (1947). Isadora and basic dance. In *Isadora Duncan*, Magriel, P. (ed.), New York: Henry Holt.

Marty, P. & de M'Uzan, M. (1963). La pensée opératoire. *Revue François Psychoanalysis*, 27 (supplement): 1345.

Masters, R. & Houston, J. (1978). *Listening to the body: The psychophysical way to health and awareness*. New York: Dell/Delta.

Neville, B. (1989). *Educating Psyche: Emotion, imagination and the unconscious in learning*. Victoria, Australia: Collins Dove.

Penfield, W. (1975). *The mystery of the mind: A critical study of consciousness and the human brain*. Princeton: Princeton University Press.

Richards, M.C. (1980). *Toward wholeness: Rudolf Steiner education in America.* Middletown, CN: Wesleyan University Press.

Shelton, H.M. (1971). *Exercise!* Chicago: Natural Hygiene Press.

Sifneos, P.E. (1975). Problems of psychotherapy of patients with alexithymic characteristics and physical disease. *Psychotherapeutics and Psychosomatics*, 26: 68.

Steiner, R. (1975). *Education of the child in the light of anthroposophy.* Adams, G. & Adams, M. (Trans.), London: Rudolf Steiner Press.

Tobias, Tobi. (May 22, 1977). *New York Times.*

8
CHAPTER

科目的關聯性

　　傳統上，科目（subject）是學校教育的核心。在傳遞式課程（transmission curriculum）中，科目成為核心，教學時使用的教材則與學生的需要和興趣無關。在全人課程中，我們嘗試讓教材之間相互關聯，自我和科目之間的關聯是其中最重要的。如果我們能將教材與兒童的內在生命加以連結，科目就變得較具體和有關聯。探究科目之間的關聯性也很重要，這可以透過各種統整課程和全人思考的模式來達成。最後，科目可以連結自我和社會（社群）。本章將探討上述這些關聯性。

自我／科目

　　我們已經在第六章論述以視覺心像來探索自我和教材。有些引導的心像練習能激發學生的興趣和發展學生的理解。或許連結

自我和科目的最好例子之一，是來自希維雅·亞斯頓—華納（Sylvia Ashton-Warner）的《教師》（*Teacher*）一書。亞斯頓—華納（Ashton-Warner, 1963）自陳這個取向並不是新的，而是她引用托爾斯泰以及海倫·凱勒（Helen Keller）的老師安妮·蘇利文（Anne Sullivan）的著作。對亞斯頓—華納而言，有機閱讀（organic reading）就是「從已知到未知、從母文化（native culture）到新文化的橋樑；總括而言，就是人的內在與外在之間的橋樑」（p. 26）。

亞斯頓—華納描述兒童具有兩種願景——內在與外在的願景。她相信內在願景更能引發兒童一定要達成目標的學習力量。亞斯頓—華納透過她所稱的「關鍵字彙」（key vocabulary）達到內在願景。這些關鍵字彙對兒童具有強烈而親密的意義，並且「已經是動態生活的一部分」（p. 32）。毛利人（Maori）孩子的關鍵字彙包括「媽咪」、「爹地」、「親吻」、「害怕」、「鬼」這些字彙。亞斯頓—華納將這些字彙寫在卡片上給每個學童，每個學童將會發展出自己的一套關鍵字彙，她讓學童讀卡片背面的字給她聽，學童也兩兩彼此讀這些字給對方聽，如此學童可以很快地發展出閱讀技巧。

當學生發展出大約四十個關鍵字彙之後，亞斯頓—華納開始進行有機的寫作（organic writing）。她說：「創造性寫作是以句子的長度或故事的長度為一幕來呈現，然而關鍵字彙卻是內心世界一字一幕的呈現。」（p. 47）這些句子和故事通常是自傳式的。針對亞斯頓—華納的寫作來說，拼字和作文都是完整的呈現。她說明：「拼字和作文不再以單一科目進行教學，而是像其他媒體一樣自然地呈現出來。」（p. 49）圖畫與故事結合而形成她所說的「我所見過的篇章中最具戲劇性、情感性和色彩性的事物」（p. 49）。

故事中的想法都來自於學生，因為她不給他們任何要寫的東

西，她認為那會變成「強迫灌輸」（imposition）：

> 我從來沒有教給兒童一些東西，然後要他去寫。那就會
> 是一種「強迫灌輸」，會妨礙它的藝術性。兒童的寫作
> 是他自己的事情，也是一種統整能力的練習——統整有
> 助於創作出更佳的作品。它愈有意義，對兒童來講就愈
> 有價值，而且對他來說，寫作也代表一切。那是他的一
> 部分，既定的科目則無法達成。那並不是圍繞著一組單
> 字寫成的句子所形成的篇章。如果是，結果就像你常見
> 的那種雜亂無章的事實敘述。它是在我們自己的書寫和
> 對話中，小心翼翼培養出來的流暢思緒。（pp. 49-50）

亞斯頓—華納以相同的有機寫作教毛利人兒童的數學。對她
來說，自然和數字是密切相關的，所以她會把孩子帶到戶外。她
教他們有關「黃金分割」的概念，那是自然界的完美比例，也是
「分割距離的方法：較短的部分之於較長的部分，正好等同於較
長的部分之於整體。」（p. 68）她指出：蕨類植物的葉子很適合
讓年幼的兒童去數。黃金分割「變成與寫作、閱讀、畫畫和對話
密不可分。我們比較喜歡三隻在飛行的鴨子，更勝於在數字卡上
面那三隻靜止不動的鴨子」（p. 70）。

亞斯頓—華納的有機寫作在教材方面以兒童的內在願景為起
點，並依此建構。內在願景成為關鍵字彙，逐漸構成寫作和閱讀
的基礎。因此，她的教學法根基於人的內在世界，並與自然連結。
她盡可能避免對孩子的內在願景做人為的強迫灌輸。

亞斯頓—華納（Ashton-Warner, 1963）引述畢比（C. E.
Beeby）在〈有機寫作〉（Organic Writing）一章開始的說法，在
此值得引用作為這部分的總結，因為這對她的全人思考做了很棒
的結語：「生命作為一個整體太過複雜，以至於難以教給孩子。

一把它分割，兒童便能了解，但是你卻可能因此而扼殺了生命本身。」（p. 46）

全語言

　　全語言運動（whole language）運用亞斯頓—華納的理念，很多其他的教育者一起改變全世界語言教學的方式。全語言的原則再次根基於有機的學習方法。盡可能將學習建立在兒童本身的經驗上，而且採用故事、主動學習和社群的觀念來發展學生的語言能力。全語言包含各種方法，當結構性的方法更適用時（例如：自然發音），它也不會將其排除在外。然而，所有技巧都設定在一個更大的架構之下，亦即語言是學習的核心。因此，全語言學習鼓勵父母親讀給孩子聽，或兒童彼此讀給對方聽，以便語言和文學能滲透到學習者的生活各個層面。在學習者的民主社群之中，全語言能產生最大的功效。古德曼等人（Goodman, Bird, & Goodman, 1991）主張：「全語言簡直可以說是教育中的草根革命。」（p. 4）因為教師已經見證這種學習形式的魅力，因此全語言這種以教師為主的運動，已經從一個教室擴展至其他教室當中了。當它受到強制局限時，鮮少有成功的機會。這種實施形式已經導致表面與不適當的語言學習法受到家長的強烈抨擊。關於全語言運動的詳細敘述，可以參考古德曼等人（Goodman, Bird, & Goodman, 1991）出版的《全語言目錄》（*Whole Language Catalog*）一書。

科目／科目之關聯性

　　過去幾年來，可以看出課程的主流已經朝向統整課程（integrated curriculum），其中包含了科目之間各種形式的連結。這涵蓋了一些不同的層次（圖 8.1）。第一個層次是「多學科課程」（multidisciplinary）。這類課程維持獨立的科目，但是建立獨立科目之間的連結。舉例來說，歷史老師可能在特定歷史時期會提到文學和藝術，並且探討那個時期的藝術如何能作為當代的典型代表。以「科際整合課程」（interdisciplinary）的層次來說，兩、三個科目會圍繞著一個主題或問題。例如：檢測都市交通問題和其他都市計畫的問題，就會關聯並統整經濟學、政治科學、設計工學和數學等學科。在「超學科課程」（transdisciplinary）的層次中，數個科目圍繞著一個廣泛的主題進行統整。例如：社會上的貧窮和暴力問題，提供他們本身廣泛地統整策略。在各個層次中，科目和概念的連結變得更多也更複雜。

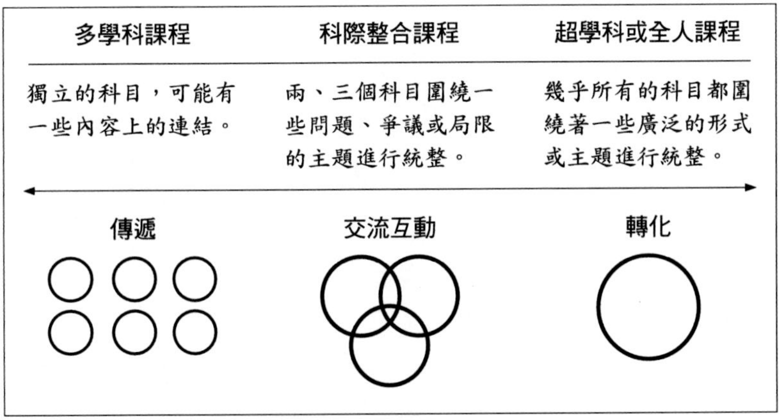

圖 8.1　統整／全人課程

科際整合課程層次：全人思考

在這個層次中，科目透過問題而統整。例如，可以應用第六章中華勒斯（Wallas, 1926）模式所描述的問題解決法。我將華勒斯的方法做一些修改，包含以下幾個階段：

- 不確定／模糊之處（uncertainty / ambiguity）
- 問題澄清（problem clarification）
- 預備／架構（preparation / frameworking）
- 醞釀（incubation）
- 找尋變通的方法（alternative search）
- 詮釋／變通的抉擇（illuminaton / alternative selection）
- 確認（verification）

不確定／模糊之處　大部分的問題解決都導源於一個待解決的狀況。例如，當初撰寫這本書時，我缺乏對全人教育的清晰概念，反而激勵我更深入去探究這個領域的原因。我先前在教授「全人課程」這一科目的課堂上已經探討過這個主題，不過，在我心裡對於全人課程的內涵與實施仍然存有許多疑點。就此而言，這本書讓我有機會以更完整的方式去探討全人教育。

問題澄清　在這個階段中，個人或團隊會試圖寫出思考到的問題，以便能掌控相關問題。不像邏輯和數學問題的解法，問題敘述並非技術面的假設，而是嘗試去了解問題的根源。在這個階段，運用視覺心像和直觀有助於找出問題所在，藉由內在省思，核心議題可能就會浮現出來。例如，寫這本書時，問題澄清包含界定第

一章中的定義。這個定義是我兩年來不斷和學生共同討論出來的，雖然為了這本書，我又做了一次修訂。定義提供這本書最初的架構。

預備／架構　在這個階段中，個人會針對問題嘗試發展出一個更完整的架構，他會比前一個階段試著從更寬廣的觀點來看待問題。以本書來說，這包含了發展出章節的標題形式來建立大綱，並使其與定義相符。當探討架構中的每一層面時，這個階段更趨向於線性思考。然而，這時視覺心像和直觀仍然在運作。例如，一個人可能對架構中的某一個部分，或對整個取向的洞悉存有一個意象。

醞釀　醞釀可能會在問題解決的過程中隨時隨地產生。事實上，雖然這些階段是以一種線性的順序呈現，但我現在所描述的方法實際上是更加流暢的，不是一個接著一個階段的過程。以畢比的話來說：我冒著扼殺整件事的危險，將它分割成各個階段。

　　醞釀包括不干涉，讓要素在潛意識的層次中自行運作。假如我們太強迫去推行問題解決的步驟，那它的產出就會愈少。在寫這本書和其他的著作時，我經常在沉思、走路、開車或洗澡時突然獲得靈感。

找尋變通的方法　這通常包含更有意識地找尋變通的方法和檢視這些變通的方法。首先，探討和發展出變通的行動方案，然後用參照標準加以判斷。我們可以有意識地建立這些標準，使其包括一些因素，或者更直覺地感覺到重要的因素。最後，這些標準通常與架構有關。在檢視變通的方法時，也有可能改變原有的架構。問題解決的整個過程一再反覆，並非呈現一種邏輯順序。例如，在我開始寫這本書的後半部時，我重新修定了全人教育的最初定義。

　　我也試著去連結本書每一章中的全人教育概念。例如：關於比喻，我必須去思考這個主題是否與整體概念相符，以及是否也能引起老師們的興趣。這些比喻的例子在教室情境中適當嗎？或

者我應該找其他的例子呢？

詮釋／變通的抉擇　在這個階段中，個人選定一個行動方案。這可以包含根據標準對變通的方法進行理性的評鑑，或者可能牽涉到在第六章所提到的意象呈顯。假如視覺心像或直觀洞見是存在的，可能也會被評估為違反標準。但我們必須小心，我們的標準和心智不要陷入拘泥和固著。假如我們的標準太過缺乏彈性，將會扼殺創造力。一旦內心願景的力量更強時，應該修正標準。

確認　現在必須考驗解決方法。簡言之，它是否有效？或者你必須尋找其他的解決方法呢？關於本書定稿之前，尚須審閱確認。審閱者可能會建議不同的方式，包括從微調部分段落，到重新調整架構、大幅改寫等。在確定一本書時，審閱者是重要的第一關；而第二步驟則來自於書本營造出來的讀者類型。

　　這種模式也適用於學生在不同科目中所面臨的問題和計畫。例如：讓我們來檢視「一個國家是否應該加入大型貿易聯盟」這樣的問題。

1. **不確定／模糊之處**──「不確定」，在此問題上強調的是在加入貿易聯盟前，比較迫切的議題是什麼。議題的焦點通常是國家對某些產業控制力的喪失（例如，關稅徵收）與可能的經濟利益之間的抗衡。然而，議題不僅局限於經濟方面，文化方面也時常受到影響。因此，學生可以檢視在藝術和經濟層面的可能影響。

2. **問題澄清**──我國應該成為大型貿易聯盟的一員嗎（例如，北美自由貿易協定）？

3. **預備／架構**──此階段學生試著探究一些影響決策的內在議題，亦即成為大型貿易聯盟的一員之後，會有哪些影響。有些人看到商業利益團體與環保團體之間的衝突。商業團

體與大財團強力主張自由貿易能提升經濟和創造就業機會；另一種立場所關注的則是大型貿易聯盟忽視當地的利益，這牽涉到環保問題。在檢視相關的環保議題時，自然科學就可以融入這樣的單元之中。

4. **醞釀**——讓學生從問題中蟄伏一段時間。他們可以討論相關議題，可是當他們關注這個議題，一直想著哪種利益最重要時，讓事情暫時擱置（例如，擱個幾天）是有幫助的。

5. **找尋變通的方法**——在這一階段，當學生清楚地發展出自己的願景，並檢視每種立場的利弊得失後，他們更能意識到如何處理問題。藉著寫出他們的立場和列出加入自由貿易聯盟的優缺點，學生開始有系統地著手處理問題。在評估是否加入北美自由貿易協定時，他們的願景就成為一種評量標準。

6. **詮釋／變通的抉擇**——無論學生對成為貿易聯盟的一員做出贊成或反對立場的決定。經過更有系統地尋找變通的方法之後，學生可以再退一步，對所做的決定進行更深入的思考。經過這種內在的省思，此決定有很大的機會不再只是抽象的決定，而是與完整的個人更緊密地關聯。然後，學生便能寫下自己的抉擇和做此抉擇的理由。

7. **確認**——在最後一個階段中，學生可以和其他同學和老師分享自己的答案。他們也可以和其他同學的回答做比較。

在上述過程中，學生看到了經濟、藝術和科學層面，雖然也可能涵蓋其他科目。

有很多問題解決的過程很適合讓老師用來進行科目之間的連結。藉著在不同學科中運用這些模式，我們可以探討科目之間的關聯性。我呈現上述教學法的目的是為了探究問題解決的各種方法，它比較少是線性的，而是允許運用直觀、醞釀和視覺心像。

超學科課程：華德福教育／主要課程

華德福學校（Waldorf School）的上午教學由主要課程開始，主要課程大約從早上九點到十一點之間進行。華德福學校中，同一個老師從兒童一年級帶到八年級，他們每天最重要的責任就是主要課程的教學。

主要課程包括了英語、數學、地理、歷史和自然科學。課程統整的主要媒介就是老師的美感。這種課程常常以學生目前正在學習的歌唱或詩歌朗誦開始。史丹納體認到年幼的兒童喜愛例行性儀式，因此規劃到課程的多個層面中。歌唱活動之後，教師接著呈現課程的主題。

藝術是每個主要課程的核心，而美感則統整了主要課程。每個學生都有一本空白的記事本，他們可以將學到的東西用各種顏色畫在上面。根據李查斯（Richards, 1980）的描述：

> 每個主要課程都將喚起兒童的聽力、身體動能、思考力和感受力。藝術活動特別與自我意願相關：那是一種操作與實作的經驗。藝術作品也能引發兒童對感受的表達能力，還能激勵一種如何完成事情的直覺思維。在低年級時，有些老師允許兒童模仿黑板上畫好的東西，如此一來，他們可以學到畫畫的方法，否則可能會不知道怎麼畫起。其餘的時間兒童就可以隨心所欲地畫畫。依不同的老師和不同年級，有各種不同的表現方式。（p. 25）

蠟筆、彩色鉛筆和水彩都可以使用。當學生畫畫時，老師鼓勵他們去感覺不同的色彩，因此藝術經驗並不抽象。低年級小朋

友在說故事活動之後，可以讓他們塗色，那麼語言就和藝術產生連結。學童可能會將主要的原色相混合，例如，將黃色和藍色混在一起變成綠色。同樣地，在塗色之前通常會說一個故事，所以經驗與學童的想像就會產生連結。低年級的學童，通常不會將黑色和白色混合在一起，因為它們比較抽象，而且對年幼的學童來說比較不生動。同樣地，學童並不畫出輪廓線條，而是直接上色畫成圖形。圖形來自色彩而非僵硬的框線。當應用上色、造型、設計和線條加工等技巧時，藝術也和數學產生了關聯性（Richards, 1980, p. 26）。

在自然科學課程中可以運用說故事教學，例如：威爾金森（Wilkinson, 1975）建議以下的故事可以用來教年幼的學童關於植物成長的四種要素：

從前有一顆很大的咖啡色種子躺在地上，這顆種子有白色的邊和白色的條紋。住在這片花園裡的土地精靈們知道那是一顆種子，而且應該照顧它，所以他們就靜靜地將種子埋下。然後他們告訴水仙女這顆種子的事，水仙女就化身為雨，給種子一些水喝。不久，住在炙熱太陽裡的火仙子前來拜訪，種子開始覺得有點奇怪，好像發生一些變化，它看起來好像越來越大，不久它的皮就爆開了。一根芽往地底下鑽去，另一根芽則冒出地面。往地底下鑽去的那個小芽長成了根。整個春天，土地精靈都忙著照顧它和它身邊的土壤。雨仙子和火仙子不斷地前來探望逐漸成長的植物，空氣仙子也前來繞著它飛舞。長了幾個月後，它就比你還高了，就像我一樣高。在莖的頂端有件美妙的事正要發生。一朵巨大的黃色花朵出現了，它將臉朝向太陽。有些學童來看它，他們說：「好大好亮的臉啊！好像太陽一樣。我們叫它太陽花吧！」

（p. 72）

五年級有一個老師將植物學、音樂和詩歌做以下的連結：

> 在介紹我們對植物王國的研究時，我以種子萌芽的生動
> 故事引導孩子，引發他們自己對生命力的誕生所做的創
> 意表現。當我們用手凹下的形狀來當成種子動起來時，
> 每個孩子都發現了一種旋律的和諧感。然後美妙的音樂
> 一播放，我們的手隨著種子開展，根最先往下探索，然
> 後升起含苞待放的種子嫩葉，接著突然出現光線和溫度，
> 葉子往外伸展，莖奮力向上延伸，然後長出了真正的葉
> 子。這些全都是由一些音符構成的！像詩一般的表達方
> 式隨之而來。（Richards, 1980, p. 114）

學生寫下曲調，然後用錄音機播放，再寫成一首詩。李查斯
（Richards, 1980）認為：透過藝術，華德福學校試著去培養我們
文化中所欠缺的直觀能力。

> 那是一種直觀能力。這種直觀能力來自於個人富於想像
> 力和全神貫注地對身體感官的練習與體驗的結果。這就
> 是為什麼藝術的練習在所有的學習和教育中顯得格外重
> 要，這也是為什麼個人在藝術方面的欠缺可說是社會赤
> 貧的反映。如果缺乏這種精神上的感覺器官，一味地用
> 身體過程來看待工作上形成的支配力，由表面上看來，
> 我們是盲目而愚昧的。（p. 73）

史丹納鼓勵老師在教學上要有創意和彈性。根據李查斯
（Richards, 1980）所說，他們「和孩子們一同塗顏色和畫畫、唱

歌和放錄音機、朗誦和說故事、烹飪和遊戲」（p. 28）。史丹納要老師去迎合孩子的興趣，並且在課堂上多運用幽默感和驚喜。他希望老師以熱忱教學而不是按表操課。史丹納（Steiner, 1976）對華德福學校的首屆老師說：

> 老師必須是一個對他所做的大小事都積極主動的人……
> 老師應該是對全世界和全人類充滿興趣的人……
> 老師必須是一個從來不會在心裡妥協虛假的人……
> 老師必須永遠不會變得觀念陳腐或過時……
> 在這兩個星期內，如果你的心靈只允許做對的事情，那麼我只談論什麼是可以直接進到你的實際教學之中。但是我親愛的朋友們，在我們的華德福學校裡，你所做的一切都要以自己心中的想法為依歸，而且不論你是否真的能將我們所規劃要有效率的事情放在心上……
> 我不想讓你們變成教書的機器，而是想讓你們成為獨立自主的老師……
> 特別的是，讓我們在大家面前保有這種想法，那應該真實地填滿我們的心靈：那些緊繫日常生活的心靈活動者，也正是引導宇宙萬物的心靈力量。假如我們相信這種美好的心靈力量，那麼，它們將激勵我們的生命，以及我們將更有動力去教學。（pp. 199-201）

故事模式

另一種科目關聯的超學科課程是由蘇珊·德瑞克（Susan Drake, 1992）及其同事所發展出來的「故事模式」（Story Model）（圖 8.2）。這種課程奠基於故事是建構經驗的一種重要方式。故

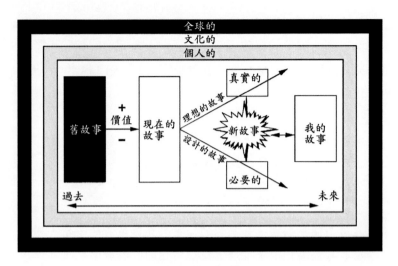

圖 8.2 故事模式

事模式確定包含個人、文化和全球等層次。個人的故事是指我們如何創造自己的生活意義；文化的故事強調文化歷史或者我們生活中的次文化。再次強調，並非只有單一的文化故事，而是以說故事者的架構為基礎所形成的多個版本的故事觀點，這點認知是很重要的。最後，全球的故事是連結個人的故事與文化的故事，並且設計出更大範圍的情境脈絡。

學生可以從確認現在的故事開始。現在的故事通常聚焦在一個大主題，像家庭、教育或經濟。學生確定他們眼前所見的就是現有故事的主要元素。例如，假如學生強調教育，故事可以針對更大的績效責任、融合學校（inclusive school）、學校革新與改組等議題。學生透過現在的故事來觀看教育的舊故事，舊故事通常存在著傳統教育與現代新潮流之間的衝突。然而，傳遞式學習一直居於主導地位，教師將訊息傳遞給學生，然後反映在紙筆測驗上。在檢視過去與現在的故事之後，學生準備去觀看一個新的故事。他們藉著創造一個理想的故事和設計的故事，逐步發展出一

個新的故事。理想的故事是指他們期望發生的願景,雖然這還需要經過現實的考驗。例如,這可能包含全人教育的願景。然而,他們也發展出一個反向的趨勢,這種反向的趨勢是現有故事的一部分。舉例來說,對績效責任的關注可能導致一個考試導向的課程(a test-driven curriculum),那就太過於僵化,以至於無法顧及個別差異或團體差異。在發展出理想的故事和設計的故事之後,學生開始塑造一個兼具兩者的新故事。他們也嘗試透過這個新故事來建構他們自己的行動與新故事相關的個人故事。所以,新故事就能找到一些介於績效責任和更具全球的與全人教育取向之間的平衡點。

在上述的概要說明之後,學生能發展出圍繞相關議題(例如,教育)的一些探究性問題。這些問題應該是允許反思和深思熟慮的開放式問題。在發展出一些問題之後,學生對每個問題加以研究。一旦他們聚焦在某些問題上,就可以採取小組合作的方式,發展出一些與議題相關或所探究問題的報告或成果展現。其他有關故事模式的詳細資料,請參考德瑞克等人(Drake et al., 1992)的著作。

科目／社區

科目也可以搭起連結社區的橋樑。下一章也將探討這個主題,不過在這裡至少先提供一個例子是很重要的。我所選的例子就是由愛略特・維金登(Elliot Wigginton, 1986)所主導的「狐狸火方案」(The Foxfire Project)。維金登在阿帕拉契山南方羅奔峽谷的那古奇學校(Rabun Gap-Nacochee School)開始進行英語教學。為了讓他的學生參與寫作和編輯的過程,他在 1966 年創辦了一本名為《狐狸火》(*Foxfire*)的雜誌。

　　雖然維金登只提供一般性的指導，創刊號中的議題卻能由一群十年級的學生編輯而成。因為學生採訪了社區附近的居民，使這本雜誌變得非常搶手。例如，訪問年長的居民，請他們提供實務的建議，像是「如何尋找和使用黃根（yellowroot）這種草藥」、「如何製作棉製的食物籃」和「如何紡紗製成衣服」。學生與社區居民的接觸愈來愈頻繁，有些像愛琳（Arie）阿姨那樣一個人獨居在山坡上的木屋裡，也在學生的生活中占有一席之地。學生常常去拜訪她，看看她所栽種的植物和烹調的食物，愛琳阿姨也會經常來拜訪維金登的班級。

　　其中一個最有企圖心的方案就是如何建造一間木屋。這個議題的報導得到喬治亞作家協會（Georgia Writers' Association）的文藝獎。最後，《狐狸火》的讀者已經多不勝數，因此造成同名的書就有數本之多。《狐狸火》首版發行的十年之後，舉辦了一場慶祝活動，同時也慶祝《狐狸火第七代》（Foxfire 7）的發行。慶祝活動結合每年的母親節餐會活動，這一天由工作人員演出，以表達對社區中參與過《狐狸火》雜誌的人們致上最高敬意。學生與社區的接觸更擴展到其他領域，學生幫忙居家附近的年長者做家務雜事（例如，粉刷）。《狐狸火》到今天仍然在發行，也成為羅奔峽谷公立學校的課程之一。學生竭盡心力以發行雜誌，從製作錄音檔到與美國其他學校或團體做聯繫。學生甚至協助百老匯製作透視《狐狸火》的劇本。現在也有錄影帶和《狐狸火》電視劇，並在當地的有線電台網也播放了《狐狸火》的內容。核心焦點又再次鎖定在訪談當地居民關於當地風俗和他們生活中所面對的議題。

　　《狐狸火》也開始成立自己的出版社。狐狸火出版社的產品由達頓公司（E. P. Dutton）所經銷。出版部門位於一棟太陽能供電的大樓裡。第一本出版的作品是《狐狸火的肖像：愛琳阿姨》（Aunt Arie: Foxfire Portrait）。

　　《狐狸火》不單只是一個成功的例子。它是有關一個老師如何信任學生，允許他們走出校園，對社區附近的居民進行訪談，並將訪談內容整理和出版。這本刊物成為教導學生的語言技巧，以及連結語言與社區的媒介。

　　維金登（Wigginton, 1986）在書中列出他稱之為教學的「一些整合性真理」（some overarching truths）。第一項真理即是：「好的老師將教材視為整體」。維金登形容那些老師為：「對他們來說，教學主題無可避免地與教材、社區、學生和自然形成的全球關係相互連結，否則孤立於世界之外去教導學校以外的事物是不可能的。」（p. 200）然後，他列出一些問題以顯示如何透過探究問題，讓學生與社區產生連結。

> 　第一季春天的花朵成了植物觀察的對象。無獨有偶地，每個步驟必然接續著下個步驟：為什麼春天盛開的花朵有顏色和香味呢？它們如何得到顏色和香味呢？它們是什麼構成的呢？花和蜜蜂之間又有什麼關聯呢？蜜蜂如何工作呢？牠們如何溝通呢？牠們如何築巢呢？為什麼蜂巢會是六角形的組合而成的呢？牠們的建築和巴克敏司特・富樂（Buckminster Fuller, 1895-1983）[1]的圓頂建築又有什麼關係呢？這又和數學有什麼關係呢？什麼材質是最堅固的呢？為什麼人們要寫下有關花的詩呢？他們寫了什麼呢？為什麼他們要彼此送花呢？他們所送的花的顏色代表什麼特殊意義嗎？為什麼？為什麼有些種類的植物會瀕臨絕種呢？我們怎麼阻止這樣的事情發生呢？我們為什麼要這麼做呢？環境科學家做了什麼？景觀設計師又做了什麼？原因何在？（pp. 200-201）

1　譯註：美國著名的建築師、設計家、詩人、作家、發明家。

多元諧和教育

多元諧和教育（confluent education）發展了許多策略來促進自我—科目、科目—科目或科目—社區之間的連結，我想簡短地討論多元諧和教育來結束本章。多元諧和教育開始於 1960 年代，由喬治·布朗（George Brown）所領導，最初聚焦在認知和情意層面的連結。然而，到了 1970 年代，多元諧和教育強調的焦點更為廣泛，被視為處理自我內在的多元特質（intrapersonal）、人際之間（interpersonal）、超越人際之外（extrapersonal）及超個人（transpersonal）的四個層面（Brown, Phillips, & Shapiro, 1976, p. 10）。這四個層面以同心圓的圖來表示（圖 8.3）：

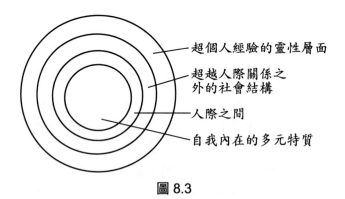

超個人經驗的靈性層面

超越人際關係之外的社會結構

人際之間

自我內在的多元特質

圖 8.3

自我內在的多元特質意指個人的內在感受和次人格特質，如積極主動和消極被動、男性化和女性化，以及其他的次自我（subselves）。多元諧和教育試圖促進對於次自我的意識察覺，並且協助學生達到內在的和諧。

人際之間的層面包括與他人的關係，意指學生如何知覺他人

並與他人溝通。第三個層面則是超越人際之外，意指環繞學生經驗的情境脈絡或社會結構。這些都包含在學校、社區和社會結構之中。布朗等人（Brown, Phillips, & Shapiro, 1976）提出這三個層面之間互有關聯性，最令人滿意的說法就是將三者統整在一起。

> 舉例來說，假如設計一堂教導民主歷程的課程，學生各自分享影響他們的一些決定，以小組討論方式進行做決定的過程，然後與老師共同訂定班規。多元諧和教育存在於自我內在多元特質的需求、人際關係和超越人際之外的情境脈絡之間。但是如果老師以獨裁方式管理班級，這種情形就不能稱作多元諧和了。（pp. 11-12）

第四個層面是指超個人，它圍繞著前三項，意指學生經驗中所包含的宇宙與靈性範疇。超個人層面提供檢視意義和靈性方面基本問題的宇宙情境脈絡。

以下是幾個多元諧和教育的例子，探討各種科目之間的關聯性。

自我—科目 琴・謝樂佛（Jean Schleifer, 1975）所提出的這個例子，聚焦在學生如何透過他們所閱讀過的小說來建立連結，特別是對學生來說具有重要性的人物。

1. 閉上眼睛，進入屬於你自己的隱密空間。現在由你所閱讀的書本中，試著看出對你來說最有意義的人物。將這個人物放到某個空間裡，不管是他在書中自然存在之處，或是你想像中他可能會存在的地方。試著去看這個人物的每個部分。頭髮長什麼樣子？什麼顏色？長髮的？捲髮的？直髮的？有瀏海嗎？整齊嗎？注意一下耳朵。他有著什麼樣的鼻子呢？注意一下膚色。是乾淨的？有粉刺的？還是曬

成棕色的？你怎麼看待他的嘴巴？大小恰好的？嘴角下垂的？緊咬著的？這個人物的手在做什麼？這個人站姿如何？怎麼走路呢？穿什麼樣的衣服？把他們看清楚——顏色、樣式等等。

2. 當你準備好，就張開眼睛。寫下你對這個人物外表的一些描述。

3. 從你描述當中選一個對這個人物最貼切的字，把它寫下來。

4. 現在寫下一個對你而言可能跟他的描述相反的字——只要一個字。

5. 說出你的字，並說說你對它們的看法。

6. 把你的紙翻過來。用線條或顏色畫畫，畫出你看待這個人物的方式。不要畫和相片一樣的圖，用外形、顏色和線條來表現這個人物。和其他人聊一聊。（p. 252）

這個練習也要求學生去應用藝術（畫畫），所以也可以讓科目和科目之間產生連結。

科目—科目 以下的活動取自葛羅瑞雅・卡絲提洛（Gloria Castillo, 1978）的《左手教學：情意教育的課程》（*Left-handed teaching: Lessons in attective education,* 1978），並連結科學、語文、戲劇和活動。

第十四課　太陽系的對話

　　把自己當成太陽。用太陽的方式說話，好像你就是太陽一樣。例如：「我是太陽。我是一顆很大的星球。我有許多熱能，我的熱能給予地球能量。」

　　現在，把自己當成地球。用地球的方式說話，彷彿

你就是地球一樣。例如：「我是地球。我有空氣、水、植物和動物。」

一個人當成太陽，另一個人當成地球。創造一個太陽和地球的對話。你要對對方說什麼呢？

讓這成為即興創作劇場的活動，也是自然科學的活動。如果學生的說法不正確，先不要糾正他們。「戲劇」演完之後，你可以澄清一些觀點，補充額外的資訊，或者指派進一步的讀物。用這種活動來評量學生對於太陽和地球懂得多少，又有哪些是他們不懂的。

對於程度好的學生，就在「戲劇」裡增加太陽系中的其他星球。

假裝你是地球，隨意舞動。繞房間一周來代表一天的時間。選一個伙伴，一個當地球，另一個當月球。地球與月球共舞，彼此搭配時間。現在兩個都加入另一組伙伴當中。你們兩個都變成太陽。你們全都一起跳舞，好像太陽（兩個學生）、月球和地球都一同舞動。

根據班級的能力去進行上述的活動，持續讓學生加入扮演其他的星球。創造一個太陽系之舞。（pp. 194-195）

科目／社區 珊卓拉‧紐比（Sandra Newby, 1975）發展一個九年級的英文課程，其中包含社區的要素。她鼓勵學生接觸校外的人士，並且編輯成一份報紙、錄音訪談內容和製作成錄影帶。

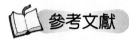 參考文獻

Ashton-Warner, Sylvia. (1964). *Teacher.* New York: Bantam.

Brown, G.I., Phillips, M. & Shapiro, S. (1976). *Getting it all together: Confluent education.* Bloomington, IN: Phi Delta Kappa Educational Foundation.

Castillo, Gloria. (1978). *Left handed teaching: Lessons in affective education.* New York: Holt Rinehart & Winston.

Drake, S.M., Bebbington, J., Laksman, S., Mackie, P., Maynes, N., and Wayne, L. (1992). *Developing an integrated curriculum using the story model.* Toronto: OISE Press.

Goodman, K.S., Bird, L.B. & and Goodman, Y.M. (1991). *The whole language catalog.* Santa Rosa, CA: American School Publishers.

Newby, S. (1975). Getting at responsibility in a ninth-grade English class. In *The live classroom: Innovation through confluent education and gestalt.* Brown, G.I. (ed.). New York: Viking.

Richards, M.V. (1980). *Toward wholeness: Rudolf Steiner education in America.* Middletown, CN: Wesleyan University Press.

Schleifer, J. (1975). Listening to the book. In *The live classroom: Innovation through confluent education and gestalt.* Brown, G.I. (ed.). New York: Viking.

Steiner, R. (1976). *Practical advice for teachers.* London: Rudolf Steiner Press.

Wiggington, E. (1986). *Sometimes a shining moment: The Foxfire experience.* Garden City, NY: Anchor.

Wilkinson, R. (1975). *Common sense schooling.* Hastings, Sussex: Henry Goulden.

9
CHAPTER

社群的關聯

　　全人課程應培養學生與社群之間的關聯。對學生而言，最接近的社群團體就是班級，可藉由在班級中強調學習團隊合作教育，來培養學生在班級內的社群性；而比班級再大一點的社群團體就是學校，藉由邀請式教育（invitational education）和社會常識訓練，激發學生在學校內的社群性。最後則透過一些方案，企圖讓學生連結到學校周遭更大的社區群體；這些方案通常涉及學生到社區服務的活動或進行社會改造的方案。

自我與班級間的關聯

控制理論／合作學習　威廉·葛拉瑟（William Glasser, 1986）已經長時間致力於倡導讓班級成為一個社區群體。在他（Glasser, 1969）早期的一本書中，主張以班級會議作為一種促進學生自尊

和幫助發展班級內社群感的工具；學生在班級會議中，嘗試解決更大團體情境中出現的問題。

最近，葛拉瑟更主張控制理論可作為了解個人內在運作產生其行為的假定。根據控制理論，我們真的不能強迫孩子，反而只能試著提供一個符合孩子們需求的環境。然而控制理論提出人的五種基本需求，包括「1. 求生存和繁衍；2. 歸屬和愛；3. 獲得權力；4. 自由；5. 擁有樂趣」（p. 24）。

其中，獲得權力的需求更是控制理論的核心。因為學生如果不覺得在學校所做的事有什麼重要性，他們就不會願意學習。因此，葛拉瑟覺得權力需求幾乎就是所有學校問題的核心關鍵。根據他的看法，大部分的學校訓練取向是忽略了控制理論，反而企圖以外在誘因影響學生。另一方面則是因為老師缺乏訓練，而幾乎無法發展出讓學生能感到被接受又覺得正在做的事是很重要的班級環境。

所以，葛拉瑟提醒著：「樂隊老師、合唱團老師、戲劇班老師或足球教練們會面臨學生不願做、不專心或不願動的問題嗎？幾乎沒有。」（引自 Gough, 1987, p. 658）這些老師幾乎不會有這些問題，因為他們符合學生們想要的歸屬和權力需求。

葛拉瑟也是在班級中運用學習團隊的倡導者。在大多數班級中，他聲稱：「每個學生都在獨自工作。他（她）被告知：『緊盯著你自己的工作，別分享、別比較、別說話，也別求助。』」（引自 Gough, 1987, p. 659）當然，這完全違反了人對歸屬感的基本需求。相對地，學習團隊通常含括四、五個學生一起工作以達成團隊目標；通常這樣團隊成員的組成，包括有一個高成就學生、一個低成就學生和兩三個一般成就的學生。所以，葛拉瑟用籃球團隊做了下面的比喻，來說明每個團隊中成員都能覺得自己是有價值，甚至能以不同形式做出貢獻的例子：

一個平均每場比賽得三十分的籃球選手，和另一個平均
每場只得二分的選手相比，未必前者就一定優於後者。
因為只得二分的選手可能就是做球給得三十分選手的人，
若沒有他的確實傳球，可能就沒辦法得高分。所以，教
練並不會給得分高者較高評分，因為團隊的整體評分才
是最後給分的依據，那是整個團隊成員共同贏來的。教
練這麼做，就是試著在教團隊合作，告訴每個人，在球
場傳球是為了每場比賽盡可能做到團隊的合作努力。
（Gough, 1987, p. 660）

　　團隊學習活動的方式也能類推到寫一篇小品文、討論一本書、
寫一篇報告，和做一份研究計畫。葛拉瑟發現，學生也能在此發
展出與運動團隊相同的團隊榮譽感。他說，事實上在這些項目上
較低成就的學生們，因為很難認知到他們做這些項目也是在團隊
學習，但是他們通常是在團隊情境中更能發揮的人。

　　這種學習團隊概念也是大衛‧強森與羅傑‧強森（David
Johnson & Roger Johnson, 1986）在明尼蘇達大學研究成果的部分
基礎，他們以此提倡合作學習的概念。然而，如何在班級運用合
作學習的作法，洛伊‧史密斯（Roy Smith, 1987）提出下列幾項他
在班級中發展合作的技巧：

㈠教師應告訴學生，以合作學習為優先、鼓勵分享材料，以及
　發展溝通技巧。史密斯聲稱老師們通常會低估合作的可能性，
　他（Smith, 1987）舉例說：「我曾聽到一位老師在班級中完
　成一個合作式的腦力激盪段落之後，告訴班上同學說：『好，
　現在大家回去做各自的工作。』這意味著團隊工作只是餘興
　節目，而非是像學生回到自己座位所做個別活動那樣的真正
　工作。」（p. 664）

㈡教師一次只使用兩個技巧來致力於發展合作的必備技巧。例如，教師可能只專注於使用聆聽技巧在兩三個班級活動中，因為這是合作學習的基本功。教師也會想要與學習團隊保持密切接觸，以便看見哪些技巧是需要的。教師可能也希望學生能在團隊中，扮演下列這些有助於促使團隊完成任務的角色：

1. 鼓勵參與者（encourager of participation）——以友善的方式鼓勵所有團隊成員參與討論、分享想法和感覺。
2. 讚揚者（praiser）——讚賞團隊成員所做的分配工作和對團隊學習的貢獻。
3. 摘述者（summarizer）——重述團隊討論中表達出值得欣賞的想法和感覺。
4. 檢核者（checker）——確認每個人已經做到閱讀和剪輯，這兩部分是每個人寫作論文時必須了解的原則。（Glasser, 1986, p. 100）

教師要能夠向全班介紹這些角色，並讓學習團隊的每個人都扮演其中一個角色。當他們能直接運用這些技巧之後，就能整合在他們的團隊行動中了。

㈢教師須進一步協助學生練習將這些技巧運用在不同情境中。例如，有些學生能扮演一個學習團隊的觀察者，去記錄他們如何傾聽、鼓勵、讚揚、摘述和檢核；這些學生在觀察之後，要能夠與學習團隊分享他們的回饋。

㈣回饋是發展合作學習的第四步驟。除了由觀察者給予回饋之外，團隊本身也要能夠在這個段落結束之後，給彼此回饋。有些老師會提供社交技巧檢核表來協助學生完成這項任務；因為讓學生集中在特定事項上做具體回饋是重要的，如此才能讓人用建設性方式來處理回饋。史密斯說：「很重要的是觀察者應避免評價性的說法，例如『艾美做了很不錯的工

作。』相反地,一個觀察者應該報告說:『我看見艾美問了四次其他人的意見。』」(p. 665)

(五)最後一步驟牽涉到堅持地使用合作技巧。教師須維持以社交技巧為優先,不被學術性的工作擠到後頭去。因為這兩項都應該一起促進著學生在智能、情緒與社交上的成長。

史密斯也已經將學習團隊的方式運用在語文學習和歷史上,先舉例說明他運用三人小組的方式去研讀字彙的作法。每一小組都是依據史密斯事前所做的前測來分組,每組各有班上排名前、中和最後各三分之一的其中一位成員組成。小組中每位成員先獨立查單字,再一起討論他們各自查到的單字意義。之後,學生會接受兩種考試:一是小組測驗,考的是團隊合作式的工作項目;另一則是個別測驗,因為史密斯認為個別的責任也是重要的。

另一項史密斯所運用的學習團隊任務,是用在一個中古世紀生活的研究四個面向,以及如何從報紙內容中呈現團隊們的發現。每一團隊可以聚焦在中古世紀生活的一個面向做報告,而報告可以集中在某一個議題上;然後從報紙上的新聞性故事、社論、焦點話題、卡通、廣告和訃聞等,來發展這個議題。而每一個團隊成員都有「兩個不同的任務:1. 盡力做個人的寫作作業工作。2. 透過閱讀團隊的文章,並檢核事實、句子結構、拼音、標點符號用法、連貫性、主題發展和統整性等,來協助其他團隊成員完成共同的工作」(p. 666)。

史密斯就依這份報紙報告的品質來評分。另外,史密斯也要求:九年級班上同學去討論團隊學習的優缺點,學生們發現的缺點,包括在有些團隊中出現人際問題,有些學生不太能傾聽,而且有些學生不做自己分配到的工作。而學生們發現的優點:則包括展露出更多的想法,改善一些學生的表現,透過投入團隊努力而更有責任感,也更享受學習。我個人多年來也已經運用學習團

隊在我碩士班課堂中，也是發現到相同於史密斯的學生所列出的許多優點。

在這個段落，最後提出另一個合作學習的優異書籍資源，作為此段落小結，就是由克拉克等人（Clark, Wideman, & Eadie）所著的書籍：《我們一起學習：合作式小團隊學習》（*Together We Learn: Cooperative Small Group Learning*）。雖然本書對所有老師而言都是有吸引力的，但它特別適用於為中學老師提供更多想法。

自我與學校的關聯

邀請式教育／邀請的學校 　威廉・波基（William Purkey）與約翰・諾瓦克（John Novak, 1984）已經發展出他們所謂的邀請式教育（invitational education）取向。依字面定義而言，邀請式教育是指「人們受到熱情召喚，而去了解與他們有關的無限潛能之歷程」（p. 3）。所謂邀請式教育有四個層次：

1. 第一層次是「故意不展現邀請」：
   在這個層次的教師或校長會說些讓學生感受到很不被邀請的話。例如：「你從不用你的頭腦嗎？」「為何你不能和你的哥哥一樣棒？」
2. 第二層次是所謂「並非故意不展現邀請」：
   雖然話語或姿勢都是好意，但是卻不邀請學生。例如：「那很容易，誰都會做。」這樣的話語會令學生感到不舒服，特別是對一個辛苦嘗試在做這個作業的人。下面就是一些不邀請的評論和行為：

不邀請的評論	不邀請的行為
到外面去。	給個姆指朝下的手勢
瑪麗正要說的意思是……	打斷
用用你的頭腦。	看錶
沒用的。	對著某人的臉打呵欠
你必須回電。	對某人搖手指
你不能那樣做。	皺眉和眉頭深鎖
對個女孩來說，不錯了。	用力砰然關上門
別這麼傻了。	嘲笑愚弄人
你認為你是誰啊？	背對著人
他不能被打擾。	矮化他人
為什麼你不留在家裡？	開人玩笑
一定是女人在開車！	不看著對方
他們不想學。	跑去接電話而不理人
他們沒有這種能力。	打人
你別不說話啊！	傷風敗俗行為
你應當懂得更多。	嘲笑他人的不幸

（pp. 132-133）

3. 第三層次是「並非有意展現邀請」，但行為卻對學生具有正向效果，只是老師也不知何以如此做是有效的：
根據波基與諾瓦克（Purkey & Novak）的說法，人們一旦表現這種功能時，有時會變得困惑，甚至就轉變回不邀請的行為，因為他們並未發展出一致的方法。

4. 第四層次也是最後一個層次，是在於「有意圖地展現邀請」：
教育工作者透過持續的努力，將邀請的行為整合進入生活之中，而能和學生一起工作，但並非為學生做某些事。以下所列的就是一些邀請的受歡迎評論和行為：

邀請的行為	邀請的評論
輕鬆的姿勢	早安。
借出書籍	非常謝謝你。
微笑	恭喜你！
仔細聆聽	讓我們好好討論一下。
輕輕拍拍背	我該如何幫你？
握手	很感激你的幫忙。
為人開門	生日快樂！
眨眼表示友善	我很高興有你在這裡。
一起享用午餐	我了解。
準時	我們想念你。
送出一個很有想法的字條	很高興你來看我。
帶著一份禮物	我喜歡這個想法！
分享經驗	我認為你可以的。
接受讚美	歡迎。
給人緩衝的時間	我喜歡你做的。
	歡迎你回來。

（pp. 132-133）

　　邀請式的教育可以被運用在許多層次，當然，它的成功核心是起始於一位邀請的老師。不論如何，邀請式的教育不只在老師中進行而已；波基與諾瓦克（Purkey & Novak, 1984）建議也適用在餐飲業者、校長、祕書、諮商員和校車司機身上，他們也都可以表現出邀請的特質。如果這麼多人都一起努力，他們就能發展出邀請的學校，讓學生能以最滿意的態度與學校人事進行互動。這種邀請的學校具有下列特徵（pp. 96-98）：

- **尊重個體獨特性**——每個學生被視為獨立且有能力的。即便學生在被評量歷程中，也是被鼓勵的，而且「錯誤只被當作一種訊息而非失敗的象徵」（p. 96）。

- **合作精神**——邀請的學校是鼓勵學生參與學校生活的,大家一起來引導其他學生,並參與做決定的歷程。如此的合作方式,傾向於強調超越競爭並運用學習團隊取向,這些作法非常合適於學校。

- **歸屬感**——邀請的學校看重社區溫暖及和睦感,致力於讓師生認同學校是「我們的學校」,讓老師關心學生,並讓學生感覺到自己是班級和學校社群中的一部分。

- **快樂所在地**——師生一起致力於創造學校快樂的內在和外在環境。「外在環境的營造」,要靠照明、聲音音效品質、溫度、房間設計、窗戶開設、家具擺設、顏色、空間運用、展示品布置等,都有助於創造一個快樂舒適的情境(p. 97)。

- **正向預期**——如同控制理論一般,波基與諾瓦克聲稱學習就是主要發生在個人內在的事物。當學校教職員們都以正向態度看待學生時,學生會被鼓勵去決定他們要做什麼研究,以及要用何種速度去學習。

波基與諾瓦克主張邀請的學校就像是邀請的家一樣,又稱為邀請的家庭式學校。學校就像家一樣,試著提供一個溫暖、關懷的環境,讓學生覺得舒適而具成長性。下面所列就是一些邀請的標示和物理環境:

邀請的標示	邀請的特性
請走人行道	新穎的畫
歡迎	愉悅的味道
訪客停車位	活生生的植物
請留言	迷人新穎的布告欄
請直接開門,進入	柔和燈光

(下頁續)

邀請的標示	邀請的特性
不須預約	柔軟的大抱枕
請走另一扇門	許多書籍
請勿吸菸，謝謝	新鮮空氣
馬上回來	壁爐
開放空間	舒適的家具
很高興你們來到這裡	搖椅
殘障停車位	桌上盆花
對不起，我沒遇到你	敞開的門
請回電	裝滿糖果的糖果罐
歡迎訪客	柔和音樂
	誘人的圖畫

(pp. 134-135)

　　邀請式的教育也有受到些批評，包括它忽略種族歧視和社會地位不平等的問題。例如，麥拉瑞（McLaren, 1986）說：「以刻意保持不引導或沉默的方式，尊重學校在階級再製、學生主體性（過度）擴張和教師陷入勞動階級等現象中扮演的角色，這些所謂沒有失敗的學校的作者們，其實並沒有在更寬廣的問題視野中確立他們的教育關懷。只有在更大環境社會裡，存在著更大的社會正義和經濟平等時，人們才能了解到班級何以是真正具有人性化的。」（p. 91）諾瓦克（Novak, 1986）也對此做出回應說：「一個人要如何開始著手處理如此重大的問題呢？難道一個人必須會處理每件事之後，才能學會處理任何事嗎？」（p. 98）換句話說，面對班上五分之三的學生，老師如何處理麥拉瑞所提出的議題呢？諾瓦克把邀請式教育視為僅是處理教師和社會所面臨問題的一個開始而已。

社會常識訓練（social literacy training）　　愛佛瑞得·愛書樂（Alfred Alschuler, 1980）以保羅·弗瑞來爾（Paulo Freire, 1972）

的作法為基礎，發展出一種學校社群工作方式來處理上述麥拉瑞提及的一些問題。弗瑞來爾的作法鼓舞著許多渴望改革學校與社會的社會取向教育工作者，所以，愛書樂就運用弗瑞來爾的模式去發展一個非常實務取向的作法，來促進學校內的社群感。

愛書樂聲稱弗瑞來爾的哲學有三個主要原則可作為社會常識訓練：

1. 創造「一個更容易去愛的世界」（1972, p. 24）：弗瑞來爾就是聚焦在一種令人難以理解人類潛能的壓榨性社會經濟情境上，因為處於這種壓榨性情境中，某種不成比例群體的人力資源或勞力，就是造成他人群體經濟貢獻的來源；例如，地主們以低薪雇用勞工，卻藉此擁有極高獲利。然而，愛書樂也覺得學校可能會出現壓榨性，當教育工作者控制所有資源（例如：分數和獎賞），而不容許學生對自己的學習有任何主控權時，這類型的環境也會造成師生難以在開放關懷的方式下互動。

2. 發展創造自己世界的能力：弗瑞來爾堅持人們應學習去創造一個更容易去愛的三階段世界：

   (1)第一階段是「神奇的順應」（magical-conforming）：由於人們並未認知到這種壓榨性而變得被動消極。這階段的老師會說：「孩子們總是會這樣表現。」就是因為這種信念，使人不太會努力去鼓勵學生正向成長。

   (2)第二階段是「樸拙的修改」（naive-reforming）：人們相信所有困難取決於個人，而不會去尋求系統規則與規範問題。這個階段的教師遇到問題時傾向自責，而非連結到是因為周遭環境的問題。雖然有些問題可以在個人層次上解決，但是更多嚴重難題可能牽涉到學校程序和規範問題在內。

(3)第三階段是「批判性轉化」（critical-transforming）：人們了解到他們必須評論所處的情境，以管理他們的生活，並配合情境做出改變。在這個階段，教師致力於界定問題與解決問題，但是教師們並非獨自隔離地處理學校中經常發生的事，而是通力合作以改善他們的教學和班級管理策略。

3. 發展問題解決策略以處理衝突和壓榨性問題：問題解決策略的核心有三個歷程如下：

(1)師或生為重要的衝突命名：這會形成一個界定衝突或問題特性的關鍵字。

(2)師或生分析衝突的系統原因：問題解決者會嘗試由問題背後去檢查衝突的規則和系統特性。

(3)問題解決者致力採取合作行動去處理難題。

社會常識訓練牽涉到許多創造學校內社群的策略，有時這些策略會將教師們組成一個團隊去處理問題。下列就是一些透過社會常識團隊所發展出解決問題策略的例子：

例1：一個團隊想要減少工作量時，並非給學生訂一些不太重要的規定，而是靠社會常識團隊教師所訂的互助協定，以便在需要消除學生破壞常規的事件時，靠的就是將學生送到另一位教師班上或由另一位教師出面協助處理此問題。如此將可減少75%的學校工作量。

例2：當三位社會常識團隊教師都提出地理教學是個問題時，他們可能會定期開會，以便發展出與這個科目範圍更相關的課程內容。

例3：有些教師關心新法規的要求，要求特殊教育學生應「回歸主流」進到正規班級。此時則可藉由這個社會常

識團隊和特殊教育老師的合作，一起為正規班級教師發展服務方案；他們在此過程中，集中於發展出可供運用的個別化教導新方法。

例4：某國中裡，學生們在班與班之間的班群裡移動；因為學校內的社會常識團隊組成的教師們，認為固定的時間表容易局限學生們的意見，而且會把學生「固定在狹隘的社會角色中」。因此，教師有時也會請教大學教授來協助他們，或借重電腦協助重整出更彈性的時間表來。

例5：社會常識團隊指出校內對講機是造成班級長時間干擾的問題之後，教師們去找校長協商如何限制對講機的使用以解決問題。

例6：教師在校內設置「關懷」室，參與此計畫的教師就會將學生送來這裡尋求某位教師的特別協助；而這個關懷室也提供學生所需的冷靜時段與空間。

例7：女性也在學校內組成一個意識覺醒團體，以處理校園內的性別歧視問題。

愛書樂針對上述這些例子作出評論：

這些例子說明以社會常識法減少常規問題的一些特性：

1. 社會常識解決法並不責怪個人，因為個人只是配合規則的變化，及其在系統中的角色而已。

2. 社會常識導引出多重層面的解決方法，能為人際間、班級內和學校範圍內的競賽贏得和平。

3. 社會常識解決法衍生出更好紀律的結果，像是更少班級衝突、學習更多事物的常規、增加個人規範等。（p. 42）

　　為了促進問題解決，弗瑞來爾（Freire, 1972）鼓勵運用下列六種條件下的對話來促進問題解決（也引用自 Alschuler, 1980）：

1. 愛：「對話不會存在於沒有值得肯定的愛與人性之處」（Freire 1972, p. 78）。
2. 謙遜：對話不會存在於沒有謙遜時……人們相處對談有關學習和行動的共同任務時，如果雙方沒有謙遜就會破局。如果我總是忽略別人且從未意識到自己，要如何對話呢？在相處時……只是需要人們一起嘗試學習更多已知的事（同前書，pp. 78-79）。
3. 忠實：「對話……需要在人的極度忠實中進行，忠實地一試再試、創造再創造的力量，就是在忠於職業中成為更完全的人」（同前書，pp. 79）。
4. 信任：「發現愛、謙遜和忠實本身之時，對話就成為對話者雙方互信平行關係下之合理結果」（同前書，pp. 79-80）。
5. 希望：「當人在相處中尋求成為更完全的人時，對話就不會陷入無望氛圍中。如果對話者不認為有什麼是來自個人的努力，那麼相遇相處將會變成空洞、枯燥、官僚又沉悶的事」（同前書，pp. 80）。
6. 批判性思考：「最後，除非對話者致力於批判性思考，否則真正的對話就不能存在……。對一個天真的思考者而言，最重要的事是持續轉化現實，以獲得持續人心教化的益處」（同前書，pp. 80-81）。

　　上述這些條件都是對話的必要條件，也是創造一個關懷的學校社群之基礎。然而，對話也須納入弗瑞來爾所謂的「說真話」。真話是類似於亞斯頓－華納的關鍵字，那是根據學生生活和其所

面對問題而來的字；所以非常重要的是，教師別只問一些學生已知答案的問題，就像是別只問有關聰明才智卻無助於合作解決問題的虛假問題。

　　愛書樂（Alschuler, 1980）舉例說明不同教師容許學生參與做決定的例子。其中一個例子是一位國中閱讀班的教師，因為覺得課程太無趣，而與學生討論各種改進方式；討論的結果，是將一部分課堂時間用作學生自由選讀他們想看的書籍時間，一部分時間則用來研究特定的閱讀技巧。在挪出自由選讀時間之後，教師發現「學生更努力，也更專注於工作；而且，這也比過去百分之百時間花在學習技巧而無自由選讀時，反而學習得更熟練……成績、學習態度與人際關係也都提升了」（p. 153）。

學生與社群之連結

社區投入／社會行動方案　許多方案已發展致力於鼓勵學生與周遭社區群體接觸。一般而言，有下列三種方案在催化促進學校與社區群體之間的接觸：

1. 最常見的形式是學徒方案：讓學生進入企業社群裡工作。這麼做的主要重點在於發展工作技巧，並為學生未來被企業雇用做準備。有時這種方案類型會以經驗傳承為導向，即使這些對學生而言，只有小小機會能反應或納入這些發生的經歷而已。
2. 第二種形式是社區投入或服務導向式的接觸方案：學生以某些形式接觸社區服務機構。例如，學生可以白天在關懷機構工作或觀摩法庭進行程序；而在安大略省，學生也能在社區參與方案（Community Involvement Program, CIP）

中獲取中學學分。這個方案中有三部分：第一部分是直接與社區機構接觸；第二部分是在班上討論有關社區工作的相關議題，例如，學生可以討論公共政策議題（像是一般日間關懷的價值與可行性）；第三部分是社區投入方案，則是做一個有關與社區接觸和班級討論有關的獨立研究方案。

3. 社區投入也是部分的社會行動方案（Newmann, 1975），只是這些方案採取另一步驟，就是鼓勵學生為社區生活做些改變。所以在此社會行動中，學生發展出一組目標，然後透過組織、請願和寫信等方式來促成這些目標。當發現我們的學校具有強化社會民眾的冷漠傾向時，他提出的方案就在嘗試發展公民應有的職能。以下就是紐曼等人（Newmann, Bertocci, & Landsness, 1977）為十一或十二年級學生所發展設計的特定方案目標：

- 以有效的說與寫進行語文溝通。
- 蒐集資料並邏輯地解釋公眾關切問題的訊息。
- 描述政策合法性的決策歷程。
- 參考正義和憲政民主的原則，理性判斷個人對爭議性公共議題和行動策略所做的決策。
- 與他人共同合作推動這項工作。
- 以各種方式去討論自己和他人的具體個人經驗，以協助解決個人所遭遇到的公民行動，和更多一般人性議題上兩難議題的抉擇。
- 運用選擇性的特定技巧去做影響特定議題的作業練習（p. 6）。

上述此方案共包含六種課程，簡述如下：

1. 政策合法性歷程之課程：這是在第一學期十四週期間進行每週三個早上的課程。學生在其中學習政治系統的「現實」，並檢核這個系統的正規架構和遊說協商等非正規的過程；學生也透過親臨現場的一手機會獲得田野觀察經驗，這些經驗包括參加會議和進行訪談等。另外，本課程也發展蒐集資料和做重要決定的技巧；而有些方案也會用到道德慎思的技巧，並讓學生有機會面對爭議性課題，發展出有其立場根據的報告。

2. 溝通課程：這是在第一學期十六週期間進行每週四個下午的課程。學生在其中發展寫作、說話和非語言溝通技巧，並將這些技巧運用在個人內省、人際間、團體和公眾等四個情境之中。例如，讓學生能夠用人際間的協助技巧，像同理心和尊重，以及像問題界定和澄清的團體互動技巧等；其中，同理心就是用來建立信任和團體凝聚力，以便讓學生更能與他人合作共事。

3. 社區服務實習：這是在第一學期十四週期間進行每週兩個上午的課程。學生將在社會機構、政府機關和對公共事務有興趣的團體裡，進行志工服務工作。

   這個實習可以是在一種臨時角色扮演的關係中運作。例如，可以全時段跟在一個成人身邊，扮演某種臨時角色的關係（例如，一個電視新聞播報員的助手）；或是在各種不同團體裡做任務性的短期參訪（例如，輪流協助某個致力於環境保護機構的不同部門）；也可以被納入一些特定方案中（例如，為社鄰組織蒐集資料）；也可以提供「案主」直接的社會服務（例如，指引年輕的孩子或協助老年人）。這樣的安排應當把學生放在機構的日常功能中，提供學生機會主動與機構內的人溝通互動（而非被動觀察他們），而且也應當要求學生對機構的任務產生一些貢獻（pp.

48-49）。

當學生進入實習時，他們能在政策合法性課程裡去分析機構設置制度的歷程，並運用中肯的語言在溝通課程中說明。每週一個下午，學生們能「分享他們當志工的經驗，討論某些共同問題及其相關議題，以發展成第二學期的公民行動計畫」（p. 10）。

4. 公民行動計畫：這是在第二學期十週期間進行每週四個上午的課程。學生致力於影響公共政策的行動研擬，此計畫可以包括為政治候選人工作、建立特定的青少年機構、修訂行政常規、遊說立法等。這些議題關切範圍包括國立、私立地方組織和學校在內；例如，為學生在校的權力、各地區為環境保護、消費者保護、種族合作、改善問題青少年的社會服務等各事項所做的準備。

本計畫可能延續自第一學期的工作發展，學生也採取一些「臨床技巧」，像奔走遊說、協商談判、募款和進行會議等技巧。另外，本計畫也提供「計畫諮商時段」，來處理計畫期間引發的各種議題，並提供學生們所需的心理支持。

5. 文獻探究行動計畫：這是在第二學期十週期間進行每週兩個下午的課程。本課程比上述其他課程更聚焦在處理一般概括性議題，像：什麼是有意義的社會改變？個人真的能產生出一點不同嗎？人們應當如何管理自己？這些問題能透過小說、傳記、詩歌和戲劇來探究。舉例來說，學生可以閱讀《甘地傳》、梭羅的《公民不服從論》、《國王的人馬》（*All the King's Men*）等小說，和詹姆士‧包德溫（James Baldwin）的作品等。

6. 公共訊息：每個公民行動小組將以他們的活動來發展出一個最後的「訊息」，與同儕和更多公眾分享。因為這計畫中也強調要讓學生研究各種媒材的使用方式，並讓學生選

定一種來準備他們的活動報告，目標在於向公眾說明學生們的經驗。

學生方案　由上述社區投入計畫可看出學生方案中所訂出的三種型態：

1. 探索性研究：在這之中，學生會用到社區調查、透過田野之旅、訪談、演講、非正式地在社區機構內進行觀察以及其他方法等來蒐集資料（Newmann, 1975, p. 143）。
2. 志工服務：重點在於學生直接助人的關係。例如：學生為老年人提供居家服務工作，為日間照顧中心提供導覽方案，和以鄰里清潔比賽提供服務。
3. 倡導的位置：社會行動計畫要求學生採取某個倡導的位置，去嘗試影響改變。

紐曼主張上述這三個計畫之間可以存在一種發展性的關係。因為探索性研究是最具自我導向的，可作為個人進入社區蒐集資料之用；而志工服務是要求更多的參與行動，去助人或關懷他人；最後，在倡導的位置中，學生表現出作為一個自主性的人，如何投入在其所關切的社會大情境相關議題上。

參考文獻

Alschuler, A. (1980). *School discipline: A socially literate solution.* New York: McGraw Hill.

Clark, J., Wideman, B. & Eadie, S. (1990). *Together we learn: Cooperative small group learning.* Scarborough, ON: Prentice Hall.

Freire, P. (1972). *Pedagogy of the oppressed.* New York: Harper & Row.

Glasser, W. (1986). *Control theory in the classroom.* New York: Harper & Row.

Glasser, W. (1969). *Schools without failure.* New York: Harper & Row.

Gough, P.B. (1987). The key to improving schools: An interview with William Glasser. *Phi Delta Kappan*, 68: 656–662.

Johnson, D., Johnson, R., & Holubec, E.J. (1986). *Circles of learning.* (revised edition), Edina, MN: Interaction.

McLaren, P. (1986). Interrogating invitational education. *Interchange*, 17: 90–95.

Newmann, F.W. (1975). *Education for citizen action: Challenge for secondary curriculum.* Berkeley, CA: McCutchan.

Newmann, F.W., Bertocci, T., & Landsness, R.M. (1977). *Skills in citizen action: An English-social studies program for secondary schools.* Skokie, IL: National Textbook.

Novak, J. (1986). From interrogation to conversation. *Interchange.* 17: 96–99.

Purkey, W. & Novak, J. (1984). *Inviting school success: A self-concept approach to teaching and learning.* Belmont, CA: Wadsworth Publishing.

Smith, R.A. (1987). A teacher's view of cooperative learning. *Phi Delta Kappan,* 68: 663–666.

10
CHAPTER

與地球的關聯

　　我們與大地之母的關聯已經脫序了，這種現象斑斑可考（Orr,
1994）。我住在多倫多附近，那裡的臭氧層一年比一年稀薄，紫
外線的輻射量也以 5%的速度逐年增加。現在人類的屍體帶著毒素
和金屬，已被歸類為危險殘物，在聖勞倫斯（St. Lawrence）海濱
和大西洋裡死去的海豚和鯨魚也發現含有毒素。從 1938 年以來，
全世界的雄抹香鯨數量減少了 50%，美國境內的工業一年釋放出
的有毒廢物達 114 億噸。

　　我和歐爾（Orr）都認為，這些資訊並非隨意取樣而來，而是
來自失控的社會，是過度建造高速公路、購物中心、停車場所導
致的現象。我們居住在一個多就是好、不計成本的社會中。歐爾
（Orr, 1994）歸納這個情勢說：

　　　這些事情就好像只看到整塊布料中的線，實際上，是我
　　們無法看到它的整體，只見到片段的事件，我深信這是

> 很嚴重的疏失，是教育的失敗。教育沒有教會人們如何
> 進行廣泛地思考、系統化與整體性的覺知，以及如何過
> 全人的生活。（p. 2）

所以，教育成了毀滅地球的元凶之一。艾利·威索（Elie Wiesel, 1990）提到本世紀初的德國教育說：

> 重理論輕德行，觀念比人性重要，抽象勝過感知，答案
> 取代問題，還把良知良能置於意識型態和效率之下。（引
> 自 Orr, 1994）

我們的教育體系為了培育具有全球競爭力的公民，過度強調此一目的而犯了大錯。我們的教育仍在強調精明比智慧重要，或強調歐爾所謂的「真才智」，認為這樣方能將我們融入更大的格局。莫菲特（Moffett, 1994）堅持教育的內涵應盡量包羅萬象，也就是應包含所有宇宙相關的資訊。莫菲特主張教育應盡可能兼具總體性，盡可能將各種事物放置在最可能的脈絡中，也就是在宇宙當中。由於教育一直被局限在經濟相關的狹隘範疇內，以至於它的終極目的和意義被我們剝奪殆盡。有一個貼切的例子那就是生涯教育，人們都只以經濟因素來選擇他們的生涯，因此，生涯的選擇就化成某些經濟模式，其結果使得許多人覺得對所從事的工作愈來愈感到疏離，只好熬到退休。湯瑪斯·摩頓（Thomas Merton, 1985）將這整個過程稱為：「除了參加了一場精心設計全然虛偽的行動外，人類的大批產出簡直一無是處。」（p. 11）

湯瑪斯·貝瑞批判說：我們正進入一個他稱之為「生態化石」的紀元（the ecozoic era）。他將目前的工業時代稱為「工業化石」紀元（the cenozoic）。人們受到廣告及消費主義的驅使，加入貝瑞（Berry, 1991）所謂的「奇幻世界」（Wonderworld），然而即

使我們有辦法盡情消費、購買物品，終究會發現我們住在「垃圾世界」（Wasteworld）當中。由於工業化、競爭力和消費主義的猖狂獨霸，我們再也無法感知周遭的世界。貝瑞說：

> 我們竟然對注視的東西，看不見；對身邊的氣味，聞不到。我們的感覺失靈，這些感覺的遲鈍扼殺了我們虔誠敬畏的心，使得領悟力也相形退化，想像力也跟著削弱。我一直發出警告呼籲：「別睡著了！清醒，清醒呀！」（p. 95）

1837 年，愛默生在他第一本書《大自然》（*Nature*）中，慎重地提醒我們要分享當下。他覺得人們無法看清周遭的世界（Jones, 1966），他說：「為什麼我們不能享受和宇宙最原初的關係？……今天太陽依舊升起，原野上的羊毛和亞麻更多了。」（p. 27）如果愛默生感知他親愛的公民伙伴已喪失了和宇宙最原始的關係，那他又該如何看待這個充滿了消費意識、大眾傳播、工業技術以及工業文明的這種失去和大自然相繫的世界？

因此，與地球維持關聯，可以讓我們從生活自然律動中覺醒過來。風、太陽、樹木和青草可以幫助我們從單調無意義的生活中甦醒過來，讓我們重新活過來！

環境教育

環境教育已經在課程中占有一席之地，但不幸的是，它所關注的常只是廢物回收再利用，或者是工業技術如何解決環境問題。其實，環境教育應該做的是將重點放在神聖的感知，以及如何讓我們深深地嵌入地球的自然律動中。本章，我將大量引用大衛・

歐爾（David Orr）在 1992、1994 年間發表的著作。他提出以下六項原則供教育工作者重新思考教育的本質。

原則一：「所有的教育都是環境教育」（Orr, 1994, p. 12）。這個理論與莫菲特的理論相似，莫菲特認為所有的教育都是自然環境中的一部分，這部分最終都必然連結到全人類以及宇宙的本體。不包含這個概念者便稱不上是教育。

原則二：教育的目的是對人的培育而非對學科的精通，在學習過程中，學科教材只是工具而非目的。

原則三：知識要能夠學以致用且用之有道。許多自然界的浩劫都是因為擁有知識卻失控濫用，例如，車諾比事件以及愛情運河（Love Canal）事件。歐爾認為，人類絕大多數的計畫往往過於龐大，而超越了人性所能容忍的尺度。

原則四：知識必須具備完整的脈絡，必須了解它對整個社會的衝擊。歐爾認為，我們目前的經濟模式從未考慮到社會與環境的成本，就是這樣的經濟模式導致社會瀕臨瓦解、失業人口暴增、暴力事件、家庭破碎、貧窮，以及恐怖攻擊等脫序現象的產生。

原則五：教育需要真誠的典範。歐爾（Orr, 1994）說：

我們極度需要：(1)教職員和主管以身作則，正直、關懷和設想周到。(2)學校要能具體地將理想融入教學中。（p. 14）

原則六：學習方法和學習內容同等重要。例如，講授式的教學導致學生消極被動，過多的考試迫使學生只會背誦，讓他們不會用自己獨特的方式主動學習。

歐爾認為，我們應當教授生態素養。學生須藉著教育才能看到環境中潛在的各種關聯；同時，學生必須學習生態環境中最基礎的法則，方能了解這些法則如何影響人類的日常生活。此外，教育應包含一個重要的課題，就是教導學生思考我們曾經犯過什

麼錯誤，使得人類處在今天這種局面？這個課題應從批判的角度切入歷史，例如，應嚴格地評斷工業化與消費主義是如何殘害我們的地球。更重要的是，生態素養的教學應著眼於如何逆轉這樣的頹勢，譬如說，我們應對能源配置以及經濟水平重新檢測（Hall, 1986; Daly & Good, 1990）。同時，學生應該接觸力行簡約生活的典範，像梭羅、美國國家公園之父繆爾（Muir）、甘地、史懷哲（Schweitzer）、美國城市規畫設計師孟佛德（Lewis Mumford）、作家瑞秋‧卡森（Rachel Carson）、經濟學者蘇曼契爾（E. F. Schumacher）以及溫德爾（Wendell）。這個傳統包括了簡樸、分權、民主程序、對地方的認同和人性本位的工業技術。歐爾也將此一傳統描述為：「致力尋找大自然與人類之間、不同年齡層之間、種族、國籍、世代之間所存在的合一與關聯。這個傳統根植於一種信念，那就是相信生命是神聖的。」（pp. 94-95）

　　就實際層面而言，歐爾很強調地方認同感。換言之，他認為學生應該學習了解自己所居住的地方。在學習了解自己所居住的地方時，應納入以下幾個問題：

- 你站在什麼樣的地層上？
- 你所居住的地方，最近什麼時候發生過火災？
- 舉出五個在你居住的地區中可食用的植物，並說出它們生長的季節。
- 在你居住的地方，冬天的暴風雨通常從什麼方向來？
- 你們的垃圾都丟到哪裡去了？
- 在你居住的地方，植物的生長期有多長？
- 說出在你居住的地區中五種草的名稱，它們是源自本土的嗎？
- 舉出在你居住的地區中五種無遷徙習性的鳥類，以及五種候鳥的名稱。

- 你居住的土地上，早期曾受過什麼樣的地質變動影響嗎？
- 你們當地有哪些物種正瀕臨絕滅？
- 在你居住的地區中，有哪些重要的植物保護協會嗎？

（Co-Evolution Quarterly 32, Winter 1981-2, p. 1）

本章接下來要探究的是學校如何實施環境教育。我要列舉三個例子來討論。第一個是我在日本拜訪過的一所公立學校——小千古（Ojiya）小學。第二個是加州的一所私立學校——皮妥羅利亞（Petrolia）中學。最後一個是開放學校，它提供六年級生一種和奧勒岡州其他學校體系不同的學習機會，就是學習周遭的戶外環境。

小千古小學 小千古小學是靠近新瀉縣（Nagaoka）的一所大型小學，位在日本西部。雖然我親自拜訪過，不過我的描述大多摘自手塚郁江（Ikue Tezuka, 1995）的著作《森林小學》（*School with Forest and Meadow*）。這是一所最典型最重視環境教育的日本小學，以強調和自然世界的關係而著名。當你拜訪該校時，會對學校竟然有那麼多動物感到驚訝。在我們北美洲的學校教室裡可能會有一兩隻動物，相較之下，小千古簡直就像是兔子、雞和烏龜的農場。動物們通常住在所謂的「友誼牧場」上，也在那兒被飼養。孩子們喜歡到牧場去撫摸擁抱牠們，和牠們聊天並且照顧牠們。孩子喜歡擁抱動物，尤其是兔子。當我在那兒訪問的時候，看到三個孩子坐在板凳上各自抱著一隻兔子，他們也會為動物清洗。因為動物這麼多，這工作還真重！

學校也很重視在後院空地上，那稱之為「家園森林」（Yasho Homeland Forest）的樹叢。當初在植樹前，學生先勘查附近區域，並且分辨出其間 96 種土生土長的樹木和灌木叢。在確認不同的種類之後，學生在老師和父母的協助下，在這片大約 120 平方公尺的土地上，總共種下了 290 棵樹。

種樹的時候，學生連如何分配高樹、矮樹、各種蓓蕾、花朵和水果都考慮到。郁江（Tezuka, 1995）稱讚說：

> 成果真是美不勝收。春天尤其變化萬千，許多樹木同時花蕊綻放。五月，綠意更濃，花開嫣紅，紅花綠葉相得益彰，紅杜鵑尤其美麗。初夏入秋期間，樹木相繼開出白色、紅色和紫色的花朵。到了秋天，結實累累的果樹下彎落地，之後就進入了五彩繽紛的深秋。（p. 8）

孩子們喜歡觀察這些變化，也喜歡和樹木聊天，為它們寫詩。下面是幾首三年級孩子寫的詩：

家鄉森林的樹

我注視著地上的樹
它們似乎正與雪花共舞
當雪花飄落在枝椏上
樹兒會不會覺得沉重啊？

—— 風間尤香利（Yukari Kazama）

大紅蕾苞

小樹上的大紅蕾苞
好像燭光、紅糖果、櫻桃、紅寶石
又大又紅又美的蕾苞
優美的蕾苞
好像在說：「我好漂亮。」（pp. 10-11）

—— 理惠真希子（Rie Nagahashi）

在小千古小學，學生和動物建立了一種默契，和樹木也一樣，他們不覺得和環境有任何隔閡。

在教室裡，所教和所學的都集中在環境。郁江（Tezuka, 1995）描述四年級一班學生正在研究毛毛蟲。一開始上課，學生在地毯上滾來滾去，像毛毛蟲，還唱著他們自己編的「毛毛蟲之歌」，而且隨著音樂扭擺身軀。做了這些活動之後，他們觀察毛毛蟲，觀察牠們的蠕動。觀察蟲卵如何變成幼蟲，幼蟲又如何蛻變成蝴蝶。最後，學生自創了毛毛蟲的戲劇，其中一位學生還寫了份經驗報告。

我變成毛毛蟲的那一天

我們研究毛毛蟲之後，編了一個戲劇。而我自己的角色就是扮演毛毛蟲。節慶那天，我試著冷靜下來，把思緒集中在一隻毛毛蟲上。但是，我好緊張，於是我想：「我要怎樣驅除這份緊張不安的感覺？」後來我想起老師說過：「好好地回想學過有關毛毛蟲的一切。」而後突然我開始眼前看到綠色，感覺到我彷彿置身在包心菜園中。（p. 16）

—— 田中渡邊（Tomoyuki Kanenaga）

小千古小學所推動的教學，多由剛退休的前校長山野內義一郎（Giichiro Yamanouchi）當年奠定的基礎。他曾在新潟縣好幾個學校服務過，他總是懷抱著對環境的憂心，認為應該用統整的方式來推動學習。他這麼說：

當前我們的學校體系把學科瓜分成片片斷斷。例如，科
學課可能包含了對魚和米的觀察，但只是監督它們，這
種過程既無趣又沒意義。於是，我們設計了一套完整的
活動，把課程教學和飼養鯉魚連貫起來，我們說：「來！
用像當爸爸般的心情好好養鯉魚吧！」於是學生變得好
興奮，好想學科學……。身為老師，我們的主要貢獻是
要學生對學習感到興奮且加深印象。這種完整的經驗為
領悟科學、算術、語言等等奠定了基礎。（p. 45）

當我們一想到日本的學制，常會認為那是一種非常僵硬較勁
的體系，然而我在義一郎的教學體驗和小千古小學的課程當中，
發現了一種啟發人心的環境教育典範。

皮妥羅利亞學校（The Petrolia School） 這是北加州一所非常小
的私立中學（Smith, 1995），只有十四位日校生和八位住宿生。
它位於鄉下，主要的建築物是一個大穀倉，裡面有廚房、圖書館、
籃球場和畫廊。大部分的課程都在穀倉內教授。穀倉附近有三座
小屋供師生居住。校規是：「簡樸」。穀倉內只有在廚房和起居
室裝有暖氣，所有能源都來自當地。夏天的能源幾乎全部來自在
穀倉內把太陽能儲存在電池內的太陽能板，冬天的能源則是由利
用水流帶動的機輪所提供。這個機輪充當一台小小的水力發電機，
這台水力發電機提供足夠的動力支持燈光、電腦和音響的電力。

學校對當地能源的仰賴曾在加州久旱時受到考驗，學校婉拒
捐贈的瓦斯發電機，代之以燃燒木材來提供暖氣，用丙烷槽供應
廚房火爐所需。

該校建於 1983 年，目標有三：學術精湛、環境主義、處理衝
突。也許一年僅能施行一個目標，但每年可逐一增強關注，假以
時日，學校就可以將三個目標同時導入課程。該校以前有一位老

師大衛・辛普森（David Simpson）曾大大致力於這些課程目標的發展，他教的是該校的核心課程，集中在自然體系和農業。一開始他教全球的生態，之後再集中到北美洲及本地。在考查當地生態時，學生會研究「生物學、生態學、氣象學和化學」（p. 47）。辛普森會向學生介紹當地的歷史，以及該地的不同人種，包括原住民和白人殖民的牧場和伐木所產生的影響。學生也加入環境復育工程，協助種植兩萬多棵樹木。辛普森說明如下：

> 這份工作常常會浸濕衣服、身體，而且苦不堪言，但是很有成就感。學校廚房的一面大牆上描繪了一群在險峻斜坡上植樹的人，它被當作一份遺訓，教導全校要持續秉持理想並付諸行動來實踐。（p. 47）

雖然辛普森已離開教職，他的工作仍影響著當地人們。比如說，他因擔任劇作家和製作人，在 1993 至 1994 年間導演了一部戲劇「鮭魚皇后」（*Queen Salmon*），該劇在美國西岸演出時教導了人們有關環境的議題。史密斯描述此劇時說：

> 有一幕，這份精神被詮釋得很清楚，一位人類心理治療師向一個功能失常的貓頭鷹家庭提出建議。她說為了度過困境，他們所需要的只不過是一片原始森林。另一相襯的場景中，同一治療師，正在向一個功能失調的伐木家庭提出同樣的建議和訊息……這個強勁有力的政令宣導夾雜著歌舞和笑聲，讓這齣戲劇在意見不同的人當中建立起溝通的橋樑，並協助他們分辨出生活中對健康的兩極看法，以及彼此間應當分擔的責任。（pp. 47-48）

現任的校長瑟斯・札克門（Seth Zuckerman）也教授一門課

「科學與社會」，學生學習森林工業對能源使用，以及經濟對環境的影響。他大量運用各類出版作品和各種觀點（包含環境主義的正反兩方意見）。其他語言學和政治科學也以此主題為本，用各種方式讓學生去涉獵環境議題。

該校最主要的課程目標應是融入日常生活的環境倫理。由於能源供應有限，學生若為聽音響而超用能源，則其他用電的需求將被排擠。漸漸地，學生多能學會如何在個人與社區的不同需求當中求取平衡。

學校也講求民主，師生都參與涉及學校爭議議題的城鎮會議。在久旱期間，拒絕使用瓦斯發電機之前，學生加入討論並做出決議。皮妥羅利亞中學所教的就是抓緊自然體系，遵循環境倫理過生活：

> 皮妥羅利亞學生的生活園區深受土地、氣候和相關事物的影響。在那裡他們緊跟著大人，共同為大自然的復育工作而努力。為引導學生更接近自然世界，老師和學校支持者很努力地為青年人建立攸關地區和自然的觀點，這個觀點大大有別於當前的教育機構。藉由這個觀點以及它所衍伸出來的文化運作，提供了重要的課題，讓其他教育工作者去培育一種環境倫理，用這個倫理來修正因現代工業社會主導引發的主張和期許。（p. 48）

戶外學校（The Outdoor School）　戶外學校不同於小千古和皮妥羅利亞兩校，它的教育服務擴及奧勒岡州馬特諾馬（Mult-nomah）郡的十一個校區。各區學校的學生到戶外學校上六天有關環境的課程，大約有 6,500 位六年級生和 1,400 位高中生被派到戶外學校五個校區擔任顧問角色。除學生顧問外，還有環境學者專家、六位成人顧問、六年級教師、一位護士和廚師。許多高中生

顧問以前在六年級時也曾到戶外學校學習過。

　　學生進入戶外學校之前，需先在自己班上準備幾個禮拜，威廉斯（Williams, 1992）表示：

> 許多學生興奮不已，開始大量讀取課程教材，以備日後課堂所需的發現及講述。他們學習四大自然資源——動物、陽光、水、植物，以呈現「驚奇的動物、水的世界、腳下的地球和生命的植物」。學生開始領悟到他們必須先了解居住區的生態體系，因此他們研究勘查地圖，學習四大資源相關的事項，討論生態觀念，如：居民、環境適應、人文影響、多樣性和其他社區的異同，描述問題並標籤列舉，這些全都緊扣住他們對世界的好奇和疑惑，並將它的多樣性帶入探索當中。這個過程似乎支持葛林（Green）所強調的動機的根源在於個人好奇能力被啟發。（Green, 1971, p. 37）

　　學生們一入學，就花很多時間在一塊幾英畝大，名為「學習園地」（study plot）的土地上。顧問們引導學生了解各種蔬菜，如羊齒科植物、青菜和野花。顧問問的問題，如：「這嫩枝彎成這樣，你知道為什麼嗎？」「為什麼這些動物要離開我們？」（p. 39）顧問們試著讓學生看出植物、動物和環境之間的互依性。他們也教「環境禮節」，讓學生漸漸學會尊重周遭的環境。例如，一位顧問指點學生說，如果他們跳上老舊木屋，將會殺了住在屋裡的好多昆蟲。

　　戶外學校有一些既定的重要事項和儀式，例如，最後一項：種植樹木時舉行的「大地典禮」（soil ceremony）。當學生圍繞著樹時，回憶並分享六天來在學校的故事。威廉斯（Williams, 1992）說：

當樹木種下之際，師生團隊靜默地站著，眼眶含淚，敬
畏自然之情擴張成一份典型的靈性契合。溫德爾·貝瑞
（Wendell Berry）在〈種樹〉（*Planting Trees*）（Berry,
1984, p. 155）一詩中有感而發地寫著：「我將原始的音
樂歸還給大地。」開放學校的課程在為大地更新的無限
感恩中結束。（p. 40）

環境文學

當然，許多班級無法像上述的學校一樣獲得戶外的學習管道，
然而，他們可以把焦點放在學校本身的環境，把動植物帶入校園
讓學生親自照料。逐漸地，他們會體會到學校的環境有哪些需要
關照。這樣的過程有助於營造「喚醒敬畏大自然的文學」。當然，
原住民文學在這裡是很有用的，我特別喜歡一本書名叫《接觸大
地》（*Touch the Earth*, McLuhan, 1972），茲舉一位名叫「漫步水
牛」（Walking Buffalo）的印第安人寫的文字如下：

　　你知道，山丘總是比石崖美麗。城裡的生活是人造
的存在，好多人幾乎不曾感觸到腳下的真正陽光，只在
花盆中看著植物成長。要遠離街道才能仰望滿天星斗的
醉人星空。當人遠離偉大的聖靈，很容易就忘了宇宙的
定律。

　　我們看到偉大聖靈的事功無所不在：太陽、月亮、
樹木、山和風。有時候，經由它們，我們接觸到祂的存
在。那樣不好嗎？我想，我們真的相信上主的存在，我
們的信仰強過那些視我們為異教徒的白人……。印第安
人親密地住在自然中，而且自然的定律是不會坐在黑暗

中的。

　　你知道樹會說話嗎？它們會。它們彼此對話，如果你聆聽，你會聽到它在向你說話。問題是，白人不懂得聆聽，他們從不學習聆聽印第安人的話，所以我不認為他們聽得到自然界的其他聲音。但是我從樹那兒學了好多東西：有時候是氣候，有時候是動物，有時候是偉大的聖靈。（p. 23）

另一本很有助益的書是《大地祈禱者》（*Earth Prayers*, Roberts & Amidon, 1991），下面是歐吉維（Ojibway）的禱詞：

祖父啊，
看著我們的支離破碎。

我們知道所有的受造物中
只有人類家族
已偏離了聖道。

我們知道我們是
那被分離的一群
而我們也是那群必須
一同走回
聖道的人們。

祖父啊，
至高至聖者，
請教導我們愛、憐憫和榮譽
讓我們能治癒大地

並治癒我們彼此。（p. 95）

結論

我倡導「與地球關聯」的目的是傳遞史懷哲所謂的「虔敬生命」（reverence for life）的情懷。我們漸漸喚醒一切事物的神聖性，開始用愉悅和喜樂之心觀看地球和居住其上的居民。對年幼的孩子們，我們只要培養、激勵他們好奇驚嘆的本質；對大孩子和我們自己，需要喚醒的是曾在那機械化世界中趨於流失的敬畏之情（the sense of awe）。

參考文獻

Berry, Thomas, & Clark, Thomas, (1991). *Befriending the Earth: A theology of reconciliation between humans and the Earth,* S. Dunn & A. Lonergan (Eds.) Mystic, CN: Twenty-third Publications.

Berry, W. (1984). *Collected poems.* San Francisco: North Point.

Daly, H. & Cobb, J. (1990). *For the common good.* Boston: Beacon Press.

Green, T.F. (1971). *The activities of teaching.* New York: McGraw-Hill.

Jones, H.M. (Ed.) (1966). *Emerson on education: Selections.* New York: Teachers College Press, Columbia University.

McLuhan, T.C. (1972). *Touch the Earth: A self-portrait of Indian existence.* New York: Pocket Books .

Merton, T. (1985). *Love and living.* New York: Harcourt Brace Jovanovich.

Moffett, James. (1994). *The universal schoolhouse: Spiritual awakening through education.* San Francisco: Jossey-Bass.

Orr, D.W. (1992). *Ecological literacy: Education and the transition to a postmodern world.* Albany: State University of New York Press.

Orr, D.W. (1994). *Earth in mind: On education, environment and the human prospect.* Washington, DC: Island Press.

Roberts, E. & Amidon, E. (1991). *Earth prayers from around the world, 365 prayers, poems, and invocations for honoring the Earth.* New York: Harper Collins.

Smith, G.A. (Spring, 1995). The Petrolia School: Teaching and Learning in Place. *Holistic Education Review.* 8(1), pp. 44–53.

Tezuka, Ikue (1995). *School with forest and meadow.* (D. Bethel, Ed.) San Francisco: Caddo Gap Press.

11

CHAPTER

與真我的關聯

　　在定義全人課程時，我已經強調過連結與關係是實現個人真實本性的重要載具。這是延續史丹納（Steiner, 1976）的建議說：「以連結的方式從一個客體走向另外一個客體，是對於靈性與靈魂，甚至是身體的發展最有助益的一件事情。」（p. 173）也因而我們應該直接讓學生與其真我連結。在本章中，我將會介紹和此一過程有關的幾個走向，包括：史丹納的兒童發展理論、靜坐沉思，以及在第二個層次的世界宗教研究。

史丹納的兒童發展理論

　　對於那些不曾參與華德福運動的教育家們，該是開始仔細看待魯道夫・史丹納的研究工作的時候了。檢視史丹納的研究工作的理由有二：其一是史丹納的模式是整全的，包含了智力、生理、

情緒與靈性成長。目前在教育界最被推崇的發展模式是皮亞傑的發展理論，但他的理論主要是認知性的。雖然皮亞傑也研究兒童的道德發展，但他的研究基本上關切的是兒童如何發展認知的過程。然而，史丹納的模式並不局限於認知，也將兒童的想法改變與其生理和情緒的發展聯繫在一起。最重要的是，史丹納指出個人的真我是如何可能在發展的不同階段中顯現出來。

　　另外一個將焦點置於史丹納理論的原因，是因為他是唯一同時也是教育學者的發展學者。皮亞傑是一位心理學家，而將其理論之實務意涵的發展工作留給了教育學者。史丹納與之不同的地方是，他在實務上根據他的發展理論，建構出一套從幼稚園到中學的課程。

　　想要在公眾教育中應用史丹納的研究成果，目前有幾個問題與機會。其中的一個困難是，他的研究成果較少為人所注意，因而需要大量的篇幅與推廣來介紹他的概念。這些概念也必須以一種開放的態度來說明，以免讓人有教條主義的感受。換句話說，他的理論應該先被視為假說，以經驗來驗證，而不應該被視為在行禮如儀之後必須被必然遵循的教條。在我與瑪麗・凱洛琳・理查（Mary Caroline Richards）的一個訪談之中（Miller, 1987），她說，當她直接閱讀史丹納著作的時候，那個閱讀經驗通常會促進她的創意思考，然而對她的一些同事而言，則傾向於封閉（創意思考）。對於那些未能身處於華德福運動中的人而言，我們反而有機會批判性地考察史丹納的理論，同時也會將他的研究發現與其他整全取向的教育相比對。如果不是經由史丹納推薦，華德福教師們可能會不願意嘗試不同的取向，但是我認為，只要是在整全的脈絡底下，教師們都會願意嘗試。在本書第二篇，介紹了包括：比喻、視覺心像、整全思考與心念專注（或心神貫注）（mindfulness）等內容，都與史丹納的發展模式有關聯。例如：視覺心像很適用於啟發靈性的階段，因為想像力是這個階段發展

的主要關鍵。

　　希維雅・亞斯頓－華納的閱讀與合作學習的有機取向（organic approach），似乎應該也能夠與這個階段相符。整全思考的各種取向也極有可能適用於青少年，因為在該時期中，智力發展是史丹納模式中的主要任務。「狐狸火」型態的社會行動與社區服務活動也會與這個階段的發展有關聯。

　　當然，可能會有的一個風險是在採用那些模式時，史丹納的理論可能會被稀釋掉。我覺得史丹納會要教師們以他們自己為中心來教學，而不是依據一個計畫模式來教學，即使那是史丹納的計畫模式。當然，史丹納模式提供了一個穩固的基礎，當以之為根據來發展課程的時候，會有許多的收穫。華德福課程的一個奠基石是童話故事，戴安娜・休斯（Diana Hughes, 1987）討論過童話故事在現代教育中所扮演的角色。如同之前所提到的，啟動靈性發展的要素是兒童對於想像力與絕對道德的需求，而這些特徵也都出現在童話故事之中。

> 童話故事如何反映出孩童的心理與情緒狀態呢？魯道夫・史丹納舉證在童年早期（七歲以前），兒童的基本心態會無意識地假設，認為整個世界都具有道德的本性。姑且先避開兒童的天性是善或惡的爭議。我們只要到超級市場的快速結帳區，或者是機場的海關，就能夠體會到兒童對於善、公正與真等的內在意識。（「媽媽，你有十三個東西要付帳，而不是八個！」「你幫約翰叔叔買的手錶又怎麼說呢？」）（p. 11）

　　童話故事直接對兒童的內在道德說話；在童話故事中，有一個會讓邪惡者必然受到懲罰的道德法則。休斯指出一個事實：「惡有惡報，對於健康的孩子而言，通常是保證與安撫的來源。」（p.

12）同時，孩子也可以認同英雄的奮戰，以及能夠發現戰勝邪惡勢力所帶來的深層快樂。卡拉根（Calgren, 1976）聲稱：

> 不論如何，最重要的是，兒童能夠經驗到世上良善陣營的獲勝，以及在童話故事中的各個角色人物，不論是國王或者是獵人，王子或者是戰士，能夠藉由良善陣營的幫助之下，發展出勇氣、堅毅、忠誠與正義感等這些美德出來。在此一方式之下，「快樂的結局」灌輸給兒童保證與信心，相信世界上的邪惡勢力可以也必須被推翻，而力量的提升與深層的快樂是一場誠實奮戰的公平報酬。（p. 85）

童話故事刺激了兒童的內在生命，因其充滿了豐富的圖像來激發兒童的想像力。童話故事也讓兒童能夠用想像化身為劇中人物而與邪惡奮戰，且在故事的鋪陳之中，在心裡展現整個抗暴行動。在善惡對抗的脈絡之中，以口語述說形式呈現的童話故事有最佳的效果。經由激發同理與想像，童話故事構築了想像同情心的基礎，也因而連結到真我。因為真我是立基於萬事萬物的連結，活化兒童的同理與想像，將成為其成年時期智慧與同情的奠定基礎。

世界宗教

在青少年時期，人們開始有意識地尋求意義。我相信經由研習世界宗教時，意義追尋可以被激發，也或許能得到一些解答。米納‧戴爾斯（Myrna Dales, 1987）列出了一些與探討世界宗教有關的傳統主題（見表11.1）。這些主題可以經由閱讀神聖的文本、

表 11.1

「世界宗教專題」課程中的一些主題

導論——如何定義宗教？宗教的概念是否必然意味著對於一神或者是多神的信仰？（例如：人文主義可以被視為宗教嗎？）是否存在著趨避某些信仰的趨勢？宗教是幻覺嗎（佛洛依德）？或者說宗教是一種最高形式的真實〔尤嘉南達（P. Yogananda）〕？哪些信念發展成為世界宗教？它們又是如何被傳遞的呢？

檢視創世故事——可以從古代以色列、美索不達米亞、波斯、埃及、希臘、印度、西藏與中國等地區取得許多的例子。這些創世故事中，有哪些還保留在今日的世界宗教之中（例如：舊約聖經中的「創世記」）？

主要宗教中神聖節日、儀式與慶典的重要性——檢視希伯來、印度與穆斯林的年節；基督教的聖誕與復活節；以及佛教的佛誕節等節日的主要人物、慶祝活動與重要性。

行為與道德——每一個宗教如何界定教徒對宗教領袖的義務。依據基督教的十誡、佛教的八正道與印度教的律則，每一位信徒要如何對待其他信徒？

宗教象徵物——這些物品是普世性的嗎（榮格）？或者說，它們在每一個宗教中有其特殊性？諸如樹木、山脈、魔鬼、光與水等事物在猶太、基督、伊斯蘭、印度與佛教等宗教中的意涵為何？

宗教領袖、先知與聖人——將會探討下列人物對於其宗教的重要性：亞伯拉罕、摩西、以賽亞、施洗約翰、耶穌、穆罕默德、婆羅門、釋迦牟尼、老子與孔子。

神格與神性的概念——在哪些宗教之中，宗教導師被奉若神明？在哪些信仰中，神性是被視為內在的，或超越的，或是二者兼具？如果上帝是至高的，祂被視為一位慈愛的父親，或者是一位嚴屬的審判者？

聖典——哪些宗教視他們的經文為神聖的啟示，哪些宗教則是導師的教導？也將討論新舊約、可蘭經、奧義書（印度教）與三藏（佛教）。

世界宗教所激發之藝術與建築——檢視與關聯衍生出宗教繪畫與雕塑背後的概念。也將討論所羅門王的聖殿、各種天主教堂、清真寺與印度教的禮拜場所。

表 11.1（續）

不同宗教對於人生意義的看法——哪些宗教強調現世的良善生活？哪些強調對於來世的預備？哪些宗教強調打破轉世與輪迴。	宗教的遭逢與對話——包括了伊斯蘭教、基督教與印度教相會，以及佛教進到中國與日本之後所進行的改變。
人們看待其他物種的立場——人應該主導管控所有其他的生物物種（猶太—基督教傳統）；或者是採信眾生平等的概念（道教、印度教、佛教）？	結論：各宗教的最新趨勢——包括「回歸基督」的運動、原始宗教的重生再現、調適後融入西方的東方宗教，例如：克里希納宗派。另外也應該探索一個「世界宗教」的可能性。
死亡與死後世界的概念——在各個宗教中出現的天堂、地獄、涅槃與救贖等概念。	

資料來源：*Ethics in Education*, Vol. 6, No. 3 (January 1987, p. 8)

參訪不同宗教節慶或禮儀來探索。戴爾斯評論說：

> 在秋天，我們通常會參與印度教的母神慶典，會以傳統形式在碼頭邊舉行。在春天，佛誕節禮儀提供了一個很好的機會來窺探佛教。禪修團體也提供講師在禮儀的前後時段來回答問題。實際參訪清真寺，相較於閱讀書籍，更能夠讓人感受與明白伊斯蘭教的禮拜。猶太會堂與基督教會也同樣歡迎學生團體。（p. 7）

　　我以一個各大信仰傳統中的密思體系的研究，來補充戴爾斯的取向，同時也呈現出真我（見第三章）在每個傳統之中是如何被提到的。學生可以看見這些主要信仰之間的共同點，尤其是當提到靈性修練在實現真我的必要性時。這些方式在實現我們真實本性的過程中是不可或缺的，學生可以檢視甚至是試驗不同型態

的靈修方式。靈修將信仰以最直接與立即的方式帶進一個人的日常生活中，在禮拜天，甚至是每一天，或者最好是在每一個當下，尋道者以靜坐、冥想、想像、禱告為方法，時時提醒自己真實的自我為何。靈修的概念與實踐也就將宗教具體化與有形化了。

觀照冥想

　　觀照冥想（contemplation）與各種型態的靜坐沉思可能是在實現吾人真實本性上最被推崇的方法。傑克·康菲爾德（Jack Kornfield）在一個訪談中（Miller, 1987），以和本書相符的脈絡來解釋靜坐沉思的目的，他說：

> 我們大多數人是失去關聯的，我們的頭腦與身體、心思與所做所為、彼此與大地之間，乃至於與普世的法則和真理相分隔。經由靜坐沉思，我們可以將所有的部分再次相連。透過靜坐沉思，我們可以重新發現愛、合一（oneness）與自由。許多人是為了其他的目的而靜坐，例如：為了處理疼痛或者是了解受苦。但無論如何，一旦一個人以開放的心胸來練習，靜坐沉思終將引導出一種合一——深度締結的狀態。

　　靜坐沉思包括了靜心與專注。當我們安靜且專注於我們的心思時，我們進入一個更能感受的意識狀態——傾聽與直觀的心思狀態。傾聽的心思特徵是靜默與專注的覺察，相反地，在意識的活動狀態之下，心思是持續在喋喋不休、盤算與操弄的。我們可以將主動心思看作是自我的投影，而自我通常是為了滿足其需求，試圖要操弄這個世界。而傾聽的心思是真我或是內心的反映，會

不經意地捕捉到事物的本體，以及我們與這個本體的締結。

我們可以用幾個不同的層面來了解靜坐沉思。在一個層面上，許多人用靜坐沉思來處理壓力。有許多的證據顯示，靜坐沉思可以降低血壓、緩和呼吸速率，以及減緩新陳代謝的過程（Benson, 1976）。可能的原因是在靜坐沉思時，一個人只專注於呼吸這一件事情，而在一天其他的時間中，一個人的意識可以無數多次地從一個刺激轉移到其他的刺激。例如：在一整天的工作之後，在家中我應該是要放輕鬆的，然而，我卻可能同時在看報紙、電視，並且同時與我太太說話。在靜坐的時候，我們專注於呼吸之中，能夠安住自己的身心一段時間。以下舉出兩個大多數學生都能夠採用的呼吸靜坐方法。

> 以舒適的方式坐正坐好。你可以坐在一張椅子或者是座墊上，然而不論如何，要讓你的背部挺直。閉上眼睛。接著，開始注意空氣在你鼻子的進出流動，同時也要在呼氣時數數。吸氣，數一，然後吐氣；吸氣，數二，然後吐氣。數到十之後再重來一次。如果忘記了也不要擔心，回到一重新開始就好。

> 很舒適地坐正，然後閉上你的眼睛。現在專注於呼吸進出你的鼻腔。當吸氣時，默唸著「入」；當你吐氣時，默唸著「出」。如果有一些身體感覺出現，例如癢的感覺，察覺之後就回到你的呼吸。你會有念頭與想法，在知道了那個想法之後就回到你的呼吸。不要試著去摒除想法，僅是知道它們的出現就好。

每天可以練習上述的靜坐方法十到二十分鐘。以靜坐沉思來對抗壓力，只運作於范恩生理層面的直觀（見第三章 75 頁），然而，上述的靜坐沉思方法可以為學生打開所有的層面。

在情緒層面，當我們有需要連結一個健康的自我與真我的時候，我們可以用靜坐沉思來協助個人統整與發展自我概念。此處我們可以一次又一次地複誦一個句子來創造一個有助益的情緒狀態。這個句子有時候被稱為「真言禱文」（mantra）。在《教室內一百個增進自我概念的方法》（*100 Ways to Enhance Self-Concept in the Classroom*）一書中，有一個用來增進自我概念的禱文實例：

> 不論你對我說或者做了什麼，我還是一個有價值的人！
>
> 要求學生閉上眼睛與你一起唸誦：「不論你對我說或者做了什麼，我還是一個有價值的人！」這個看起來簡單的練習，如果重複練習的話，就會有很強力的效果。它會在每一個學生內心想法中植入一顆新的種子，這個種子會有像抗生素一樣的作用，來消除已經銘印在學生心中的各種負面想法與說法。
>
> 有一個方法可以加強這個練習效果，那就是指導學生在每次複誦「不論你對我說或者做了什麼，我還是一個有價值的人！」這句話的時候，同時要他們想像某個人的臉孔，而這個人在過去曾經貶抑你——這個人可以是父母、老師、教練、朋友、同學、女童軍團的領導、警察等都可以。要學生揚起下巴，很有力且很肯定地複誦那句話。
>
> 在學生掌握訣竅之後，你也可以插入一些像是：「你很笨！你很醜！」之類的話語，然後讓學生以「不論你對我說或者做了什麼，我還是一個有價值的人！」來回應你。（Canfield & Wells, 1976, p. 69）

以智性導向的靜坐沉思比較適用於較年長的青少年。一個靜

坐沉思的典型問題是問：「我是誰？」其他的方法也包含了探究包括憤怒與恐懼在內的各種情緒。在這些靜坐沉思之中，學生安靜端坐，且專注地聚焦於問題之上，讓問題的回應可以直覺性地浮現。

在教導學生靜坐沉思的時候，記得一切要化繁為簡。用放鬆練習，靜坐沉思可以很容易被融入健康與體育課程之中。透過放鬆練習，不論如何，學生便可以有機會接觸他（她）的本心。在靈性的層面，也可以使用一些無特定主題的練習來專注於實現個人與眾生之間的連結。例如：要學生在心中重複默唸著以下的句子：

> 願我是健康、快樂與安詳的。
> 願此教室之內所有的人都很健康、快樂與安詳。
> 願這個校園之內所有的人都很健康、快樂與安詳。
> 願這個鄰里之內所有的人都很健康、快樂與安詳。
> 願這個省市之內所有的人都很健康、快樂與安詳。
> 願這個國家之內所有的人都很健康、快樂與安詳。
> 願在這塊土地上之所有的人都很健康、快樂與安詳。
> 願在這個星球上之所有的人都很健康、快樂與安詳。
> 願在這個宇宙中之所有的人都很健康、快樂與安詳。

進行這個練習可以促進與他人的連結感，以及對寰宇眾生的認同感。

然而遺憾的是，現今存在著許多對於觀照冥想與靜坐沉思的誤解。例如：宗教上的右派保守人士認為靜坐沉思是「新世紀宗教」的一種洗腦行動。這些基督徒未能了解到，從過去兩千年來，觀照冥想一直是西方修院傳統中很重要的一部分。耶穌基督也曾進到沙漠去靜坐沉思。由於這些誤解與害怕，教師們在公立學校

課堂中應用靜坐沉思的時候，應該要審慎為之。儘管如此，我還是要引用愛瑞司・梅鐸（Iris Murdoch, 1992）的意見。梅鐸是一位聞名的英文小說家，也同時是一位哲學家，她說：

> 經由電視傳遞了大量的無聊、色情與暴力的影像，對個人內在生命、對獨處、對寂靜的生活等，造成相當大的傷害。讓我們「在學校中教導靜坐沉思」〔正如同我另一本書《觀照冥想的實行者》（*The Contemplative Prac-titioner: Meditation and the Professions*）當中所提倡的〕！有了某些了悟、體驗在超然與寂靜中的靜坐沉思練習，人將因而尋獲生命的另一個層次、另一個所在與更寬廣的空間！只要能夠平靜地坐下來，就會有功效；對於克制狂暴與紊亂的思緒更是要如此。在德行上，欲求良善的能力與實踐力行，是要立基於深層的感性與創意的想像之上；是要依賴於心智狀態的改換與心理依附的更新之上；是要依靠於愛與尊重寰宇的相應法則之上，一切便得以成全。（p. 337）

上述是來自於一名與想像中之「新世紀宗教」全無關聯之人的說法，為「在學校中教導靜坐沉思」提供了強而有力的支持。我的感覺是，如果這個世界想要重新獲得神聖，最主要的一個方法是透過對於內在生命的專注。

教師們也需要滋養他們的內在生活。在《如何成為全人教師》、《觀照冥想的實行者》等書，以及下一章內文之中，我會討論教師的靜坐沉思問題。全人教育應當是發自教師內心深處的熱忱，而靜坐沉思與其他的靈修方法都是啟發這內在力量的基本歷程。假使教師不致力於與其真我的關聯，任何全人教育的努力都將形同虛設。

文學

　　文學、神話與故事讓自性真我得以浮現。強納生・寇特（Jonathan Cott, 1981）認為，兒童文學能夠在這個過程中發揮重要的功能：

> 在「不朽之歌」（Immortality Ode）中，華滋華斯說：「我們的出生不正是一個睡著與遺忘的過程，當我們越是年長，我們就越是不能覺醒。兒童文學——在其故事與韻文之外——幫助我們清醒。它會帶領我們回到最原初、也是最深層的感覺與道理。它是我們與過去的連結，也是通往未來的途徑。而在其中，我們重新發現了自己。（p. xxii）

　　我同意寇特的觀點，認為兒童文學是「智慧與驚奇」（p. xxii）的載具。童話故事、神話以及世界各地所有形式的兒童文學，都能夠幫助滋養兒童的真我。舉例來說，在非洲，幼童被視為會帶來另外一個世界的傳訊。寇特在與齊努・鄂尼（Chinua Erny）的談話中，引用皮耶・鄂尼（Pierre Erny）的論述來支持他的觀點：

> 「如果我們能夠且可以在孩童身上看見『天使』的話，就會採取很不一樣的方式進行教育。教育會變得謙卑，會懂得讓位給這個帶來永恆生命啟示的存有者……這個孩童帶來的，比我們能夠給他的要多得多。接納他／她的人會得到更新、青春與再生。養育兒童的工作充滿著

虔誠、欽羨、自由、自信與感恩，而不是以威權或者是
主導的精神在進行。」（1981, p. 189）

當孩子成長為青年之後，他們必須接受其他文學的挑戰。在
《全人學習》（*Holistic Learning*）一書之中，對於神話如何能夠
幫助青少年度過他們生命的旅程有很深刻的討論。我最喜歡的一
個作品是但丁（Dante）的《神曲》，描述的是從地獄到天堂的旅
程。這個旅程其實是一個從自我轉變到「愛」——「最高層級連
結」的比喻，以但丁的話來說，就是那個可以移動日月星辰的
「愛」（引自 Miller, 1994, p. 39）。

我也發現班·歐克里（Ben Okri）的《飢餓之路》（*The Fam-
ished Road*）是一個充滿啟發性的現代文學作品。該小說獲得「布
克獎」大獎，它的結局是我所讀過最強烈具有全人願景的一部作
品：

> 我們可以再次為這個世界作夢，並且讓夢境實現。人類
> 實際上是隱身在其背後的神祇。我們的孩子，我們的飢
> 餓可以改變這個世界，使其變得更加完善美好。能夠愛
> 比學會面對死亡來得困難。我們的心比高山更為寬廣，
> 我們的生命比海水還要深邃。所有人類的歷史是一片未
> 經探索的大陸，深藏於我們的靈魂之中。在其中有海豚、
> 植物與神奇的鳥類，我們的內在甚至包含了整個的天空。
> 地球也位於我們的內在……傾聽萬事萬物的神靈，也傾
> 聽我們內在的神靈。追隨它；服侍它。只要我們還活著！
> 只要我們還能夠感受！只要我們還能夠愛！在我們內心
> 的一切都會帶給我們能量。雖然靜止卻可以讓你走得更
> 快，置身靜默之中，你卻可以無垠的遨翔！（1992, pp.
> 498-499）

宇宙的故事

最後，科學也可以是真我的一個來源。布萊恩‧史雲與湯瑪斯‧貝瑞（Brian Swimme & Thomas Berry, 1992）以研究地球的歷史，從發生大爆炸開始到今天的故事，來作為一個絕佳的例子。這個故事讓我們能夠發覺存有的奧妙：

> 地球好像是以歡慶她的存有此一單一目標在發展。我們可以看見植物與動物的締結共生，我們可以看見燕子的循環遷徙，以及春天花朵的綻放。這些奇景都需要地球以數千萬年的浩瀚創造來醞釀形成。直到最近，我們才明瞭地球的故事也就是人類的故事，也就是地球上萬事萬物的故事。……這個故事最偉大的地方是能夠鼓勵人們以互利共生的態度來與廣大的地球社群相處（p. 3）。

史雲與貝瑞建議我們從技術的時代——技術紀元（the Technozoic era），轉變到生態時代——生態紀元。他們呼籲以聯合物種的觀念來超越聯合國的觀念。這個新組織可以用聯合國於 1982 年通過的「世界自然憲章」（World Charter for Nature）為依據。

儘管宇宙故事是以科學觀察為基礎，它仍舊包含了人文學說。史雲與貝瑞認為，文學、神話、詩歌、音樂與所有其他藝術都能夠表達出宇宙故事的奧祕與神奇。除了史雲與貝瑞的書籍之外，也有各式的影片可以在教室內使用，用來幫助學生接觸宇宙的故事。總的來說，宇宙故事可以作為全人教育課程的綱要架構之用。

參考文獻

Benson, H. (1976). *The relaxation response.* New York: Avon Books.

Calgren, F. (1976). *Education towards freedom.* East Grinstead: Lanthorn Press.

Canfield, Jack & Wells, Harold. (1976). *100 ways to enhance self-concept in the classroom.* Englewood Cliffs, NJ: Prentice Hall.

Cott, Jonathan. (1981). *Pipers at the gates of dawn.* New York: McGraw Hill.

Dales, Myrna. The teaching of world religions. *Ethics in Education,* January, 1987, 6:6–9.

Hughes, Diana. Fairy tales: A basis for moral education. *Ethics in Education,* March, 1987, 6:10–13.

Miller, J. (1994). *The contemplative practitioner.* Toronto: OISE Press; & Westport, CN: Bergin & Garvey.

Miller, J., Cassie, J.B., Drake, S.M. (1990). *Holistic learning.* Toronto: OISE Press.

Miller, J. (1993). *The holistic teacher.* Toronto: OISE Press.

Miller, J. (1987). *Spiritual pilgrims.* Unpublished manuscript.

Murdoch, I. (1992). *Metaphysics as a guide to morals.* London: Chatto & Windus.

Okri, B. (1992). *The famished road.* London: Vintage Books.

Steiner, Rudolf. (1976). *Practical advice for teachers.* London: Rudolf Steiner Press.

Swimme, B. & Berry, T. (1992). *The universe story: From the primordial flaring forth to the ecozoic era – A celebration of the unfolding of the cosmos.* San Francisco: Harper.

12
CHAPTER

全人教師與整全的變革

全人課程的根源在於教師具有誠真的和關懷的意識。當然，發展一份教師應具備素質的清單也是可行的，但這種清單通常沒有太大助益。在本書的最後一章中，我想要探討何謂誠真的和關懷的教師，以及全人教育如何帶入學校中實施。

誠真性

誠真性（authenticity）有許多形式——心理的、道德的和整體的。在探討這些不同形式之前，存在主義是值得注意的，因為哲學家如齊克果（Kierkegaard）和海德格（Heidegger）都曾努力地引發人們對於誠真性概念的注意。

存在主義：齊克果 齊克果被視為是現代存在主義的先驅，他非

常重視真實存在的基礎。齊克果討論三個層次的存在，每一個層次可被視為比前一階段更為真實。齊克果的第一個層次是美學的，美學只為歡娛的時刻而存在，美學往往避免面對存在的事實，而讓存在者自己轉向歡娛。齊克果也指出，知性的美學者總是試著站在生活之外觀看生活，知性的美學者觀看、凝視和思索生活，卻不投入生活。第二個層次是倫理，齊克果強調在倫理的層次上產生真實的道德。在《此與彼》（*Either/Or*）一書中，齊克果曾言：

> 我認為選擇不只是涉及正確，也涉及力量、意識或憐憫等。人格因宣稱其內在無限性，人格也因而更鞏固堅強。因此，假如一個人選擇了錯的那一方，雖然他運用理性之力，也將不會發現自己的選擇是錯的。因為出自於人格未覺察而做出的決定，他的天性被淨化了，他自己被帶入與某種永恆權力的立即關係，這種永恆權力無所不在地貫穿存在整體……（Kierkegaard, 1967, in Greene, pp. 99-100）

倫理人在瞬間不會迷失，而是朝向更真實的參與。是非對錯並不是抽象的，而是與一個人的「內在存有」直接相關。

齊克果的第三個層次是宗教。在倫理的層次可能接受普遍的倫理原則，但宗教人卻可能被要求去打破一個普遍原則。齊克果舉出聖經中亞伯拉罕用自己的親生兒子以撒（Isaac）作為犧牲的例子。一個人被要求去打破一個普遍的原則，是在齊克果所謂「懼怕和顫抖」的狀態，而非如尼采所描述「超人的自負」。在齊克果的哲學中，個人比宇宙具有更高的地位。貝瑞特（Barrett, 1962）如此評論：

倫理的普遍原則就因它是普遍的，所以無法包含完整的我、我的個別具體性。作為抽象的普遍原則，如果其命令某事是與深層的自我相衝突的（但這必須是深層的自我，在其中有因選擇而產生的懼怕和顫抖）……然後我覺得意識受到強迫——一種高於倫理的宗教意識，已經凌駕倫理的原則。我被迫做出例外的決定，因為自我本身就是個例外。也就是說，在任何普遍或是原則系統之下，任何人的具體存有都不是完整的。（p. 167）

齊克果的誠真性和道德性的概念與個人個殊性和具體的態度有關。的確，只有個人和他（她）真實面對的選擇才能容許誠真性的表現。

海德格 海德格是另一個討論誠真性概念的學者。在《存有和時間》（*Being and Time*）一書中，他發展了誠真和不誠真的概念。對於生活的真實取徑意謂著個人是以自身對人類生活基本條件的完整覺知進行生活選擇。對於海德格（Heidegger, 1972）而言，這些條件包含個人對於自己是誰、自己的作為，以及死亡的面對等問題，都有能力回應。海德格探討誠真性時，死亡是一個核心概念：

死亡是一種存有者（Being）的可能性，每一個此在者（Dasein，廣泛意義的人）都必須承擔（take over）死亡。透過死亡，此在者以一種朝向存有的最適當潛能懸臨於自身之前。包含在這種可能性中，此在正是以存有為依歸。當此在以朝向存有的最適當潛能懸臨於它自身之前時，此在對其他的一切關聯都被解除。這種最適當、最沒有關聯的可能性同時也是最極端的。作為存有的潛

在性，此在者無法超越死亡的可能性。死亡是此在最不
可能的可能性，死亡因此釋放其自身，作為最適當、無
所關聯的、無法超越的可能性。（p. 250）

如同齊克果，海德格相信真實的存在是一種自我抉擇的存在，
而這樣的存在是由個人的自我抉擇所塑造。真實的存在包括能正
視一個人自己的生活，並且不逃避基本的責任。存在主義者對於
如何關注我們的主體性、如何讓上述的主體性活得真實有其助益。
沙特（Sartre）認為，拒絕我們自身的主體性，卻根據社會的期許
扮演角色，是一種「敗壞的信念」。存在主義者提醒教師，不能
躲藏在教師的角色之後，相反地，教師的主體性更應開放和受到
審視。教師常會關閉自己，只以師生的角色與學生相處，而不是
一種主體開放性的關係。一位英國教師史蒂芬·烏寇維茨（Steven
Urkowitz）有相當貼切的描述：

我想大多數的老師都太害怕，當他們站在一個班級之前，
就忙著護衛他們自己的權威。教師們不想顯露出他們對
於藝術或知性挑戰的無能為力，他們不想坦承：「我對
這個事物感到很興奮！」或在班級學生面前坐下然後說：
「吃熱狗讓我感到很快活！」相反地，他們不想讓學生
知道這些。他們不會是文化的熱切回應者，而是站在遠
處如同一個文化的局外人。（Macrorie, 1984, p. 105）

心理學層面的「一致性」：卡爾·羅傑斯　羅傑斯（Carl Rogers）
受到存在主義的影響，並且在其作品中常探討有關「一致性」
（congruence）、「真誠」（genuineness）、「真實」（realness）
等概念。他常交互使用上述語詞，包括與誠真性的混用。羅傑斯
（Rogers, 1961）以下列方式界定「一致性」：「一致性這個語詞

是我們用以指稱一個經驗和覺知的精確契合，也可進一步延伸為經驗、覺知和溝通的契合。」（p. 339）羅傑斯舉出以下的例子加以說明：

> 舉一個很簡單的例子，例如，某位男士在群體討論中變得很生氣，他的臉漲紅、語調中透露著怒氣、對著不同意見的對方揮舞著手。但當其中一位朋友說：「好了，不要生氣了」時，這位看來正在生氣的男士卻以明顯真誠和驚訝的語氣回應：「我並沒有生氣啊！我絲毫沒有生氣的感覺，只是指出邏輯的事實。」對於這樣的聲明，其他在場男士全都哈哈大笑。
>
> 這其中究竟發生了什麼？在心理學的層次上，這位男士無疑地體驗到怒氣，但這與他個人的覺知卻不相合。在意識層面上，他認為自己並未體驗到怒氣，他也不是想在溝通中傳達怒氣（因此他有意識的覺知）。上述的例子說明在經驗和覺知之間，或經驗和溝通之間存有不一致性。（1961, pp. 339-340）

基於一致性的概念，羅傑斯（Rogers, 1961）發展了下述假設：

> 假如一個人在經驗、覺知和溝通的一致性愈強，那麼他所投入的持續關係中將會包含以下傾向：朝向增進一致性的相互溝通、朝向使得溝通更真實的相互了解、溝通雙方的心理調適和運作，以及在溝通關係中的相互滿足。（p. 344）

羅傑斯認為教師如果想要有所成長，就必須具有上述所言的一致性。他（Rogers, 1969）指出「促使學習的核心態度是真實或真誠」，因此教師在與學生溝通時，應該是要真實或真誠的。他舉出一個六年級老師如何向學生表達真實感受的例子：

> 我發現在混亂中生活實在令人抓狂——簡直是快瘋了！但似乎除了我以外，班上根本沒有人在乎。終於有一天我告訴孩子們……我天生是一個講究整潔和秩序的人，混亂使我抓狂，詢問學生是否有解決的方法？有學生提議說，是否有哪些同學自願協助打掃教室……我回答說，固定的少數人總是為其他人服務是不公平的——但還是可以幫忙解決問題。「好吧，有些人願意打掃，」學生們回應，因此事情就如此決定。（p. 108）

但羅傑斯並未進一步討論教師面對的一致性問題。假如教師對於任教科目或甚至對於班級的某些學生有負面情緒時，應該如何解決？一致性是否意謂著教師應該公開地表達他（她）的內在感受？個人與他人相處時，是否應該總是將自己的內在感覺攤開來談？

除了上述困難外，羅傑斯已將心理學的一致性加以說明。如同我在第七章已經提及的，對於教師而言，碰觸到個人的內在是很重要的。不論是身體或心靈，個人若無法仔細傾聽自己內在生命的聲音，也將無法與他人溝通。

道德的一致性　另一種誠真性的形式就是依據個人信奉的價值生活。我個人曾經為一所中學的教師同仁們舉辦一個工作坊，讓這些教師感到困擾的主要問題是學生的粗俗言語、對教師缺乏尊重，以及對於寫字的草率、懶散。但是一點也不令人驚訝的是，在工

作坊期間，教師也出現如同上述學生的問題：包括草率、懶散的字體、粗俗的言語，以及無法傾聽彼此的話語。當教師想要求學生或問學生某些問題前，同樣的問題應該先問問自己。學生們，尤其是青少年，總是能夠很快地看出老師言行的落差和不一致。假如教師的言行落差極大，學校中將會出現偽善而導致疏離、異化。教師不應該是死板的角色，而應對於他們自己的價值和行為勇於自我檢視。

全人的一致性　全人的一致性是指個人和其自身的內在核心相碰觸。全人教師的教學是以自性真我為起點，愛默生（Emerson, 1965）對於這個概念曾有極佳闡述：

> 根據你從自己生命所汲取的深度，不只包括奮鬥的努力，更包含態度和呈現。世界的美麗本質已經和你自身的歡愉和能量相結合……將你自己融合為最高思想的一部分，然後，瞧！突然之間你將對所有人感恩，如此形成能量的泉源，對於社會和萬物都將提供助益。（p. 437）

愛默生強調藉由發展我們的內在生命，身為教師的我們才能與他所強調的「道德情操」或「大我」有更深入的碰觸或相合。在其 1869 年的著作中，愛默生寫道：「對於我個人信念而言，原初而單純的基礎是在任何理智清明的心靈中，都可感受造物者的見證：道德情操向每個人宣示造物的法則。」

一個全人而誠真的教師將會理解個人意識或內在生命與他人的關聯。在佛陀的開示中，也歸納出類似的關聯：

> 心念如同言語一般明顯，
> 言語如同行為一樣清楚，

> 行為衍生成為習慣，
>
> 習慣固定成為性格。
>
> 所以，
>
> 仔細觀照心念，
>
> 並注意心念的發展，
>
> 要使心念因愛而散發，
>
> 對所有萬物滋生敬意。
>
> （來源不詳）

完全地真實就是我們對於自己的內在生命有一種基本的醒覺——覺察我們的思想、心像，以及它們與外在事物的關聯。藉由對我們內在意識中的思想如何產生保持一份覺知，我們就能覺察與他人以及愛默生所謂「偉大神靈」（Oversoul）的關聯。當然，大多數冥想的原則都著重於發展上述的覺知。在本章開頭，我所引用的存在主義者也都強調人們對於主體性的覺知。例如齊克果就認為，在他所提到三種層次的發展上，上述的自我覺知就是最高宗教層次的發展基礎；同時，海德格也宣稱對於存有的覺知也會引發對他人的關心和關懷。

關懷

完整而真實的個人就是去關懷，因為一旦我們覺察自己與他人的關聯性，不可避免地也就引發我們對於他人的關懷。諾丁斯（Noddings, 1984）曾經對於關懷有許多探討，強調我們的學校正陷於一種「關懷的危機」之中，「不論學生或教師都在言語上或行為上受到殘酷的攻擊」（p. 181）。再次地，這種危機反映出社會和學校的原子化。

在上述危機之中，教師如何付出關懷？當然，如果要求教師的責任必須能夠與每個學生建立一種深入的相互關係，不僅不可能，也根本做不到。諾丁斯認為：「面對每一個學生，我必須做到的就是能夠完整而沒有選擇地呈現自己。相遇的時間可能只是片段，但卻是完整的遭逢。」（p. 180）簡言之，教師應該學習與學生同在。與學生同在，就是完整的自我呈現，直接融入與每一個學生的互動，而不是腦子裡一直想著放學後或甚至下一節課自己必須做些什麼。當教師心不在焉時，學生其實可以覺察出來，一旦這種感覺固定後，在師生之間就會發展成一種極深的疏離感。

教師也可以針對學生感興趣的相關學科表示關懷。假如教師可以在學生興趣和學科之間建立關聯，就會提高學生的學習興趣。就如諾丁斯所說的：「在學生自己所訂定的學習計畫中，學生就可能自由、興致高昂和快樂地投入學習。」（p. 181）有關教師可以如何被啟發的建議（Purkey & Novak, 1984）也有助於協助教師表露其關懷。但關懷並不只是一種技巧，就如同誠真性，其根源是教師自己的存在。

瑪西雅・安姆蘭德（Marcia Umland）分享她在一個小學的班級中，如何對她的學生表達關懷：

> 在一個小學教書可能會感覺很疏離。教師可能總是表現得很糟糕，例如總是指派一些事情或作業，要求孩子照著做，然後當校長到各班巡視時加以展示。當我和班級中那些「小人們」（little people）相處時，我發現自己當年在學院時與好友共享的親密關係可以被帶進我的班級中。我很關心我的學生，因此無法忍受自己像一般老師一樣，總是坐在教師休息室中講學生的閒話……
> 我覺得筋疲力竭，但不至於失去熱情。有時，我會將自己的夢想丟開一兩天，但大多時間我仍懷抱夢想，並且

> 對孩子的所作所為感到驚奇。爾後，我逐漸了解到，建
> 立一個我自己已經許諾的班級，就是形成一個自己想要
> 置身其中的社會。（Macrorie, 1984, pp. 155-161）

就如安姆蘭德所提到的，關懷可以使得一個班級變成社群。對於學生而言，藉由關懷，他們將感受到與同學和教師相處的愉悅。

全人原則和變革

我們如何在學校中引入全人課程？全人教育需要相應的原則去引發變革（change）。首先，重要的因素是校長能夠了解變革是內在於學校的生活之中。事實證明，不論師生都會經歷成長（例如年齡的增加）和改變。教師在學校中來來去去，我們都知道變革是生命中有機的一部分。從一個完整的角度而言，我們只是讓自己與上述的變革歷程更和諧，也就是聚焦於組合（alignment）或調和（atunement）。當我們嘗試實施某種抽象事物時（例如一種教學模式或課程），我想許多被採取的方式是有問題的，因為我們未曾將問題和我們自身以及生命的基本歷程相連結。

有關變革，我的立場是：實體的基本特質原本就是互賴和動態的。我們越能與上述事實和諧同調，更深層、更有力的改變才可能發生。我們不再抗拒或灌輸某些人為的事物給學生和自己，相反地，我們會給予某些持續和重要的事物。以下我列出一些原則，這些原則都是導致變革有機歷程的一部分。

1. **對於變革而言，願景是重要的催化劑**　願景不是任務陳述，而是動態實體。願景內含於學校持續的生活中，存在於學校內所

有人的心靈中。願景包含一些整體的觀點，以及部分如何與整
體相關聯。當然，重要的是校長能夠與願景同在，因為校長對
於願景的實現是相當重要的。

2. **願景是有機的**　當我們對於全人教育的理解有所改變時，沒有
任何事物是僵化或固定的。許多教師告訴我，他們對於全人教
育的概念一直在更動和發展中。我個人的想法以及這本書所說
的一切，都印證上述說法的真實性。

3. **聚焦但避免過於詳細的計畫**　願景是必需的，但不是一個非常
詳細的計畫。因為計畫最終往往會與生活之流相衝突，使得校
長或教師無法向現有的時刻開放自己。當然，有排序和焦點是
重要的，但是當我們過度追求固定角色和細節時，麻煩隨之產
生。蘇聯的五年計畫就是一個例子，有太多的計畫、任務和作
業時，我相信我們的教育體系也將面臨相同的命運。與一個聽
命於任務取向的教師相比，從深層自我出發的教師是更有價值
的。

4. **最基本層次的改變來自內在（Hunt, 1987）；換句話說，深層
的改變必須來自教師自身內在**　當我們感覺到一種全人原則的
真正一致性，並且開始根據上述原則生活和工作時，漫長而持
續的改變隨之產生。簡言之，全人教育能夠運行，有賴於內在
變革的一些形式，而不是被命令或被強迫。我曾教過的許多學
生就是實例。教室中的工作變成他們生命的延伸，經常充滿著
深深的喜悅和自我實現感。

5. **接受衝突**　從自然界中，我們知道衝突基本上是與生俱來的。
當衝突或爭議發生時，我們看到人們從漠然中走出，開始學習。
但不幸的是，我們總是害怕衝突和對質。我並不是說，我們應
該企圖挑起或引發衝突，但當衝突發生時，不要先急著避免或

壓抑它。在任何改變中，衝突都是重要的元素。

6. **改變不是線性的** 我們應將學校視為一個充滿互動關係的複雜體，因此對於學校內部關係以及學校與外在周遭社區關係的理解，將是十分重要的。當我們對於上述的關係有所理解時，當我們與學校同仁或一群教師共事時，就可以在我們的覺知中加入上述的敏感度。例如，校長如何與學校同仁共事就是極端重要的因素。假如校長鼓勵且示範如何合作，就會提升重要改變產生的機會。

7. **注意非言語和緘默的層面** 我相信大多數改變的發生都不是透過語言，而是非言語和緘默的層次。未言明的往往是影響改變方向的最大力量。例如，一位校長或教師群體深深相信全人觀點，就可能為創造變革的風氣而努力做許多事情。在實施某些事情時，我們常淪為口號或術語的奴僕。假如我們開始承認空間和沉默的重要性，我們將從空間中覺醒，而語言也隨之產生。

8. **將學校視為一個活著的有機體，而非工廠** 此處我將引用彼得·聖吉（Peter Senge, 1990）的一段話：

> 許多談論組織的作者都曾採用「組織如同有機體」的比喻，為那些基於傳統權威階層的組織控制提供完全不同的想像。當地控制的想像——無數的當地決策歷程才能持續地回應變遷，也才能為穩定和成長提供健全的條件。（p. 293）

因此，全人教育將學校視為有機體，而改變是有機的。不同於先前將學校視為工廠，人們在其中如同在裝配線工作的看法，學校可以被視為一個複雜的、活著的發展有機體——改變是透過

一種目的感、合作和深層的內在方向感。

上述整個歷程的首要焦點就是教師個人的成長。當然，就如這本書的後半部分所指出的，課程也是重要的，但是全人課程在一個傳遞取向的教師手上，也就會變成傳遞的課程。

理想上，校長應是全人的。當教師努力發展和運用全人課程時，校長應該表達支持，假如不是如此，全人教師將只是獨自運作或只限於學校內一小群孤立的教師。校長所能做到的，就是當教師關懷學生時，校長自己關懷校內同仁，換句話說，校長將自己完全呈現在教師面前。當校長要求教師時，也應同時要求自己。校長冒著風險，藉由自己的開放和顯現弱點，鼓勵教師涉入風險。所謂顯現弱點，並不是指校長就是軟弱的，而在於強調校長並不是懼怕的。

全人的校長了解變革是逐漸的和有機的，因此會採取一種生態的觀點。這意謂著對於所有的介入都伴隨對可能效應的覺知。校長將避免對於變革採取狹隘、機械式的途徑，因為上述途徑忽略事物互賴的本質。因此，假如校長想要建立教師學習團隊，應將可能效應的想法給予每個團隊，而不是急著編組。校長對於每一位老師想要做的事情，以及對於教師成長的適當機會應當有相當直覺。

校長對於全人教育有自己的願景，並且試著以行動將觀點付諸實現。假如校長可以在某種程度做到上述所言，對於教師的成長就是很大的促進者。在思想和行動上有更深的整合，對於教師將是有力的影響。對於學校而言，願景將提供一種方向感，透過開放的參與，教師將能夠被納入願景中，並且為願景的發展有所貢獻。

如此的願景看來會像是什麼呢？在全書最後，我提出自己的看法：

1. 在這個學校中，我們關心孩子。我們關心他們的學科學習，也希望他們可以看到知識的一致性。換句話說，我們要讓孩子看到學科如何彼此關聯，以及學科與學生自己的關係。有關學科，我們發現藝術，或是更廣義的藝術感，能夠促進上述的連結。尤其我們在乎孩子們的想法，並試著鼓勵創造性思考。我們希望學生能夠解決問題，在解決問題的歷程兼用分析和直覺的思考。

2. 我們關心孩子身體的發展，並且發展部分課程以培養健康的身體和正向的自我概念。我們希望學生的身體和心靈能夠密切相連，能夠與自己的身體自在相處。

3. 我們關心學生與他人以及廣大社區的關係。我們強調溝通技巧，並且當學生發展溝通技巧時，我們鼓勵他們運用在不同的社區場域中。同時我們也鼓勵社區進入學校，尤其是能夠激發學生藝術感的藝術家們。

4. 最重要的是，我們關心學生的存在。我們了解最終學生對於這個地球的貢獻是來自於他們自身存在的深層部分，而不是學校教導的技巧。身為教師，我們藉由讓自己更有意識和關懷，嘗試促使學生有精神上的成長。藉由教師自身的努力，我們希望能夠激發學生對於他們和世界萬物有更深的關聯感。

參考文獻

Barrett, William. (1962). *Irrational man: A study in existential philosophy*. New York: Doubleday Anchor Books.

Emerson, R.W. (1965). *Selected writing*. Gilman, W.H. (Ed.). New York: American Library.

Heidegger, Martin. (1972). *Being and time*. 12th unaltered ed. Tiibingen: M. Niemeyer.

Hunt, D. (1987). *Beginning with ourselves*. Toronto: OISE Press.

Kierkegaard, S. (1967). *Selections from Either/Or in existential encounters for teachers*. Maive Greene (Ed.) New York: Random House.

Macrorie, K. (1984). *Twenty teachers*. New York: Oxford University Press.

Noddings, Nel. (1984). *Caring: A feminine approach to ethics and moral education*. Berkeley, CA: University of California Press.

Purkey, W. & Novak, J. (1984). *Inviting school success: A self-concept approach to teaching and learning*. Belmont, CA: Wadsworth Publishing.

Rogers, Carl. (1961). *On becoming a person*. Boston: Houghton, Mifflin.

Rogers, Carl. (1969). *Freedom to learn*. Columbus, OH: Charles Merrill.

Senge, P.M. (1990). *The fifth discipline: The art & practice of the learning organization*. New York: Doubleday.

國家圖書館出版品預行編目（CIP）資料

生命教育：全人課程理論與實務／John P. Miller 著；
　張淑美等譯. -- 初版. -- 臺北市：心理, 2009.1
　　面；　公分. --（生命教育系列；47013）
　含參考書目
　譯自：The holistic curriculum
　ISBN 978-986-191-205-9（平裝）

　1.生命教育　　2.全人教育

528.59　　　　　　　　　　　　　　　97019873

生命教育系列 47013

生命教育：全人課程理論與實務

作　　者：John P. Miller
總 校 閱：張淑美
譯　　者：張淑美、楊秀宮、劉冠麟、張利中、王慧蘭、
　　　　　陳錫琦、丘愛鈴、李玉嬋、江綺雯
執行編輯：林汝穎
總 編 輯：林敬堯
發 行 人：洪有義
出 版 者：心理出版社股份有限公司
地　　址：231026 新北市新店區光明街 288 號 7 樓
電　　話：(02) 29150566
傳　　真：(02) 29152928
郵撥帳號：19293172　心理出版社股份有限公司
網　　址：https://www.psy.com.tw
電子信箱：psychoco@ms15.hinet.net
排 版 者：龍虎電腦排版股份有限公司
印 刷 者：東縉彩色印刷有限公司
初版一刷：2009 年 1 月
初版十刷：2023 年 9 月
I S B N：978-986-191-205-9
定　　價：新台幣 320 元